V 2048
I o 3
Atlas f° I o h. Inv. 4096

78738

PONTS BIAIS.

Paris. — Imprimé par E. Thunot et Cⁱᵉ, rue Racine, 26.

TRAITÉ

DES

PONTS BIAIS

EN PIERRE ET EN BOIS,

PAR

J. ADHÉMAR.

Deuxième Édition.

PARIS

E. LACROIX, QUAI MALAQUAIS, 15,
DUNOD, QUAI DES AUGUSTINS, 49.
HACHETTE ET Cie, RUE PIERRE-SARRAZIN, 14

1861

AVIS.

Les renvois aux articles précédents sont désignés par (000); *les trois zéros remplacent ici le numéro de l'article.*

PONTS BIAIS.

CHAPITRE PREMIER.

Appareil hélicoïdal.

1. Définitions. — Dans la construction des chemins de fer, la nécessité de s'assujettir à certaines pentes ou courbes déterminées, conduit souvent à traverser obliquement des routes ou des canaux, dont il est presque toujours impossible de changer la direction primitive, et les ponts qu'il faut construire, dans ce cas, ont reçu le nom de *pont biais*. La douelle de ces sortes de voûtes, **pl. 1**, est ordinairement une surface cylindrique, *circulaire ou elliptique* suivant les circonstances.

Or, les lignes d'appareil qui conviennent le mieux pour la construction d'une voûte, sont, comme on le sait, les lignes de plus grande et de plus petite courbure : d'abord, parce que ces lignes se rencontrent toujours suivant des angles droits, et partagent par conséquent la surface d'intrados en quadrilatères rectangles; ensuite, parce que les surfaces normales qui ont ces courbes pour directrices sont nécessairement développables (489 *Coupe des pierres*).

Ces avantages, quelque grands qu'ils soient, ne compensent pas toujours les inconvénients qui résultent des conditions particulières auxquelles doit satisfaire la question proposée. Ainsi, par exemple, dans les voûtes cylindriques, les lignes de plus grande et de plus petite courbure sont évidemment les génératrices et *les sections droites;* cependant, ces dernières courbes ne peuvent pas être employées dans la construction des ponts et des passages biais qui ont une grande obliquité.

En effet, **fig. 8, 10** et **11,** un pont ou un passage biais n'est évidemment qu'un cylindre droit dont on aurait supprimé les deux parties triangulaires *acv*, *mun*, indiquées par des points sur la projection horizontale *avun* et sur les figures **9** et **12,** qui sont les développements d'une partie de la surface d'intrados.

La moitié de voûte projetée sur la figure **10**, par le parallélogramme *amky*, est appareillée comme un berceau ordinaire, afin de faire comprendre les inconvénients qui résulteraient pour le cas actuel de cette manière d'opérer. Or, il suffit de jeter un coup d'œil sur cette figure, pour reconnaître que si l'on prenait pour joints discontinus les sections de la voûte par les plans P_1 ou P_2 perpendiculaires à la direction du cylindre, ces lignes rencontreraient les plans *ac, mn* qui contiennent les têtes de la voûte, suivant des angles excessivement aigus, et qu'ensuite les pierres *x* et *z*, désignées par une teinte plus foncée sur la projection horizontale, **fig. 10**, et sur le développement, **fig. 9**, ne tiendraient pas, puisqu'elles ne seraient plus soutenues par les pierres supprimées par suite de la section oblique du berceau droit par les deux plans verticaux *ac, mn*.

2. Il résulte des considérations précédentes, que dans les passages biais, et dans les ponts obliques, on ne pourra pas employer les sections droites pour joints discontinus et les inconvénients que nous venons de signaler ne peuvent être évités qu'en prenant pour lignes de joints transversaux, les sections de la voûte par les plans $P_3\ P_4$ ou P_5 parallèles aux plans *ac, mn* des têtes du berceau. Mais alors, on peut reconnaître par la projection horizontale, **fig. 11**, et par le développement d'une partie de la voûte, **fig. 12**, que chacun des quadrilatères M qui formerait la face de douelle d'une pierre, aurait deux de ses angles très-aigus.

3. L'acuité des angles b et d, qui existeraient dans la face de douelle de chaque pierre M aux points où les génératrices du cylindre sont rencontrées par les sections parallèles aux plans ac, mn des têtes, ne serait pas l'inconvénient le plus grave de cette sorte d'appareil. En effet, la nature de la douelle, des surfaces de joints et des lignes d'appareil, n'a ici qu'une importance secondaire. Ce qui est beaucoup plus essentiel, c'est de ramener toutes les forces qui agissent sur la voûte, dans la direction suivant laquelle elles doivent rencontrer la plus grande somme de résistances. Nous allons voir quels sont les moyens qui ont été successivement proposés pour atteindre ce but.

4. On sait (*Statique*) que si une force verticale F **fig. 7**, agit sur un plan incliné co, elle se décomposera en deux autres forces F_1 et F_2 la première F_1 perpendiculaire au plan sur lequel agit la pression, et la seconde F_2 qui agit horizontalement, et tend par conséquent à faire reculer le corps auquel appartient la face inclinée, dans la direction indiquée par la flèche u.

5. Il résulte évidemment de là, que dans un pont biais qui serait appareillé comme un cylindre ordinaire, et dans lequel, par conséquent, les joints longitudinaux seraient formés par des plans normaux contenant l'axe du cylindre, comme cela est indiqué sur la figure 8; les voussoirs des assises supérieures, agissant comme des coins, tendraient à écarter les pieds-droits, et la résultante de toutes les pressions coïncidant avec la verticale du point O **fig. 13**, se décomposerait en deux forces latérales F_1 qui, agissant dans une direction perpendiculaire aux faces des murs ou pieds-droits qui supportent la voûte, tendraient évidemment à renverser les deux angles aigus M et N. C'est là ce que l'on nomme **poussée au vide**.

6. Avant l'invention des chemins de fer, on avait déjà étudié la question, et l'on trouvera dans le Traité de Géométrie descriptive de Hachette deux manières différentes de la résoudre. Quoique j'aie donné ces deux épures aux n°^{s} 365 et 485 du Traité de la Coupe des pierres, je les reproduirai ici, afin de rassembler sous les yeux du lecteur tous les éléments de la question très-composée que nous nous proposons d'étudier.

Les deux méthodes dont il s'agit, consistent à remplacer les plans normaux qui forment les joints continus du berceau cylindrique projeté sur les figures 8, 10 et 11 par des plans qui se coupent, **fig. 2** et **3**, **14** et **15**, suivant une droite do' menée par le centre o de la voûte, perpendiculairement à la longueur AB du massif dans lequel on veut percer le passage dont il s'agit.

7. Ainsi, par exemple, si le pont est destiné à une route qui doit passer au-dessous d'un chemin de fer, il faut que la droite do', intersection commune de tous les plans de joints, soit perpendiculaire à l'axe AB du remblai sur lequel existe le chemin au-dessous duquel doit passer la route.

8. La solution précédente satisfait évidemment à la condition principale du problème, puisque les forces latérales provenant de la pression des voussoirs sur les plans qui forment les joints continus ou lits d'assise, se composeront dans un plan P_1 perpendiculaire à la droite do' et parallèle par conséquent à la direction AB suivant laquelle le remblai ou massif, traversé par le pont, oppose la plus grande résistance.

9. Les deux méthodes que nous venons de rappeler, ne diffèrent entre elles que par des détails secondaires. En effet, dans la première solution, **fig. 2** et **3**, la surface de douelle du berceau est un cylindre qui pourrait être circulaire, mais que dans l'épure actuelle on a fait elliptique afin que les têtes $m'n'$, $a'c'$ du berceau soient des demi-circonférences. Les arêtes de douelle correspondant aux joints des lits sont des arcs d'ellipse dont on obtiendra facilement les projections horizontales, en abaissant des perpendiculaires par les points suivant lesquels les demi-cercles qui forment les joints discontinus situés dans les plans P P_1 et P_2 **fig. 3**, sont coupés par les plans P_3 P_4 et P_5 **fig. 2**, qui contiennent les joints continus ou lits d'assise.

La figure **4**, qui est le développement de la moitié de la voûte, se construira par le moyen connu ; ainsi les quatre parties de l'arc d'ellipse $m'u'$, **fig. 5**, étant portées de m'' en u'', **fig. 4**, on construira la génératrice de chaque point, et l'on ramènera sur chacune de ces lignes tous les points correspondants de la projection horizontale, **fig. 3**.

10. Dans l'exemple qui est représenté sur les figures **14** et **15**, l'intrados du berceau n'est plus cylindrique ; la douelle est une *surface réglée* dont la génératrice, mobile avec le plan P'_3, **fig. 14**, s'appuie constamment sur les deux cercles verticaux $m'n'$, $a'c'$ et sur la droite horizontale do', qui contient le centre o du parallélogramme $acnm$.

Cette solution a pour but de simplifier la taille des voussoirs. En effet, dans l'exemple précédent, **fig. 2** et **5**, les génératrices de la surface cylindrique qui forme l'intrados, étant des droites horizontales, parallèles à l'axe du berceau, ne pourront pas s'appuyer à la fois sur les deux arcs de tête rs et zx d'une même pierre, ce qui exigera par conséquent la construction des panneaux de joints latéraux dont les arcs rz et xs compléteront le contour de la douelle, et les courbes directrices de cette surface : tandis que dans l'exemple qui est représenté sur les figures **14** et **15**, les deux arcs de têtes $r's'$ et $x'z'$ suffiront pour diriger le mouvement de la règle génératrice, toujours comprise entre les deux plans P_3 et P_4 qui ont la droite do pour trace horizontale commune ; de sorte qu'il suffira de marquer les points suivant lesquels les arcs $r's'$ et $x'z'$ sont coupés par les droites génératrices dont les projections verticales aboutissent toutes au point o'.

La figure **17** est une section du berceau par le plan vertical P_5 perpendiculaire à son axe kh, et la figure **16** est une coupe par le plan projetant de cet axe. La courbure surbaissée de la ligne bsv fait voir qu'il existe au milieu de la voûte un gonflement ou bosse dont l'effet disgracieux rend cette solution peu susceptible d'être employée dans la pratique, et doit la faire reléguer parmi les exercices d'école.

11. D'ailleurs, les deux méthodes que nous venons d'indiquer comme moyens de détruire la poussée au vide, et de ramener les résultantes des pressions dans le plan vertical qui contient l'axe AB du chemin, ont toutes deux l'inconvénient de couper les arcs de têtes $a'c'$, $m'n'$ suivant des angles très-aigus. Ensuite les surfaces de joints ne sont perpendiculaires à la douelle que vers le centre de la voûte, et à partir de ce point les angles deviennent d'autant plus aigus, que le passage est plus long et plus incliné.

On ne pourrait remédier à ce défaut qu'en employant pour joints, des surfaces normales, et, dans ce cas, la poussée au vide ne serait plus détruite. Cela confirme ce que j'ai déjà dit bien des fois, que dans l'appareil d'une voûte, on ne peut souvent éviter une irrégularité que par une autre, et qu'il faut, par conséquent, s'exercer à choisir dans chaque cas, le parti qui offre le moins d'inconvénients. Malgré tout, j'ai cru devoir remettre les deux solutions précédentes sous les yeux du lecteur, afin d'abord de bien préciser le point où la question était parvenue au moment de l'invention des chemins de fer; ensuite, parce que les principes que nous venons d'établir pourront dans certaines circonstances que nous développerons plus tard, conduire à quelques applications utiles.

12. Appareil hélicoïdal. — Indépendamment de l'acuité des angles suivant lesquels les plans de joints des deux voûtes projetées sur les figures **2** et **14**, rencontrent la douelle et les arcs de têtes, on peut encore reprocher à ces appareils un inconvénient qui les a fait rejeter pour la construction des grands ponts biais. En effet, pour diminuer la dépense, on se contente souvent d'exécuter en pierres de taille les deux arcs de tête et l'assise de naissance, tandis que le reste de la voûte est construit en moellons ou matériaux de petites dimensions. Or, les ingénieurs anglais dont les constructions sont presque exclusivement composées de briques, ont dû nécessairement rejeter un mode d'appareil dans lequel le défaut de parallélisme des joints de lits ne leur permettaient pas d'employer les matériaux qui étaient à leur disposition. Ils ont dû, par conséquent, chercher une méthode qui leur permît de conserver le parallélisme des joints, et, pour y parvenir, ils ont opéré de la manière suivante.

13. Soit, **fig. 26**, le développement de la douelle de l'un des berceaux cylindriques projetées par les figures **23** et **24**, si l'on trace sur ce développement une série de lignes parallèles entre elles, ces lignes, appliquées sur la surface cylindrique de la douelle, reprendront leur courbure en conservant à très-peu de chose près le parallélisme qu'elles avaient sur le développement, et si l'on a pris la précaution d'écarter les parallèles de la figure **26**, d'une quantité égale à l'épaisseur des matériaux dont on peut disposer, il est évident que la construction de la voûte sera considérablement simplifiée. Or, on sait que toute ligne droite tracée sur le développement d'un cylindre devient nécessairement une *hélice* lorsque ce développement reprend la forme cylindrique, et l'on comprend alors pourquoi ce mode de construction se nomme *appareil hélicoïdal*.

14. Si les lignes d'appareil sont des **hélices**, les joints normaux correspondants seront des surfaces *hélicoïdales;* c'est pourquoi avant d'entreprendre l'étude de ce mode d'appareil, je crois devoir rappeler au lecteur quelques-unes des propriétés principales des hélices et des surfaces qui en dépendent.

15. Définition. — On donne en général le nom d'*hélice* à la courbe qui *coupe, suivant un angle constant, toutes les génératrices d'un cylindre;* on peut dire encore que l'*hélice* est engendrée par un point qui *s'éloigne à chaque instant d'un plan perpendiculaire au cylindre, d'une quantité proportionnelle à l'arc parcouru par sa projection sur ce plan.*

16. Développement de l'hélice. — Il résulte de la définition précédente, que sur le développement du cylindre toutes les hélices se transforment en lignes droites. En effet, concevons, **fig. 33**, le demi-cercle 1-3-5-7-9-11 et 13 partagé en six parties égales, si nous portons toutes ces parties à la suite l'une de l'autre sur la droite AZ perpendiculaire à la direction du cylindre. La partie 1″-13″ de cette ligne sera la *section droite rectifiée*, les droites 1″-1, 3-3, 5-5, etc., perpendiculaires à la ligne AZ seront les génératrices du cylindre 1-3-5-7-9-11-13, et l'hélice, rencontrant toutes ces parallèles suivant un angle constant, son développement 1″-13‴ doit être nécessairement une ligne droite.

La quantité dont le point générateur de l'hélice s'éloigne du plan de section droite AZ, pendant une révolution entière autour du cylindre, est ce que l'on nomme le *pas de l'hélice*. Ainsi, la partie 1″-13″ de la ligne AZ étant le développement de la demi-circonférence 1-7-13, la distance 13″-13‴ sera la moitié du pas.

17. Projection de l'hélice. — La projection de l'hélice sur le plan de la section droite se confond toujours avec cette courbe; ainsi le demi-cercle 1-7-13 sera la projection de l'hélice qui a pour développement la droite 1″-13‴; mais pour construire la projection 1-13′ de la même courbe sur un plan parallèle au cylindre, on peut opérer de deux manières différentes.

18. *Première méthode*. On commencera par construire sur le développement la droite 1″-13‴ qui est le développement de l'hélice dont on veut obtenir la projection, puis, par chacun des points, suivant lesquels cette droite 1″-13‴ du développement rencontre les génératrices 3-3, 4-4 du cylindre, on construira une parallèle à AZ; les points suivant lesquels ces droites rencontreront les projections des mêmes génératrices détermineront la projection 1-13′ de l'hélice demandée.

19. *Deuxième méthode*. Le développement du cylindre n'est pas absolument nécessaire pour construire la projection 1-13′ de l'hélice. En effet, après avoir partagé la distance 1-*h* en autant de parties égales qu'il y en a dans la demi-circonférence 1-7-13, on tracera une parallèle à AZ par chacun des points de division de la droite 1-*h* et les points suivant lesquels ces droites rencontreront les génératrices correspondantes du cylindre appartiendront à la projection 1-13′ de l'hélice demandée.

20. Si l'on veut construire sur le même cylindre une seconde hélice de même pas 1^{IV}-13^{IV}, il n'est pas nécessaire de recommencer l'opération précédente. Ainsi, lorsqu'on aura obtenu la projection 1-13' d'une première hélice, on pourra construire la seconde, en portant sur chacune des génératrices du cylindre, une quantité 1-1^{IV} égale à la partie de cette génératrice comprise entre les points correspondants des deux hélices.

21. Le parallélogramme $1''$-1^V-13^V-$13'''$ indiqué sur la figure par une teinte plus foncée, est le développement de la partie de surface cylindrique comprise entre les deux hélices 1-13' et 1^{IV}-13^{IV}.

22. Si l'on doit construire sur la projection du même cylindre un grand nombre d'hélices du même pas, on tracera, **fig. 21**, la projection 1-13'' de l'une de ces courbes, sur une carte mince qui, découpée avec soin, servira de patron ou pistolet pour tracer toutes les autres.

23. Tout ce que nous venons de dire pour construire le développement et la projection des hélices tracées sur le cylindre qui a pour section droite le demi-cercle 1-7-13, s'appliquerait également à la projection et au développement des hélices tracées sur la surface du cylindre qui a pour section droite le demi-cercle 2-8-14. Je ferai seulement remarquer que, pour éviter la confusion, les génératrices de cette dernière surface sont tracées en points ronds, et désignées par des chiffres pairs; tandis que les génératrices du premier cylindre sont désignées par des chiffres impairs et tracés sur la figure par des points allongés. On remarquera encore que le plus petit des deux cylindres est creux et vu du côté de sa concavité.

24. Enfin la partie solide qui aurait pour arête les quatre hélices 1-13', 1^{IV}-13^{IV}, $1''$-14', 1^V-14^{IV} peut être considérée comme engendrée par le rectangle 13'-14'-13^{IV}-14^{IV}, et n'est autre chose que la **courbe rampante** dont nous avons déjà parlé aux n⁰ˢ 152 de *l'introduction* et 466 du Traité de la Coupe des pierres. Cette dernière remarque est très-importante pour la suite.

25. Hélice à base elliptique. — Les hélices dont nous venons de parler sont à base circulaire, parce qu'elles sont tracées sur des cylindres circulaires, mais on peut avoir à construire les projections d'hélices qui seraient tracées sur un cylindre elliptique. Or, l'hélice devant couper toutes les génératrices du cylindre, suivant un angle constant (15), se développera toujours en ligne droite, quel que soit le cylindre sur lequel elle aura été tracée; d'où il suit, **fig. 36**, que les projections 1-9 des deux hélices tracées sur le cylindre qui a pour section droite la demi-ellipse 1-5-9, **fig. 34**, pourront être déterminées en opérant comme nous l'avons dit au n° 18. Mais, si l'on voulait construire l'ellipse par la méthode indiquée au n° 19, il faudrait auparavant que la demi-ellipse 1-5-9 fût partagée en parties égales, et nous verrons bientôt comme il faut opérer dans ce cas.

26. Rectification de la section droite. — La première et la plus essentielle des opérations nécessaires pour construire un pont biais, consiste à développer le cylindre d'intrados. Or, ce développement dépendant de la section droite, il s'ensuit que l'exactitude de l'épure dépendra du soin que l'on aura mis à rectifier cette courbe.

Dans la pratique, on se contente ordinairement de porter à la suite les uns des autres tous les côtés du polygone inscrit, et l'on considère le résultat ainsi obtenu comme suffisamment exact : ce qui est vrai dans le plus grand nombre de cas. En effet, **fig. 18**, dans une épure de coupe de pierres, pour la construction d'une voûte ou d'un arc de pont, dont le cintre KH aurait un très-grand rayon de courbure, il est évident que, si l'on remplace cette courbe par le polygone ABC…D, l'erreur sera tout à fait insensible, par suite du peu de différence qui existe entre chacune des cordes et la partie de courbe qu'elle sous-tend.

On peut même ajouter que pour la stabilité de la construction, l'erreur sera *absolument nulle*, pourvu, **fig. 1**, que les surfaces de joint CD rencontrent les cordes DD suivant des angles parfaitement identiques avec ceux qui sont indiqués par l'épure. Il en résultera seulement qu'après l'exécution on aura construit un berceau prismatique au lieu d'un berceau cylindrique qui était projeté. Mais il est évident qu'en taillant la surface cylindrique après la pose, ou après le tracé des coupes de joints sur les faces de tête, on rétablira la courbure demandée, quel que soit le rayon de la voûte.

Il est donc certain que, dans un grand nombre de cas, on pourra remplacer la courbe donnée, par le polygone qui lui est inscrit. Cependant il peut exister des circonstances où l'on aurait besoin de connaître la longueur d'une courbe avec une grande exactitude, et la théorie nous donnera plusieurs moyens d'arriver à ce but.

27. Quand il s'agira d'un berceau circulaire, la question ne présentera aucune difficulté. En effet, en exprimant par R le rayon du cylindre que l'on veut développer, on aura $2\pi R$ pour la section droite rectifiée et les points qui partageront cette ligne en parties égales détermineront les génératrices correspondantes avec la plus grande exactitude. Mais, lorsque la section droite du berceau sera une ellipse, ce moyen ne conviendra plus, et dans ce cas, on pourra opérer de plusieurs manières.

28. *Première méthode.* On peut calculer la demi-circonférence de l'ellipse par la formule

$$\frac{E}{2} = \pi a \left[1 - \left(\frac{1}{2} e\right)^2 - \frac{1}{3}\left(\frac{1.3}{2.4} e^2\right)^2 - \frac{1}{5}\left(\frac{1.3.5}{2.4.6} e^3\right)^2 - \text{etc.} \right]$$

dans laquelle $e = \dfrac{c}{a} = \dfrac{\sqrt{a^2 - b^2}}{a}$; mais, on remarquera que les valeurs de π et de e ne sont que des approximations; d'où il résulte que la somme des erreurs qui affectent les termes négatifs du facteur polynôme sera multipliée par πa. D'ailleurs cette formule ne conviendrait pas pour obtenir le développement d'un berceau surbaissé dont la section droite ne serait pas une demi-ellipse complète.

29. *Deuxième méthode.* Le calcul intégral donne, il est vrai, le moyen de rectifier l'arc d'ellipse compris entre deux points déterminés de la courbe ; mais les praticiens ont toujours été rebutés par la longueur excessive des calculs qu'il faut faire dans ce cas, pour n'obtenir, après tout, qu'une approximation. Nous continuerons donc à regarder cette solution comme une étude plus curieuse que véritablement utile.

30. *Troisième méthode.* J'ai donné au n° 382 de mon recueil d'exercices une méthode de rectification que je crois devoir reproduire ici, afin de rapprocher autant que possible tous les éléments de la question qui nous occupe.

Je ferai remarquer d'abord que si pour obtenir une plus grande exactitude on augmente le nombre des points de division de la courbe que l'on veut rectifier, on diminue, il est vrai, la différence qui existe entre chacune des cordes et l'arc sous-tendu ; mais, d'un autre côté, on multiplie le nombre des erreurs, et, par conséquent, on perd d'un côté une partie de ce que l'on avait gagné de l'autre.

31. Il est évident que l'on sera beaucoup plus près de la vérité, si l'on remplace chacun des côtés du polygone inscrit par un arc de cercle, dont la différence avec la partie correspondante de la courbe donnée pourra toujours être aussi petite que l'on voudra. De sorte que la question sera réduite à rectifier la courbe formée par les arcs de cercle par lesquels on aura remplacé les côtés du polygone inscrit.

32. Pour atteindre ce but, exprimons, **fig. 6**, l'arc de cercle MKN par a, l'angle MON par α, la corde MN par c et le rayon OM par R. On aura (*Géométrie*) :

$$(1) \qquad a = \frac{\pi R \alpha}{180} ;$$

mais (*Trigonométrie*) le triangle rectangle MIO donne :

$$MI = MO \sin. MOI = R. \sin. \tfrac{1}{2} \alpha$$

d'où

(2) $$c = 2MI = 2R \sin. \tfrac{1}{2} \alpha,$$

et par conséquent,

(3) $$\frac{a}{c} = \frac{\pi \alpha}{360 \sin. \tfrac{1}{2} \alpha}.$$

Ainsi, le rapport d'un arc à sa corde ne dépend que du nombre de degrés de cet arc, quel que soit le rayon du cercle auquel il appartient.

33. Cela étant admis, supposons qu'il s'agit de rectifier une courbe quelconque. On choisira sur cette ligne des points assez rapprochés pour que la courbure des arcs compris entre deux points consécutifs soit sensiblement circulaire, puis on tracera les cordes qui forment les côtés du polygone inscrit. Or, en exprimant ces cordes par c, c', c'', c''', les arcs de cercle sous-tendus par a, a', a'' et a''', et les angles formés par les normales consécutives par $\alpha, \alpha', \alpha''$, on aura (3) :

$$a = c \times \frac{\pi \alpha}{360 \sin. \tfrac{1}{2} \alpha}$$

$$a' = c' \times \frac{\pi \alpha'}{360 \sin. \tfrac{1}{2} \alpha'}$$

$$a'' = c'' \times \frac{\pi \alpha''}{360 \sin. \tfrac{1}{2} \alpha''}$$

etc. . . . .

Puis, en exprimant la courbe rectifiée par L, on a :

$$L = \frac{\pi \alpha c}{360 \sin. \tfrac{1}{2} \alpha} + \frac{\pi \alpha' c'}{360 \sin. \tfrac{1}{2} \alpha'} + \frac{\pi \alpha'' c''}{360 \sin. \tfrac{1}{2} \alpha''} + \ldots$$

Or si l'on fait $\alpha = \alpha' = \alpha''$, on aura :

$$L = \frac{\pi \alpha}{360 \sin. \tfrac{1}{2} \alpha} (c + c' + c'' + \ldots \text{etc.})$$

Le tout sera donc réduit :

1° A remplacer la courbe donnée par une suite d'arcs de cercle semblables entre eux ;

2° A rectifier le polygone formé par les cordes que sous-tendent ces arcs de cercle ;

3° A multiplier le résultat obtenu par $\dfrac{\pi \alpha}{360 \sin. \frac{1}{2} \alpha}$.

34. La décomposition de la courbe en arcs semblables peut se faire graphiquement d'une manière très-simple. Supposons par exemple, **fig. 29**, qu'il s'agit de rectifier la partie de courbe AD comprise entre les deux normales AH, DK dont nous supposons les directions bien exactement déterminées.

1° On tracera par un point O pris à volonté, **fig. 28**, les deux droites OA', OD', parallèles aux normales extrêmes de la courbe que l'on veut rectifier.

2° On partagera l'angle A'OD' en autant de parties égales que l'on supposera d'arcs de cercle dans la courbe à plusieurs centres par laquelle on veut remplacer la ligne donnée, et l'on tracera un rayon par chacun des points ainsi obtenus sur l'arc A'D'.

3° On construira une normale à la courbe donnée, **fig. 29**, parallèlement à chacun des rayons 0-1, 0-2 de A'D', **fig. 28**.

Ces normales N_1 N_2 partageront la ligne donnée AD en une suite d'arcs *semblables entre eux* et dont chacun différera très-peu de la portion de courbe qu'il aura remplacée.

35. On remarquera que ces arcs seront proportionnels à leurs rayons, et deviendront par conséquent plus petits lorsque la courbure de la ligne donnée deviendra plus grande ; ce qui augmentera beaucoup l'exactitude, quand même on se contenterait de rectifier le polygone inscrit, sans multiplier le résultat par le coefficient $\dfrac{\pi \alpha}{360 \sin. \frac{1}{2} \alpha}$.

36. Lorsqu'on aura déterminé les points qui partagent la courbe AD en un nombre suffisant d'arcs semblables :

On tracera la corde de chacun de ces arcs ;

On fera la somme de toutes ces cordes, ce qui revient à rectifier le polygone inscrit; (33) : puis

On multipliera le résultat ainsi obtenu par

$$\frac{\pi \alpha}{360 \sin. \frac{1}{2} \alpha}.$$

Si l'on a bien compris tout ce qui précède, il est évident que le problème de la rectification des courbes se trouve réduit à remplacer la ligne donnée par une suite d'arcs de cercles *semblables entre eux*, et dont les extrémités seront déterminées par *les normales parallèles aux rayons qui partagent en parties égales l'angle des normales extrêmes ;* d'où il résulte, que la question peut être considérée comme complétement résolue pour toutes les courbes auxquelles on sait mener une normale *parallèlement à une droite donnée*.

37. Lorsque la courbe à rectifier ne sera pas définie géométriquement, on pourra se contenter de construire avec soin la développée KH, **fig. 29**, puis on construira une tangente à cette développée, parallèlement à chacun des rayons qui sur la figure **28** partagent en parties égales l'angle formé par les normales extrêmes. Ces tangentes seront normales à la courbe, et partageront cette ligne en arcs semblables ; mais lorsqu'il s'agira d'une courbe définie, on pourra toujours construire les normales avec une grande exactitude (*Exercices*, 393). Dans l'application, la construction de la développée donnera presque toujours une exactitude suffisante.

38. Si l'angle AUD formé par les deux normales extrêmes, **fig. 29**, n'est pas donné en nombre, ou si l'on ne peut pas obtenir ce nombre par le calcul, on pourra le mesurer avec un bon rapporteur, et même avec un rapporteur médiocre. Pour cela on mesurera l'angle plusieurs fois en partant successivement des points 0, 10, 20, etc. de l'instrument, puis on prendra la moyenne des mesures obtenues, ce qui n'est autre chose que le principe de la *répétition* appliqué à un instrument commun.

39. Pour avoir la somme des cordes, on les transportera sur une même droite à la suite les unes des autres, et pour mesurer le polygone ainsi rectifié on emploiera un mètre divisé avec soin; si l'on compte la longueur successivement à partir des n°ˢ 10, 20, 30, etc., on pourra en prenant la moyenne obtenir beaucoup d'exactitude.

40. La multiplication par le facteur $\dfrac{\pi\alpha}{360 \sin.\frac{\alpha}{2}}$ peut se faire graphiquement.

Ainsi, par exemple, si nous supposons que l'angle AUD formé par les deux normales AH, DU, **fig. 29**, soit égal à 54°, nous obtiendrons 18° pour la valeur de α, **fig. 28**.

Le facteur $\dfrac{\pi\alpha}{360 \sin.\frac{\alpha}{2}}$ sera donc égal à $\dfrac{18\pi}{360 \sin. 9} = \dfrac{\pi}{20 \sin. 9} =$
$= 1,004.$

Cela étant, **fig. 27**, on tracera les deux droites MU, MU' faisant entre elles un angle quelconque.

On fera MU : MU' = 1000 : 1004 = 250 : 251.

On tracera la droite UU' et l'on portera sur MU les côtés du polygone inscrit ABCD, **fig. 29**.

Les droites BB', CC', DD', parallèles à UU', détermineront sur MU' les longueurs des arcs sous-tendus.

41. Si l'on veut partager la courbe AD de la figure **29** en parties égales, on divisera la droite MU', **fig. 27**, et l'on reportera les points de divisions sur la courbe AD, **fig. 29**. Ainsi, par exemple, si les points 1' et 2', **fig. 27**, partagent la droite MD' en trois parties égales, on fera B-1 de la figure **29** égale à B'-1' de la figure **27** et C-2 de la figure **29** égale à C'-2' de la figure **27**, en prenant toujours sur la droite MU' la distance du point que l'on veut obtenir au plus près des points qui divisent la courbe AD en arcs semblables.

42. Rectification de l'ellipse. — Supposons que l'on veut rectifier la demi-ellipse 1-5-9 qui forme la section droite du berceau qui est projeté sur les figures **34** et **36**.

1° On fera, **fig.** 30, l'angle droit AOD, dont les côtés sont parallèles aux normales extrêmes 0-1 et 0-5 du quart 1-5 de l'ellipse que l'on veut rectifier.

2° On partagera l'arc AD de la figure 30 en autant de parties égales que l'on voudra, suivant l'exactitude exigée par la question.

Dans le cas actuel, l'arc AD est partagé en quatre parties égales.

3° On construira, **fig.** 34, les normales parallèles aux trois rayons qui partagent l'arc AD de la figure 30 en parties égales, ce qui revient à remplacer le quart d'ellipse 1-5 de la figure 34 par quatre arcs de cercle de $(22° - 30')$ chacun.

4° On tracera les cordes de ces arcs de cercles, et l'on multipliera leur somme par $\dfrac{\pi (22° - 30')}{360 \sin. (11° - 15')} =$

$= \dfrac{\pi}{16 \sin. (11° - 15')} = 1{,}006.$

Lorsque l'arc d'ellipse sera rectifié, on pourra le partager en parties égales en opérant comme nous l'avons dit au n° 41.

43. Si l'arc 1-5 était décomposé en huit arcs semblables, le facteur $\dfrac{\pi \alpha}{360 \sin. \dfrac{\alpha}{2}}$ serait égal seulement à 1,002, d'où il résulte que la différence qui existe entre un arc de $11° - 15'$ et sa corde, est seulement égale à 0,002, ou $\frac{1}{500}$ de cette dernière ligne. Ce qui ne ferait pas $\frac{1}{2}$ millimètre sur la douelle d'une pierre dont la largeur serait de 2 *décimètres*. Or les constructeurs savent bien que cette différence devient insensible lorsqu'on la compare à l'écartement nécessaire pour la couche de mortier qui doit garnir le joint, et l'on comprend alors pourquoi, dans la pratique, on pourra toujours se contenter de rectifier le polygone inscrit (26).

44. Rectification par le calcul. — Si l'on reprochait à la méthode précédente de n'être qu'une approximation, je ferais remarquer :

1° Que le calcul intégral ne donne pas autre chose, *quand on peut intégrer*, ce qui est souvent impossible et toujours fort long ;

2° Que l'on peut, en augmentant le nombre des arcs, approcher autant que l'on voudra de la courbe donnée ;

3° Et qu'ensuite une courbe composée de deux ou trois arcs de cercle sera presque toujours plus près de la courbe donnée que le polygone inscrit d'un grand nombre de côtés.

Il est au surplus évident que la formule donnée au n° 33 ne sera pas plus difficile à employer que celle qui exprime la circonférence du cercle ; car, pour calculer $2\Pi R$, il faut bien mesurer le rayon. Eh bien ! dans le cas actuel, on mesurera la *somme des cordes*, ce qui ne sera pas plus difficile que de mesurer R. Et l'on peut d'ailleurs effectuer par le calcul toutes les opérations que nous venons de faire avec le compas (*Exercices*, n°s 403 et 411), mais je ne crois pas que ce travail soit véritablement utile.

45. Section oblique du cylindre. — Nous avons dit (1) qu'un pont biais, **fig. 10** et **11**, n'était autre chose qu'un pont ou cylindre droit, circulaire ou elliptique, dont les parties *acv* et *mna* auraient été supprimées.

46. Les sections par les plans verticaux *ac*, *mn* forment ce que l'on appelle les *têtes du pont*.

47. Les arêtes provenant de la section de la douelle par les plans des têtes sont des ellipses, lorsque la voûte est circulaire, et pourraient être des cercles si la voûte était elliptique et coupée suivant une direction convenable. Nous avons dit en outre (1) pourquoi l'obliquité des têtes, par rapport à l'axe du berceau, ne permettait pas d'employer les sections droites pour arêtes de joints discontinus, et nous sommes arrivé à cette conséquence, que cette espèce de joints devait être formée par les ellipses que l'on obtiendrait, **fig. 11**, en coupant le cylindre d'intrados par des plans P_3 P_4 P_5 etc., parallèles aux têtes. Il faut donc, avant de commencer les études relatives à la construction des ponts biais, que nous disions encore quelques mots sur les courbes que l'on obtient en coupant un cylindre par des plans qui ne sont pas perpendiculaires à son axe.

48. Si les deux cylindres circulaires et concentriques des figures 31 et 33 sont coupés par le plan P_1 perpendiculaire au plan de la projection 31, les courbes de section que l'on obtiendra seront deux ellipses concentriques et semblables, projetées par les droites ac, vu sur le plan parallèle au cylindre ; et sur le plan de la section droite, par les demi-circonférences 1-7-13 et 2-8-14, la plus petite de ces deux ellipses a pour grand axe la droite ac ; et son petit axe, projeté par le point o', fig. 31, est égal au rayon 0-7 du plus petit des deux cylindres. L'ellipse provenant de la section du second cylindre par le plan P_1 a pour grand axe la droite vu, et son petit axe, projeté par le point o', est égal au rayon 0-8 du cylindre extérieur.

49. Les points suivant lesquels le plan P_1 coupe les génératrices des deux cylindres, étant ramenés par des parallèles au plan de la section droite, sur les génératrices correspondantes des développements, fig. 32, on obtiendra les deux courbes $c'a'$, uv' que l'on nomme *sinusoïdes*. La première $c'a$ de ces deux courbes est le développement de l'ellipse qui a pour projections la droite ac, et la demi-circonférence 1-7-13 ; et la courbe uv' est le développement de l'ellipse projetée par la demi-circonférence 2-8-14 et par la droite vu.

Les sinusoïdes $n'm'$, xz' sont les développements des deux ellipses qui proviendraient de la section des mêmes cylindres par le plan P_2 parallèle au plan P_1 de sorte que la bande curviligne $c'a'm'n'$, indiquée par des hachures foncées sur le développement du plus petit des deux cylindres, est le développement de la partie correspondante du cylindre qui a pour section droite la demi-circonférence 1-7-13 ; et la bande $u'v'z'x$ indiquée par une teinte de points sur le développement du plus grand des deux cylindres, est le développement de la partie de ce même cylindre comprise entre les deux plans coupants P_1 et P_2.

50. Surfaces normales. — Les surfaces normales qui ont pour directrices les hélices tracées sur un cylindre circulaire, ou les ellipses provenant de la section du même cylindre par des plans obliques, sont en général des surfaces *réglées* **gauches**, c'est-à-dire *non développables*, et de la classe de celles qu'on désigne en géométrie descriptive par le nom de *conoïdes*. Ces surfaces ont pour directrice la droite qui forme l'axe du cylindre, pour seconde directrice une courbe quelconque qui peut être une *hélice* ou une *ellipse*, et de plus elles ont un *plan directeur* qui, dans le cas actuel, sera le plan de section droite, auquel la génératrice de la surface normale doit toujours être parallèle. Pour mieux faire comprendre la nature de ces surfaces, j'en ai construit les projections sur les figures **19** et **20**, où j'ai supposé que les deux cylindres concentriques étaient entiers.

51. Surface normale hélicoïdale. — Le plan P de la section droite étant rabattu, **fig. 20**, les directrices de la surface sont l'axe C'C' — C commun aux deux cylindres et l'hélice C' — 5 — 11 — 17 — 23, dont on construira les projections en opérant comme nous l'avons dit au n° **19**.

Les *normales* génératrices menées par les douze points situés à égale distance sur l'hélice directrice C' — 23, sont parallèles au plan P de la section droite; leurs projections sur le plan de la figure **19** doivent être par conséquent perpendiculaires à l'axe C'C' du cylindre. De plus, l'hélice directrice C' — 23 appartenant à un cylindre circulaire, les génératrices *normales* doivent rencontrer l'axe C'C' de ce cylindre, d'où il résulte que leurs projections sur le plan de la section droite, **fig. 20**, doivent toutes aboutir au point C.

Les points suivants lesquels ces normales percent la surface du cylindre extérieur seront projetés, **fig. 20**, sur la plus grande des deux circonférences, et leurs projections sur la figure **19** seront facilement déterminées par des perpendiculaires à la ligne AZ, sur les projections des normales correspondantes. On obtiendra ainsi l'hélice C'-6-12-18-24 suivant laquelle le cylindre extérieur est rencontré par la surface normale qui a pour directrice l'hélice C'-5-11-17-23. On remarquera que les deux hélices C'-23 et C'-24 sont de même pas, et ne diffèrent que par les cylindres sur lesquels elles sont tracées.

52. Surface normale elliptique. — Je nommerai ainsi la surface normale qui a pour directrice l'ellipse projetée par la droite 17'-5' que l'on obtient en coupant le cylindre intérieur par le plan P_1 perpendiculaire au plan de la figure 19. Les *normales* génératrices de cette seconde surface devront encore couper l'axe commun des deux cylindres, et les projections de ces normales sur le plan PP de la section droite devront par conséquent aboutir au point C. Les projections de ces normales sur le plan PP de la figure 20 coïncidant avec celles de la surface hélicoïde que nous venons d'étudier, je les désignerai par les mêmes numéros, en distinguant par des accents sur la figure 19 les points sur lesquels nous voudrons appeler l'attention.

53. Les normales génératrices de la surface que nous étudions percent le cylindre extérieur suivant une courbe dont la projection sur la figure 20 sera la plus grande des deux circonférences, et qui se projettera sur la figure 19 par la ligne 6'-18', qui sera droite lorsque les deux cylindres 5-11-17 et 6-12-18, **fig. 20**, seront circulaires et concentriques. Cette propriété, utile comme vérification, peut être facilement démontrée.

En effet, si par chacun des points suivant lesquels les projections horizontales des génératrices de la surface qui nous occupe, rencontrent la plus petite des deux circonférences, on élève une perpendiculaire à la ligne AZ on obtiendra les points 13', 15', et 17' sur la projection 5'-17' de l'ellipse directrice et les droites horizontales 13'-14', 15'-16' et 17'-18' perpendiculaires à l'axe seront les projections verticales des normales correspondantes.

Or il est évident que l'on aura

$$M-17' : M-18' = C-17 : C-18 \ldots\ldots\ldots = r : R$$
$$N-15' : N-16' = C-a : C-A = C-15 : C-16 = r : R$$
$$V-13' : V-14' = C-u : C-U = C-13 : C-14 = r : R$$

et par suite du rapport commun $(r : R)$ on aura

$$M-17' : M-18' = N-15' : N-16' = V-13' : V-14'$$

d'où il suit que les horizontales des points M, N, V sont partagées en parties proportionnelles par les deux lignes 5'-17' et 6'-18'; or la première de ces deux lignes 5'-17' étant droite (48), il faut en conclure que la seconde le sera également.

Ainsi, la courbe suivant laquelle le cylindre extérieur est rencontré par la surface normale 5'-6'-17'-18' est une courbe plane puisque sa projection 6'-18' sur la figure **19** est une ligne droite. Cette courbe, que l'on peut encore considérer comme une section du cylindre extérieur par le plan projetant P_2 sera nécessairement une ellipse dont le grand axe 6'-18' sera situé dans le plan méridien, P_3 **fig. 20**, et dont le petit axe, égal au rayon du plus grand des deux cylindres, se projette sur la figure **19** par le point suivant lequel se coupent les deux droites 5'-17' et 6'-18'.

54. Il résulte de ce qui précède, qu'un troisième cylindre, dont la section droite serait la circonférence KH d'un rayon quelconque, **fig. 20**, coupera la surface *normale* C'-5-6-11-17-18-23 suivant *l'hélice* C'-H'-11-K'-23, **fig. 19**, et la surface *normale* 5'-6'-17'-18' suivant une ellipse projetée sur la même figure par la droite K″H″, ces deux courbes ayant pour projection commune la circonférence KH, **fig. 20**.

55. Épures. — Les notions précédentes étant admises, nous allons passer à l'étude des opérations nécessaires pour exécuter un pont biais. Pour plus d'ordre dans les idées, nous remarquerons d'abord que les questions principales à résoudre peuvent être énoncées de la manière suivante :

1° Déterminer les lignes d'appareil ;

2° Déterminer les surfaces de joints ;
3° Tracer et tailler les voussoirs.

Nous avons déjà dit les raisons qui ont déterminé les ingénieurs anglais à imaginer l'appareil *hélicoïdal*, et nous allons commencer nos études par les épures nécessaires pour exécuter les ponts de cette espèce.

56. Appareil de la voûte. — Cette première étude se fait ordinairement sur le développement de la surface d'intrados ; et dans ce cas, on opère de la manière suivante.

Le plan ou projection horizontale de la voûte à construire étant le parallélogramme *acmn* de la figure **24**, nous nous proposerons d'abord de couvrir cet espace par un berceau cylindrique et *circulaire* dont la *section droite* est la demi-circonférence 0-4-8 rabattue, **fig. 25**. Cette courbe étant partagée en huit parties égales, on a porté ces parties, **fig. 26**, de *o* en c'', sur la droite o-c'' perpendiculaire à la direction du cylindre, ce qui a donné 0-1-2-3 .... c'' pour la *section droite rectifiée*. Les droites en points ronds menées par les points 1, 2, 3, 4, etc., perpendiculairement à la ligne o-c'' sont les 8 génératrices correspondantes du cylindre et les lignes de points ronds de la figure **24** sont les projections horizontales des mêmes lignes.

Les points suivant lesquels les génératrices projetées sur la figure **24** sont coupées par les deux plans verticaux *ac*, *mn*, appartiennent, **fig. 25**, aux deux ellipses $m'n'$, $a'q'$ ou arcs de tête du pont ; les mêmes points ramenés sur les génératrices de la figure **26**, déterminent les deux *sinusoïdes* $a''r''uc''$, $m''e''s''n''$, suivant lesquelles les ellipses *ac*, *mn* sont transformées sur le développement de la surface cylindrique.

57. Arêtes des joints continus hélicoïdaux. — Lorsque les deux courbes a''-4-c'', m''-4-n'' seront tracées, on partagera leurs cordes $a''c''$, $m''n''$ en autant de parties égales que l'on voudra obtenir de voussoirs sur les têtes : dans le cas actuel, il y en a *dix-neuf*. Par le point a'' ou par tout autre point de la corde $a''c''$, on tracera une perpendiculaire à cette ligne, et si cette perpendiculaire ne contient pas un des points de division de la corde $m''n''$, on la fera dévier un peu de manière à la faire passer par celui de ces points qui en sera le plus près. Enfin, par chacun des autres points de la corde $a''c''$, on tracera une droite parallèle à la première, et ces droites, qui ne sont autre chose que les développements des hélices formant les arêtes d'intrados de la voûte, passeront alors par les points de division de la corde $m''n''$, et détermineront les largeurs des voussoirs sur les arcs des têtes.

58. Ces largeurs ne seront pas tout à fait égales entre elles; car il est évident, par exemple, que l'arc vu, **fig. 26**, ne peut pas être égal à l'arc zx, puisque les cordes de ces deux arcs ne sont pas également inclinées par rapport aux droites parallèles équidistantes entre lesquelles elles sont comprises.

59. Si l'on veut avoir des voussoirs égaux sur les têtes, il faudra partager les deux courbes $a''\text{-}4\text{-}c''$, $m''\text{-}4\text{-}n''$ en un même nombre de parties égales; mais alors les hélices comprises entre les droites $a''e''$ et $n''u$ ne seront pas parallèles, et l'on ne pourra plus, pour cette partie de la voûte, employer des briques ou des moellons dont l'épaisseur serait la même dans toute l'étendue d'une assise. Au surplus, quel que soit le parti que l'on prendra, cette irrégularité devient insensible lorsqu'il s'agit d'une grande voûte.

60. Quelques ingénieurs attachent beaucoup trop d'importance à la division de l'arc de tête en voussoirs de même largeur; ce n'est là qu'une condition *très-secondaire*. En effet, si les voussoirs sont taillés avec une grande exactitude, si les joints convexes et concaves sont bien identiques, et coïncident parfaitement après la pose, cela vaudra beaucoup mieux qu'une régularité d'appareil, qui n'ajoute rien à la solidité de la construction, et qui souvent ne peut être obtenue qu'aux dépens de conditions beaucoup plus essentielles.

61. Joints transversaux discontinus. — Les hélices qui forment les arêtes des joints continus étant perpendiculaires ou à peu près aux deux cordes parallèles, $a''c''$, $m''n''$, ne sont pas perpendiculaires sur les courbes $a''\text{-}4\text{-}c''$, $m''\text{-}4\text{-}n''$ sous-tendues par ces cordes. Il résulte de là que si l'on prenait pour arêtes de joints discontinus les sections de la voûte par des plans parallèles aux têtes ac, mn, ces courbes, parallèles aux deux sinusoïdes $a''\text{-}4\text{-}c''$, $m''\text{-}4\text{-}n''$, seraient rencontrées obliquement par les hélices, comme on peut le voir aux points a'', 4 et c'', ce qui se répéterait pour tous les points situés dans le voisinage des génératrices $a''m''$, $4\text{-}4$ et $c''n''$.

On ne peut éviter cette difficulté sur les arcs de tête que par des moyens que nous indiquerons plus tard, mais il est évident que pour les claveaux courants il suffira de remplacer sur le développement, la partie de courbe parallèle aux têtes, par une droite kh perpendiculaire à la direction des hélices qui forment les joints longitudinaux ; de sorte que les arêtes kh, bd du voussoir se transformeront également en arcs d'hélices, lorsque la surface de douelle, développée, **fig. 26**, reprendra sa courbure cylindrique : et la surface de douelle de chacun des claveaux courants sera, par conséquent, un quadrilatère rectangle $bdhk$.

62. Dans la pratique, cette condition est une conséquence naturelle de la forme rectangulaire des briques ou des moellons appareillés que l'on emploie pour construire la voûte, de sorte qu'il suffit de couper à angle droit, comme on le voit **fig. 22**, la queue des pierres qui forment l'arc de tête, et celles qui composent l'assise de naissance.

63. Ces dernières pierres, C, C, C, que l'on nomme **coussinets**, forment une sorte de crémaillère composée d'angles, alternativement saillants et rentrants, sur les faces desquels sont placées les premières briques ou moellons, qui, sans cela, rencontreraient le plan de naissance suivant des angles trop aigus. Pour ne pas faire de confusion, les joints transversaux n'ont été tracés que sur les développements, **fig. 22** et **26**.

64. Dans les applications, la voûte se fait presque toujours en maçonnerie ordinaire, et l'on ne fait en pierres de taille que l'*arc de tête* et les *coussinets*. Mais, comme il s'agit ici d'une étude de coupe de pierres, nous supposerons que la voûte entière doit être composée de pierres rigoureusement taillées, et dans ce cas il faut que l'appareil soit complétement déterminé sur la **fig. 26**. Les voussoirs des têtes et des coussinets ne sont indiqués sur cette figure par aucune teinte, tandis que les claveaux courants sont ombrés.

65. On diminuerait considérablement la main-d'œuvre si l'on pouvait faire en sorte que tous les claveaux courants fussent de même longueur; or, il paraît assez difficile de satisfaire à cette condition, parce que les parties d'hélices $a''e''$, $r''s''$, etc., comprises entre les deux têtes ne sont pas égales entre elles. Nous allons voir cependant par quels moyens on peut résoudre cette partie de la question.

1° On commencera par déterminer les queues des voussoirs de tête de manière à obtenir de bonnes liaisons;

2° On partagera en voussoirs égaux l'assise BD, qui contient le centre o de la voûte : le nombre de ces parties sera déterminé par les dimensions des blocs dont on pourra disposer;

3° La longueur hd de chacun des claveaux courants étant ainsi déterminée, on portera cette distance sur les hélices développées, en partant de la tête $a''c''$, pour toutes les pierres comprises dans l'espace $c''r''s''n''$; et de la tête $m''n''$, pour celles qui forment le quadrilatère $m''s''r''a''$.

4° En augmentant ou diminuant un peu la longueur de quelques voussoirs des têtes, ou plaçant quelques pierres de remplissage, désignées sur la figure par une teinte plus foncée, on pourra donner la même longueur à la presque totalité des claveaux courants.

66. Projections des lignes d'appareil. — Les droites qui, sur la figure **26**, représentent les hélices développées, coupent les génératrices du cylindre suivant des points, qui, ramenés, **fig. 24**, sur les projections de ces mêmes génératrices, ont déterminé les projections horizontales des hélices;

et les mêmes points projetés, **fig. 23**, ont déterminé les projections verticales des mêmes lignes.

Toutes ces courbes étant identiques, on se contentera de construire la projection aH de l'une d'elles, en opérant comme nous l'avons dit au n° 18 ; puis après avoir découpé une feuille mince de carton ou de zinc, suivant la courbure de cette ligne (22), on la fera glisser, en faisant parcourir à chacun de ses points la génératrice correspondante du cylindre ; de manière, par exemple, que le point a ne quitte pas la droite Em, tandis que le point H restera constamment sur la droite KI, et l'on doit en outre s'assurer que les points intermédiaires de la courbe ne quittent pas les génératrices correspondantes. Enfin, avant de faire mouvoir la courbe aH, il faut ramener sur am et sur KH, **fig. 24**, les points *équidistants* suivant lesquels les génératrices, **fig. 26**, sont rencontrées par les droites qui, sur cette figure, représentent les hélices développées.

67. Les projections verticales des hélices peuvent être également tracées sur la figure **23** au moyen d'un *patron* ou *pistolet*, que l'on obtiendra en découpant la courbe a'H', qui est la projection verticale de l'hélice aH, a''H'', **fig. 24 et 26**. Pour obtenir cette projection, on établira sur la figure **23** les génératrices horizontales du cylindre, et les différents points de la courbe a'H' seront déterminés sur ces génératrices, en traçant une perpendiculaire par chacun des points correspondants de la projection horizontale aH.

68. Appareil des têtes. — La demi-ellipse $m'n'$ qui forme l'arc de tête, **fig. 23**, pourra facilement être tracée au moyen de ses deux axes, dont le premier $m'n'$ sera déduit de sa projection horizontale mn, et le second l'—4 sera égal au rayon du cercle de section droite rabattu, **fig. 25**. Malgré cela, on fera bien de s'assurer que les points suivant lesquels les génératrices du cylindre sont coupées par le plan de tête mn, sont bien exactement à la même hauteur sur les deux figures **25** et **23**. On opérera de la même manière pour construire l'arc d'ellipse $a'q'$.

Il sera très-essentiel aussi de vérifier avec beaucoup de soin les points suivant lesquels ces deux courbes sont rencontrées par les hélices qui doivent former les arêtes de joint continus. Ces points étant déterminés précédemment sur les droites mn et ac, **fig. 24**, et sur les ellipses $m'n'$ et $a'q'$, **fig. 23**, par les projections horizontales et verticales des hélices, peuvent être vérifiés de plusieurs manières.

Vérifications. 1° Un point quelconque D'' du développement, et sa projection horizontale D, doivent être situés sur une même droite $D''D$ perpendiculaire à la direction du cylindre.

2° Les deux projections D et D' de ce point doivent être sur une même perpendiculaire à la droite $m'n'$.

3° La partie de sinusoïde $D'' - 2''$ comprise entre le point D'', **fig. 26**, et la génératrice $2'' - 2$ qui en est la plus rapprochée, doit être égale à l'arc d'ellipse $D' - 2'$ compris sur la figure **23**, entre la même génératrice $2' - 2$ et la projection D' du point D.

4° On tracera sur le développement, **fig. 26**, la génératrice $D'' - D'''$, et la distance $2 - D'''$ étant portée sur la figure **25** de 2 en D^{IV}, ce dernier point sera la projection du point D sur le plan de la section droite; si l'on a bien opéré, les deux points D et D^{IV} doivent être situés sur une même droite perpendiculaire à $0 - 8$.

5° Enfin, la hauteur du point D^{IV} au-dessus de la droite $0 - 8$, **fig. 25**, doit être égale à la hauteur du point D' au-dessus de $m'n'$, **fig. 23**.

69. Coupes de joints sur les plans des têtes. — Les lignes suivant lesquelles les plans des têtes sont rencontrés par les surfaces qui forment les joints continus de la voûte dépendent de la nature de ces surfaces de joints. Ces coupes sont des lignes courbes, mais dans un grand pont la courbure devient insensible, et dans la pratique on peut les remplacer par des droites.

70. M. Buck, ingénieur anglais, qui a écrit sur les ponts biais un ouvrage dont on trouvera la traduction dans la 2ᵉ édition du *Manuel des ponts et chaussées*, a signalé la présence d'un point F qu'il nomme foyer, et vers lequel, suivant lui, doivent concourir les cordes de toutes les lignes *insensiblement* courbes, suivant lesquelles les plans des têtes sont rencontrés par les surfaces des joints continus. M. de la Gournerie a démontré, dans les *Annales des ponts et chaussées*, que le foyer F, regardé par M. Buck comme étant le point de concours des *cordes* des coupes de joints, était le point de concours des *tangentes* menées par les points suivant lesquels ces mêmes courbes rencontrent l'arc elliptique des têtes.

71. Ce point, dont nous reparlerons bientôt, peut être facilement déterminé de la manière suivante :

1° La droite $m''L$, menée par le point m'' parallèlement aux hélices développées de la figure **26**, déterminera le point L sur la trace du plan de section droite qui contient le centre I de l'arc de tête mn, $m'n'$, **fig. 24** et **23**.

2° La droite GL, portée de I' en F sur la verticale qui contient le centre I' de l'ellipse $m'n'$, donnera le point F vers lequel on fera concourir toutes les coupes de joints sur les têtes, ce qui revient à remplacer chacune de ces courbes par sa tangente au point où elle rencontre l'arc de tête m'-4-n'.

Lorsqu'on aura tracé les coupes de joints sur les têtes, on déterminera les raccordements avec les lits horizontaux, en opérant comme pour un berceau ordinaire.

72. Étude théorique des surfaces. — Lorsque l'on veut exécuter une voûte en pierre de taille, il faut d'abord se rendre un compte bien exact de la nature des surfaces qui forment les limites des différents voussoirs de cette voûte. Ces surfaces, en se croisant dans tous les sens, donnent lieu à des courbes d'intersection dont il faut étudier la forme avec le plus grand soin.

73. Pour mieux faire ressortir toutes les propriétés de ces lignes, on en exagère la courbure avec intention; on rend sensible, par ce moyen, le sens et les nombreuses sinuosités de leurs cours, et l'on parvient ainsi à rendre évidentes des propriétés particulières que l'on n'aurait pas soupçonnées si la courbure eût été moins grande. Cette étude permet de bien reconnaître le caractère géométrique des surfaces et des lignes qui doivent concourir à la solution du problème ; et l'on comprend beaucoup mieux alors, comment ces lignes et ces surfaces doivent être employées dans les applications. C'est pourquoi, avant d'exposer les méthodes employées par les praticiens dans la construction des ponts biais, nous allons faire quelques épures pour lesquelles nous admettrons une courbure beaucoup plus grande que celle qui serait adoptée pour la pratique.

74. D'ailleurs, les principes de la coupe des pierres ne doivent pas être étudiés à une échelle proportionnelle aux dimensions que doivent avoir les monuments lorsqu'ils seront exécutés. Si l'on adoptait pour les études autant de voussoirs qu'il doit y en avoir dans l'application, il ne resterait plus assez de place sur l'épure pour les lignes théoriques ; le peu d'étendue des arêtes et des faces ne permettrait pas d'apprécier le sens ou la quantité de leur courbure ; et presque toutes les propriétés intéressantes resteraient inaperçues, par suite de la confusion produite par le grand nombre de lignes d'appareil.

75. On doit donc étudier d'abord les principes avec des données dont l'exagération de courbure et de biais ne laisse échapper aucune des circonstances particulières de la question ; et puis après, on reprend le problème avec les conditions qui conviennent à la pratique, et les *épures d'application*, que l'on fait alors, étant dégagées de toutes les lignes d'étude, peuvent exprimer clairement les relations qui existent entre les données et les résultats projetés à l'échelle qui convient pour l'exécution. Ensuite, en réduisant ainsi le nombre des voussoirs d'une voûte, on diminue le nombre des joints et des lits, ce qui contribue à fortifier, et prépare à la pratique, en augmentant les crochets, les différences de hauteur des assises, et par suite les difficultés de raccordement.

76. Surfaces de parements et de joints des ponts

biais. — Les surfaces employées dans la construction d'un pont biais sont :

1° Les deux plans verticaux qui forment les têtes de la voûte ;

2° Les deux cylindres circulaires ou elliptiques qui forment l'intrados et l'extrados ;

3° Les surfaces normales ou joints continus qui séparent les assises ;

4° Enfin, les surfaces qui forment les joints discontinus ou transversaux.

77. Surfaces théoriques des joints. — On sait que pour éviter les angles aigus, les joints doivent être autant que possible perpendiculaires à la surface d'intrados de la voûte. Je dis autant que possible, parce que l'on ne peut pas toujours satisfaire à cette condition d'une manière absolue. En effet, on rencontre souvent dans la pratique des difficultés qui s'opposent à ce que l'on puisse satisfaire complétement aux exigences de la théorie ; mais pour être parfaitement en état de décider dans quel cas et dans quelles limites les concessions peuvent être permises, il faut d'abord comparer avec le plus grand soin les avantages et les inconvénients que l'on peut rencontrer dans chaque cas. Nous allons donc commencer par étudier les surfaces qui sont indiquées par la théorie, et nous verrons ensuite quelles sont les modifications pratiques qu'il sera possible ou nécessaire d'introduire pour augmenter la solidité de la voûte, ou pour diminuer les dépenses d'exécution.

78. Surfaces normales. — On sait que toute surface normale est engendrée par une droite qui, dans son mouvement, reste toujours perpendiculaire à la douelle ou intrados de la voûte que l'on veut construire. La directrice de la surface est la ligne, droite ou courbe, qui forme l'arête commune aux deux rangées ou assises de pierres dont la surface normale forme le joint.

79. La *surface normale helicoïde* formant le joint continu d'un pont biais sera donc engendrée par une droite qui glisserait sur l'hélice directrice, en restant toujours perpendiculaire à la surface d'intrados du berceau.

80. Or, quand cette dernière surface sera formée par un cylindre circulaire, il est évident que la normale génératrice rencontrera l'axe de la voûte, et sera toujours parallèle au plan de la section droite. Nous avons déjà étudié cette surface aux numéros 50 et 51, et les figures 31 et 33 de la planche 1 contiennent les projections de la partie comprise entre deux cylindres concentriques. Nous avons vu au numéro 51, que tous les cylindres circulaires qui auraient le même axe seraient pénétrés par la surface hélicoïde suivant des hélices de même pas; nous allons étudier encore quelques propriétés de la même surface.

81. Section plane de la surface normale hélicoïde. — La surface réglée projetée sur les figures 2 et 3 de la planche 2, ayant pour directrices l'axe AA' du cylindre, et l'hélice *acmvu*, **fig.** 2, il s'agit de construire la courbe suivant laquelle cette surface serait coupée par le plan P perpendiculaire au plan de la figure 2.

Toutes les génératrices de la surface rencontrant l'axe du cylindre, leurs projections sur le plan de la figure 3 se confondront avec les rayons de la circonférence suivant laquelle se projette l'hélice directrice.

Les mêmes génératrices sont projetées sur la figure 2 par des droites parallèles entre elles, et perpendiculaires à l'axe A'A' du cylindre. Les deux projections d'une même génératrice sont désignées sur les figures 2 et 3 par le même numéro. Enfin, quoique chaque génératrice soit ici considérée comme infinie, nous distinguerons par une teinte la partie de surface qui est comprise entre l'axe du cylindre et l'hélice directrice.

82. Cela étant admis, il est évident que pour obtenir sur la figure 3 la projection de la courbe demandée, il suffira d'abaisser une perpendiculaire à la ligne TD par chacun des points suivant lesquels la trace du plan P rencontre la projection de la génératrice correspondante. On obtiendra ainsi les deux courbes MN et BAC de la figure 3. La première est la ligne suivant laquelle le plan P coupe la partie de surface *uvm*, tandis que la courbe BAC est la section produite dans la surface *mca*.

83. Ces deux courbes sont exprimées dans leur véritable grandeur par la figure 5, sur laquelle l'ellipse indiquée par une teinte est la section par le plan P du cylindre qui contient l'hélice directrice. La figure 5 peut être considérée comme un rabattement du plan P que l'on aurait fait avancer parallèlement à lui-même avant de le faire tourner autour de la droite KH située dans le plan vertical projetant de la génératrice 4-12, **fig.** 3.

84. Les différents points des deux courbes M"N" et B"A"C" de la figure 5 se déduiront facilement de leurs projections, **fig.** 2 et 3, en faisant la distance de chaque point à la droite KH de la figure 5 égale à la distance du point correspondant à la droite 4-12 de la figure 3.

85. Les deux courbes, ou plutôt les deux branches de la courbe que nous venons d'obtenir, sont principalement remarquables par la différence de leurs courbures.

86. Prises dans leur ensemble, et en faisant abstraction du nombre infini de courbes que l'on obtiendrait en prolongeant le plan P et la surface hélicoïde au-dessus du point *u*, et au-dessous du point *a*, **fig.** 2, elles peuvent être considérées comme les deux branches d'une même courbe qui aurait pour asymptotes les trois droites EF, GI, RS perpendiculaires au plan de la figure 2.

En effet, les génératrices qui s'appuient sur les points *a*, *m* et *u* de l'hélice directrice, étant perpendiculaires au plan de la figure 2, ne seront rencontrées par le plan P qu'à l'infini, d'où il résulte que les ordonnées qui ont leurs pieds aux points 17, 18 et 19 de la figure 2, seront infiniment grandes. L'asymptote GI est commune aux deux branches de la courbe et l'on remarque, **fig.** 5, que l'une de ces branches passe par le centre

A″ de l'ellipse suivant laquelle le plan P coupe le cylindre qui contient l'hélice directrice. Ce point provient de l'intersection z du plan P et de l'axe A'A' du cylindre, **fig. 2.**

87. Les courbes que nous venons d'obtenir changeraient évidemment de forme si l'on déplaçait le plan coupant. Ainsi, par exemple, si nous supposons que le plan P de la figure **2** se meut parallèlement à lui-même en s'approchant du point m, et si nous représentons les sections successives du cylindre par les ellipses 1, 2, 3, 4, de la figure 6, les sections correspondantes de la surface réglée hélicoïde par le plan P seront les courbes désignées par les mêmes numéros 1, 2, 3, 4 et la dernière de ces courbes, composée de deux branches symétriques, sera la section de la surface par le plan P_1 qui contient le point m, **fig. 2.** Enfin, si l'on continue à faire mouvoir le plan coupant jusqu'à ce qu'il soit arrivé dans la position P_2 toujours parallèle au plan P et de manière toutefois que la distance mx soit égale à mz, on obtiendra pour section les deux courbes projetées, **fig. 1,** sur un plan perpendiculaire à l'axe du cylindre. Ces courbes, symétriques de celles que nous avons obtenues sur la figure 3, n'ont pas été rabattues en vraie grandeur, mais il est évident qu'elles seraient symétriques de celles que nous avons obtenues sur la figure 5.

88. Lorsque l'on aura étudié et construit avec soin les figures 1, 2, 3 et 4, on n'éprouvera aucune difficulté à comprendre les courbes suivant lesquelles les surfaces réglées hélicoïdes et normales qui forment les joints continus d'un pont biais rencontrent les plans verticaux qui contiennent les arcs de tête de la voûte. Ainsi, la figure 9 étant la projection horizontale d'un berceau cylindrique dont la section droite est rabattue, **fig. 11;** les coupes de joints sur les faces des têtes sont projetées et rabattues dans leur véritable grandeur sur la figure 7, qui est une coupe du berceau et de ses surfaces de joint par le plan vertical P qui contient l'un des arcs de tête.

Afin de rendre plus sensible la courbure des coupes de joint sur la figure 7, on a coupé le berceau suivant un angle beaucoup plus aigu qu'il ne serait convenable de le faire dans l'application. C'est également pour éviter la confusion des lignes que l'on a donné beaucoup d'épaisseur à la voûte et que l'on a supposé un très-petit rayon de courbure. Nous avons supposé ici que l'arc de tête ne contenait que sept voussoirs.

89. Épure. — La section droite du berceau étant donnée, **fig. 11**, on la divisera en parties égales et l'on construira sur la figure 9 les projections horizontales des génératrices correspondantes. Ces lignes ont été tracées en points allongés sur la projection horizontale du berceau et sur une partie de son développement, **fig. 8**. Pour éviter la confusion on n'a conservé que les amorces des génératrices de l'extrados qui, sur les figures 9 et 8, sont tracées en points ronds. Cela étant fait, on coupera le berceau par le plan P dont la direction est déterminée par la question à résoudre.

90. En opérant comme nous l'avons dit au n° 56, on construira le développement de la surface cylindrique d'intrados ou de douelle dont une partie seulement a été conservée sur la figure 8, où elle est désignée par une teinte de hachures. On pourra construire également le développement de l'extrados, qui est désigné sur la même figure par une teinte de points. Mais cette opération que j'indique ici comme étude peut être évitée dans la pratique, parce qu'ordinairement on ne taille pas les extrados.

91. Nous avons dit au n° 57 comment la direction des hélices peut être déterminée sur le développement du cylindre, et l'on sait que ces hélices doivent être perpendiculaires ou à *peu près* à la corde $m'''e'''$ de la sinusoïde $m'''e'''n'''$, suivant laquelle se transforme l'ellipse *men*, qui provient de la section du cylindre d'intrados par le plan vertical P qui contient l'arc de tête $m''e''n''$, **fig. 7**.

92. Le point e''' de l'intrados et le point E''' de l'extrados doivent être situés, **fig. 8**, sur la droite OE''' qui est la trace du plan P, mené perpendiculairement à la direction du berceau par le centre O de l'ellipse *men*. La droite ae''' est égale au quart de la section droite du cylindre d'intrados, et la droite aE''' est le quart de la section droite du cylindre d'extrados.

93. La droite Ce''' parallèle au développement des hélices qui forment les arêtes de joints continus sur le cylindre d'intrados, peut être considérée elle-même comme le développement d'une hélice IcO qui passerait par le point ee'' de l'ellipse $m'''e''n''$, **fig. 7**.

94. L'hélice Ce''' du développement, **fig. 8**, et sa projection horizontale IcO, **fig. 9**, ont été tracées en points ronds, pour indiquer qu'elles n'existent pas en réalité, et qu'elles ne sont ici que pour l'explication de l'épure. La droite CE''' de la figure 8 sera le développement de l'hélice ICO, **fig. 9**, suivant laquelle le cylindre d'extrados serait rencontré par la surface réglée normale qui aurait pour directrice l'hélice IcO. Les deux hélices IcO et ICO, **fig. 9**, se déduiront des développements, **fig. 8**, ou de la projection, **fig. 11**, en opérant comme nous l'avons dit aux n°⁵ 18 et 19. Enfin, des patrons ou pistolets découpés avec soin, suivant le contour des deux courbes IcO et ICO, **fig. 9**, pourront servir à tracer toutes les autres hélices de la même figure.

95. La droite CE''' du développement, **fig. 8**, déterminera sur la même figure la direction des droites suivant lesquelles se transforment les hélices provenant de la rencontre de l'extrados du berceau et des surfaces réglées hélicoïdes qui forment les joints continus.

96. Les droites suivant lesquelles se transforment sur le développement les hélices de l'extrados ne sont pas perpendiculaires à la corde ME''' de la sinusoïde correspondante.

97. Les deux cordes $m'''e'''$, ME''' seront parallèles, et cette vérification pourra être ajoutée à toutes celles que nous avons

indiquées au n° 68. Cependant ces deux cordes $m'''e'''$, ME''' ne seraient pas parallèles si les deux cylindres n'avaient pas le même axe ou s'ils n'étaient pas semblables.

98. La corde entière de la sinusoïde $m'''e'''n'''$, **fig.** 8, ayant été partagée en sept parties égales, il s'ensuit que l'arc de tête ou arête qui forme la pénétration du berceau dans le plan vertical P se composera de sept voussoirs, ce qui donnera lieu, **fig.** 7, à huit coupes de joints, en y comprenant celles qui séparent les deux sommiers ou coussinets $C''C''$ des premières assises $A''A''$.

99. Pour obtenir ces courbes, il suffira de recommencer huit fois l'opération que nous avons expliquée aux n°s 82 et 83. Ainsi, après avoir établi sur la projection horizontale, **fig.** 9, les génératrices de chaque surface hélicoïde, il sera facile de déterminer sur la figure 11 le point suivant lequel chacune de ces lignes est coupée par le plan vertical P. La trace de ces opérations n'a été conservée que pour la courbe $r'n'$, qui est l'intersection du plan P et de la surface réglée normale qui a pour directrice l'hélice BnG.

En numérotant les génératrices comme on le voit sur la figure 9, puis en effaçant les lignes d'opérations après la détermination de chaque courbe, on pourra facilement éviter toute espèce de confusion.

100. Les courbes de joints sur le plan de tête P pourraient être déterminées directement sur la figure 7 en projetant d'abord sur ce plan les génératrices des surfaces réglées hélicoïdes ; mais il est beaucoup plus simple, comme nous l'avons fait aux n°s 82 et 83, de déterminer d'abord ces courbes sur le plan de la section droite, **fig.** 11, et de les reporter ensuite sur la figure 7, en prenant sur la figure 11 la distance de chaque point au plan de naissance $M'N'$, et portant cette distance, **fig.** 7, sur la perpendiculaire élevée par la projection horizontale du point correspondant. La trace de cette opération n'a été conservée que pour le point $UU'U''$ de l'ellipse $m''U''n''$, et pour le point 5, 5′, 5″ de la courbe de joint $r''n''$-5″.

101. Si l'on regarde les coupes de joint sur le plan P, **fig. 7**, ou la projection des mêmes lignes sur le plan de section droite, **fig. 11**, on retrouvera les deux sortes de courbes qui ont été étudiées sur les figures **1, 3 et 5**. On voit que la coupe de joint sur la tête affecte quelquefois la forme M"N", **fig. 5**, et dans ce cas elle ne passe pas par le centre A", tandis que lorsqu'elle contient ce point elle prend la forme de la courbe B"A"C". Cette différence provient uniquement de la position de la surface hélicoïde par rapport au plan de section droite P_1 qui contient le centre de l'ellipse ou arc de tête provenant de la section par le plan P.

102. On peut dire en général que si les deux asymptotes de la courbe sont du même côté par rapport au point A", **fig. 5**, la coupe du joint aura la forme M"N" et ne contiendra pas le centre de l'ellipse qui forme l'arc des têtes, tandis que si les deux asymptotes sont de différents côtés par rapport au point A", la courbe passera par ce point et prendra la forme B"A"C". Ainsi, pour la courbe r'n', **fig. 11**, les asymptotes bb, dd, projetées sur le plan horizontal, **fig. 9**, par les points 0 et 8 sont du même côté par rapport au point O, tandis que pour le second joint v'D', qui a pour directrice l'hélice LQ, les asymptotes que l'on n'a pas tracées sur la figure **11**, auraient pour projections horizontales les points 9 et 10, **fig. 9**, et le centre O de l'ellipse *men* étant compris entre ces deux lignes doit nécessairement appartenir à la courbe correspondante v'D', **fig. 11**.

103. Pour éviter la confusion sur les figures **11** et **7**, les courbes qui ne contiennent pas le centre ont été prolongées indéfiniment, tandis que celles qui contiennent ce point n'ont pas été prolongées au delà.

104. Si l'on augmentait l'obliquité du plan P le pas des hélices diminuerait, et le point 10 de la projection horizontale pourrait alors passer de l'autre côté du point O, de sorte que les deux asymptotes 10 et 9 étant placées du même côté par rapport au centre de l'ellipse *men*, la seconde coupe de joint v'D' passerait par ce point, et prendrait la forme de la courbe M″N″, **fig**. 5.

On pourrait arriver au même résultat en augmentant le nombre des voussoirs comme on le voit sur la figure **14**. Dans l'application, la courbure des coupes de joint devient insensible, et les praticiens remplacent ordinairement ces courbes par des lignes droites, **pl. 1, fig. 25**.

105. En exécutant avec soin les épures relatives à un grand nombre de ponts biais, M. Buck a cru reconnaître que toutes les coupes de joints sur les têtes se dirigeaient vers un point situé sur la verticale qui contient le centre de l'ellipse de tête ; il a donné à ce point le nom de foyer, et l'a désigné dans son ouvrage comme point de concours des cordes qui passeraient par les points suivant lesquels chacune des courbes de joints coupe les deux ellipses $m″e″n″$, M″E″N″ de la figure 7. M. de la Gournerie, dans le mémoire que j'ai cité, démontre que ce point n'appartient pas aux cordes des coupes de joint, mais aux tangentes menées par les points suivant lesquelles ces courbes rencontrent l'ellipse $m″e″n″$. La démonstration suivante ne diffère de celle que M. de la Gournerie a donnée dans son mémoire que par quelques détails peu importants motivés par la disposition de l'épure.

106. Supposons que par le point U de l'arc de tête on veut construire une tangente à la coupe de joint correspondant. On se rappellera (*Géométrie descriptive*) que pour obtenir une tangente en un point quelconque de la courbe qui provient de la section d'une surface par un plan, il faut mener par ce point un plan tangent à la surface coupée ; et l'intersection de ce plan tangent avec le plan coupant est la tangente demandée. Or, dans le cas actuel, la surface coupée est le joint normal qui a pour directrice l'hélice zUy, **fig. 9**, et le plan coupant est le plan P.

Le plan tangent au point U de la surface hélicoïde sera déterminé, **fig. 9 et 11**, par la génératrice XU, X′U′, de cette surface, et par la droite UY, U′Y′ tangente au point UU′ de l'hélice directrice. Mais on sait que sur le développement d'un cylindre, chaque hélice se confond avec sa tangente, d'où il résulte que sur la figure 8 la droite U'''K''' sera la tangente au point UU''' de l'hélice zU, et le côté K'''S''' du triangle rectangle K'''U'''S''' sera la sous-tangente où la projection de la tangente U'''K''' sur le plan de section droite P_1.

Il résulte de là que si nous portons la distance S'''K''' de la figure 8, sur la tangente U'Y' de la figure 11, la droite U'K' sera la projection de la partie de la tangente YY' qui est comprise entre le point UU' et le plan de section droite P_1, et si nous considérons ce dernier plan comme un plan vertical de projection qui serait rabattu **fig. 11**, la droite EF' sera la trace verticale du plan coupant P tandis que la droite KF', parallèle à la génératrice O'X' de la surface hélicoïde, sera la trace du plan tangent en UU', et le point F' suivant lequel ces deux traces se rencontrent, sera situé sur la tangente au point U' de la coupe de joint correspondante.

107. Cela étant admis, traçons la droite O'H' perpendiculaire sur F'K' et par conséquent sur O'U', nous aurons évidemment l'angle F'O'H' égal à U'O'D', puisque F'O' est perpendiculaire sur O'D' et que O'H' est perpendiculaire sur O'U'.

Exprimons, **fig. 11** :

L'angle U'O'D' = F'O'H' par α.

Le rayon O'U' par R.

L'angle UOS, **fig. 9**, par u.

Le pas H d'une hélice par h.

Le triangle F'O'H' donnera (*Trigonométrie*)

$$O'F' = \frac{O'H'}{\cos F'O'H'}; \quad \text{d'où} \quad OF' = \frac{O'H'}{\cos \alpha} \qquad (1)$$

On a, **fig. 11** $\quad O'H' = U'K' \qquad (2)$

On sait, que $\quad \dfrac{U'K'}{US} = \dfrac{2\pi R}{h} \qquad (3)$

Le triangle UOS, **fig. 9**, donne

APPAREIL HÉLICOÏDAL.

$$US = OS \tang UOS; \quad \text{d'où} \quad US = OS \tang u \quad (4)$$

On a, **fig. 9** et **11**
$$OS = O'D' \quad (5)$$

Enfin, le triangle O'D'U' donne

$$O'D' = O'U' \cos U'O'D'; \quad \text{d'où} \quad O'D' = R \cos \alpha \quad (6)$$

Multipliant les six équations précédentes et supprimant les facteurs communs, on obtiendra
$$O'F' = \frac{2\pi R^2 \tang u}{h} \quad (7)$$

Or, l'angle α ayant complétement disparu de la formule, il faut en conclure que la distance O'F' est indépendante de cet angle et sera toujours la même quel que soit le point que l'on aura choisi sur la demi-circonférence $m'e'n'$ ou sur l'arc d'ellipse $m''e''n''$, **fig. 7**.

108. La position du point F', **fig. 11**, étant indépendante de l'angle U'O'D', si au lieu du point U' on choisit le point de naissance m', la tangente sur le développement sera la droite $m'''h'''$ parallèle à toutes les autres hélices, et la droite ah''' sera la projection de la tangente $m'''h'''$ sur le plan de section droite P. Or, si le développement, **fig. 8**, était replacé sur le cylindre d'intrados, la tangente $m'''h'''$, **fig. 8**, serait projetée par $m'h'$ sur la figure **11**, et la droite $h'F'$, parallèle à mO', déterminerait le point F'. Il suffira donc, pour obtenir ce point, de faire les deux opérations suivantes :

1° On tracera, **fig. 8**, la droite $m'''h'''$ parallèle à la direction des hélices développées;

2° On portera ah''' de la figure **8** sur la verticale O'F' de la figure **11** et le point F' sera déterminé (71).

109. En portant ah''' de la figure **8** sur la verticale O''F'' de la figure **7**, on déterminera le point F'' vers lequel doivent concourir toutes les tangentes menées par les points suivant lesquels l'arc de tête elliptique $m''e''n''$ est rencontré par les coupes de joint.

110. Si par le point M de la figure **8** on trace MT''' parallèle à l'une quelconque CE''' des droites suivant lesquelles se transforment les hélices de l'extrados, on déterminera un point T''' sur la trace du plan vertical P_1 et la distance aT''' étant portée de O' en T' sur la figure **11**, et de O'' en T'' sur la figure **7**, on obtiendra les deux points T' et T''. Le premier est le point de concours des tangentes aux points suivants lesquels la circonférence M'E'N' est rencontrée par les projections des coupes de joints sur le plan de la figure **11**, et le point T'' de la figure **7** est le point de concours des tangentes menées par les points suivant lesquels ces mêmes courbes rencontrent l'ellipse M''E''N''.

111. On peut obtenir les points T' de la figure **11** et T'' de la figure **7**, sans construire le développement du cylindre d'extrados, **fig. 8**. En effet, concevons, **fig. 4**, que la masse de la voûte soit coupée par un nombre quelconque de cylindres circulaires concentriques; exprimons les rayons OM, OM', OM'', OM''' de ces cylindres par R, R', R'', R''', et remarquons que les quantités u et h des formules précédentes seront les mêmes pour tous ces cylindres. L'équation (7) du n° 107 donnera évidemment.

$$\left. \begin{array}{l} OF = \dfrac{2\pi R^2 \tang u}{h} \\[6pt] OF' = \dfrac{2\pi R'^2 \tang u}{h} \\[6pt] OF'' = \dfrac{2\pi R''^2 \tang u}{h} \\[6pt] OF''' = \dfrac{2\pi R'''^2 \tang u}{h} \end{array} \right\} \quad \text{d'où} \quad \left\{ \begin{array}{l} \dfrac{R^2}{OF} = \dfrac{h}{2\pi \tang u} \\[6pt] \dfrac{R'^2}{OF'} = \dfrac{h}{2\pi \tang u} \\[6pt] \dfrac{R''^2}{OF''} = \dfrac{h}{2\pi \tang u} \\[6pt] \dfrac{R'''^2}{OF'''} = \dfrac{h}{2\pi \tang u} \end{array} \right.$$

et par conséquent

$$\frac{R^2}{OF} = \frac{R'^2}{OF'} = \frac{R''^2}{OF''} = \frac{R'''^2}{OF'''}.$$

Or si nous exprimons par c la quantité $\dfrac{R^2}{OF}$, nous aurons successivement

$$\left.\begin{array}{l}c = \dfrac{R'^2}{OF'} \\[4pt] c = \dfrac{R''^2}{OF''} \\[4pt] c = \dfrac{R'''^2}{OF'''}\end{array}\right\} \quad \text{d'où} \quad \left\{\begin{array}{l}OF' = \dfrac{R'^2}{c} \\[4pt] OF'' = \dfrac{R''^2}{c} \\[4pt] OF''' = \dfrac{R'''^2}{c}\end{array}\right.$$

de sorte qu'il suffira de construire une *troisième proportionnelle*, pour obtenir chacune des quantités OF', OF", OF'".

112. Ainsi le point F étant déterminé, **fig. 4**, par l'opération indiquée au n° 108, on tracera FM, et la droite MS perpendiculaire sur FM déterminera $OS = \dfrac{R^2}{OF} = c$; car le triangle FMS étant rectangle en M, on aura évidemment la proportion
$$OF : OM = OM : OS,$$
d'où
$$OS = \dfrac{\overline{OM}^2}{OF} = \dfrac{R^2}{OF} = c.$$

Cela étant fait, on tracera SM', et la droite M'F', perpendiculaire sur SM', déterminera le point F', car le triangle SM'F', rectangle en M', donnera la proportion
$$OS : OM' = OM' : OF',$$
d'où
$$OF' = \dfrac{\overline{OM'}^2}{OS} = \dfrac{R'^2}{c}.$$

On déterminera de la même manière les points F" et F'".

On obtiendra ainsi un foyer pour chacun des cylindres concentriques projetés sur la figure 4.

113. Ce qui précède étant bien compris, on déterminera d'abord, **fig. 11**, le point F', en opérant comme nous l'avons dit au n° 108, puis on tracera :

1° La droite F'm' ;
2° m'Z perpendiculaire sur F'm' ;
3° Les deux droites ZM' et Zx' ;
4° M'T' perpendiculaire sur ZM' et x'V' perpendiculaire sur Zx'.

On obtiendra ainsi T' pour le point de concours des tangentes menées par les points suivant lesquels les projections des coupes de joints coupent la circonférence M'E'N'; et le point V' vers lequel concourent les tangentes menées par les points analogues situés sur la circonférence $x'o'u'$. Enfin, les distances O'T' et O'V' étant portées à partir du point O''', **fig. 7**, sur la verticale O''F'' détermineront les deux foyers T'' et V''', vers lesquels concourent les tangentes menées par les points suivant lesquels les coupes de joints, **fig. 7**, rencontrent les deux ellipses concentriques et semblables M''E''N'' et M'''N'''.

114. Pour compléter autant que possible l'étude théorique des surfaces de joint, j'ai projeté sur la figure **7** les deux hélices I$ce''c$I, ICE''CI de la figure **9**. Les projections de ces hélices sont faciles à obtenir en opérant comme nous l'avons dit au h° 66. La teinte de hachures comprise entre ces deux hélices fera concevoir la forme affectée par la projection verticale de la surface du joint correspondant. Les teintes de points indiquent les prolongements de cette surface en supposant que les deux cylindres de douelle et d'extrados sont continués au-dessous du plan horizontal qui contient les naissances de la voûte.

Enfin, toutes les surfaces hélicoïdes des joints étant identiques, la projection verticale d'une seule de ces surfaces suffit pour faire comprendre quelles seraient les projections de toutes les autres.

115. On remarquera sans doute la différence de forme qui existe entre la projection $ie''i$ de l'hélice d'intrados et celle de l'hélice d'extrados IE''I. Cette dernière contient un anneau allongé qui n'existe pas dans la première. Cette différence provient de l'inclinaison de ces deux hélices par rapport au plan vertical de projection, et cette inclinaison pourrait être telle, dans certains cas, que la projection de l'hélice eût un point de rebroussement R, **fig. 15**.

Il est facile de savoir d'avance si la projection de l'hélice doit contenir ce point. Ainsi, par exemple :

Concevons, **fig. 12**, les projections horizontales de quatre hélices de même pas, situées chacune sur la surface de l'un des quatre cylindres concentriques dont les sections droites sont rabattues, **fig. 13**. Construisons, sur la figure **12**, les projections de ces quatre hélices. La tangente passant par le point le plus élevé de chacune des courbes correspondantes sera toujours située dans un plan tangent horizontal.

Or, si l'une de ces tangentes ON, **fig. 12**, est perpendiculaire au plan vertical de projection, **fig. 10**, la projection de l'hélice correspondante OX aura un point de rebroussement, tandis que les projections verticales des autres hélices auront un anneau, **fig. 16**, ou en seront privées, suivant la direction de leur tangente, par rapport au plan vertical projetant de ON. On pourra donc dire, en général, que si la tangente OU est comprise entre la courbe correspondante OS et le plan vertical ON_1, **fig. 12**, la projection de l'hélice, **fig. 10**, aura la forme KIH, tandis que si la projection de la courbe OE, **fig. 12**, passe entre sa tangente OV et la trace horizontale du plan projetant ON_1, la projection verticale de l'hélice correspondante aura un anneau comme on peut le voir, **fig. 10**, pour les projections des hélices OE, OF de la figure **12**. Les petites courbes us des figures **10** et **7** sont formées par le croisement des génératrices 5, 6, 7, etc., dont les projections n'ont pas été conservées sur la figure **7**.

116. Taille des voussoirs. — Avant d'aborder cette partie si importante de la question qui nous occupe, je crois utile de rappeler au lecteur qu'il ne s'agit encore ici que d'une étude théorique, dans laquelle l'exagération de courbure et de biais ne permettrait pas d'adopter les méthodes approximatives employées par quelques ingénieurs dans la construction des grands ponts. Il est d'ailleurs bien évident que l'on comprendra mieux les motifs qui ont fait imaginer ces méthodes, lorsque l'on aura étudié la question dans toute la rigueur géométrique. Pour plus de simplicité, on n'a tracé sur l'épure, **pl. 3**, que les projections d'une seule pierre A, du pont qui est représenté en projection verticale par la figure **17**; et pour rendre plus sensible le contournement des surfaces de joint, on a supposé que l'assise ne contenait qu'un seul voussoir, depuis le coussinet C jusqu'au plan vertical qui forme la tête du pont.

Cela étant admis, et la section droite du berceau étant donnée figure **16**, on partagera l'un des deux arcs 0-6 en parties égales, et l'on projettera sur la figure **10** les génératrices des deux cylindres qui forment l'intrados et l'extrados du berceau. On construira sur la figure **9** les développements de ces deux cylindres; puis, en opérant comme nous l'avons dit au n° 57, on déterminera la direction des hélices qui doivent former les arêtes d'intrados des joints longitudinaux. On sait que la direction de ces hélices doit être perpendiculaire ou *à peu près* à la corde 0-6 de la sinusoïde 0-4-6, **fig. 9**. La droite BS déterminera la direction des hélices de l'extrados. Enfin, les points suivant lesquels les quatre droites $a''m''$, $o''n''$, $a''v''$, $o''u''$ de la figure **9** rencontrent les génératrices des deux cylindres, étant ramenés figure **10** sur les projections horizontales des mêmes lignes, on obtiendra la projection horizontale de la pierre que l'on veut étudier.

117. La droite $a''x''$, perpendiculaire sur l'hélice $o''n''$, **fig. 9**, sera l'intersection du cylindre d'intrados par la surface de joint qui sépare la pierre A du coussinet correspondant C, **fig. 9** et **10**. Si le développement $a''x''n''m'''$ de la figure **9** est replacé sur le cylindre d'intrados, **fig. 10**, la droite $a''x''$ deviendra l'hélice ax, qu'il ne faut pas considérer comme le prolongement de l'hélice am. Sur la figure **9**, ces deux lignes sont perpendiculaires l'une à l'autre, tandis que leurs projections horizontales, **fig. 10**, se raccordent au point a, ce qui provient de ce qu'en ce point elles ont pour tangente commune la droite ao, qui est la ligne de naissance du cylindre d'intrados.

L'hélice ax, **fig. 10**, est la directrice d'une surface normale, dont une partie $axza''$ forme le joint du coussinet C. Cette surface, réglée, gauche, et de même espèce que celles qui forment les joints continus de la voûte, rencontre le cylindre d'extrados suivant une seconde hélice $a''z$, de même pas que la première, et qui sur le développement, **fig. 9**, se transforme suivant la droite $a''z''$.

Cette dernière ligne n'est pas perpendiculaire à l'hélice $o''u''$ de l'extrados ; mais on obtiendra facilement sa direction en déterminant le point où elle rencontre la droite SH du développement ; ou, si l'on n'a pas assez de place, en remarquant que les deux points x et z, et par conséquent x'' et z'', sont situés sur une même génératrice zx commune aux deux surfaces réglées $axza''$ et $oo''nu$ qui forment les surfaces de joint de la pierre que l'on veut tailler. Les courbes $v'm'$ et $u'n'$, **fig. 16**, se construiront, comme nous l'avons dit au n° 99, et le quadrilatère curviligne $v'm'u'n'$ sera la projection de la face de tête sur le plan P de la section droite.

Comme exercices, et pour mieux apprécier le sens et l'intensité de courbure des côtés $v'm'$ et $u'n'$ du quadrilatère qui forme la face de tête de la pierre, on pourra prolonger ces courbes jusqu'au centre O' (101) de la section droite, ou au moins jusqu'aux points t' et y' que l'on déduira de leurs projections sur la figure **10**. On peut aussi, pour chacune des courbes $v'm'$ et $u'n'$, obtenir un point intermédiaire g' et q' en construisant sur la figure **10** les deux hélices qui ont pour projection commune l'arc de cercle $q'g'$, **fig. 16**.

Pour plus de clarté, j'ai tracé en lignes pleines les parties vues des génératrices qui appartiennent aux joints gauches et aux surfaces cylindriques de la pierre, et ces génératrices sont désignées par les mêmes chiffres sur toutes les projections. Enfin, pour mieux faire comprendre l'épure, j'ai projeté quelques coussinets sur la figure **10**, et j'ai indiqué par une teinte les faces de ces coussinets qui correspondent aux joints discontinus, **fig. 9 et 10**.

118. Lorsque les deux projections de la pierre seront complètes sur les figures **10** et **16**, on pourra procéder à la taille des voussoirs.

Je rappellerai d'abord qu'il existe deux méthodes générales pour la taille des pierres, savoir :

La taille par équarrissement,
La taille par beuveau.

Nous verrons plus tard dans quel cas la taille par beuveau

peut être employée sans inconvénient pour la construction d'un pont biais; mais lorsque le voussoir est très-contourné, la taille par équarrissement est la seule qui donne une exactitude suffisante.

On sait que pour tailler une pierre il faut lui faire subir une suite de transformations, depuis le bloc informe et à peu près rectangulaire qui est amené de la carrière sur le chantier, jusqu'à la forme souvent très-contournée que doit prendre le voussoir pour satisfaire à toutes les conditions du problème. Or, quoiqu'au premier coup d'œil ces formes paraissent susceptibles d'être variées d'une infinité de manières, il sera facile de reconnaître que toutes les transformations se réduisent à trois principales, savoir :

La **pierre droite**,
La **courbe plane**,
La **courbe à double courbure**.

La *pierre droite* est le parallélipipède rectangle duquel on déduit par *dérobement* les voussoirs des portes et berceaux, les claveaux des plates-bandes, les pierres de voûtes cylindriques horizontales ou rampantes, etc. La *courbe plane*, comprise entre deux plans parallèles et deux surfaces cylindriques, est l'enveloppe de toutes les pierres des voûtes qui ont pour parements de douelle ou d'extrados des surfaces de révolution. Enfin la *courbe à double courbure* est surtout employée dans la construction des limons et voûtes d'escaliers.

119. C'est dans cette dernière classe qu'il faut ranger les voussoirs d'un pont biais (24); mais, nous l'avons vu dans plusieurs des exemples du Traité de la Coupe des pierres, on ne parvient souvent à donner au voussoir la double courbure nécessaire, qu'en faisant successivement passer la pierre par les deux transformations précédentes; de sorte que tout peut se résumer en ces trois opérations principales :

1° L'**équarrissement**, ou taille du parallélipipède rectangle capable de contenir le voussoir;

2° Le **débillardement**, qui consiste à tailler les surfaces cylindriques de la *courbe plane* dont la pierre doit être extraite;

3° La taille des surfaces **réglées**, **développables** ou **gauches** qui doivent former les joints.

Ainsi, les figures **1** et **19** représentent le *parallélipipède enveloppe*. Les figures **2**, **18** et **20** sont des pierres *débillardées*, c'est-à-dire après la taille des cylindres, et les pierres **4**, **5** et **7** sont complétement taillées.

120. Quoique nous ayons réduit à trois les transformations principales que l'on doit faire subir à la pierre, les moyens par lesquels on obtient ces formes successives peuvent différer suivant les circonstances. Ainsi, la longueur de la pierre, sa courbure, l'inclinaison plus ou moins grande de ses dimensions principales, peuvent rendre plus simple ou plus économique telle méthode qui, *pour un autre voussoir de la même voûte*, serait au contraire plus dispendieuse ou plus compliquée. C'est donc par l'étude et par la comparaison de toutes les méthodes qui peuvent conduire au résultat que l'on pourra se rendre habile à décider dans chaque cas celles qui conviendront le mieux, et à reconnaître dans quel sens et dans quelles limites elles peuvent être modifiées sans inconvénient.

121. Taille. — *Première méthode.* — La plus simple de toutes les méthodes que l'on peut employer pour tailler les voussoirs d'un pont biais, consiste à préparer le parallélipipède enveloppe d'après la projection de la pierre sur le plan de la section droite, **fig**. **16**. Ainsi, la droite $d'h'$ qui contient les points o' et n', la tangente $b'l'$, parallèle à $o'n'$, et les deux côtés $b'd'$, $l'h'$ perpendiculaires sur $o'n'$, formeront le contour du plus petit rectangle circonscrit à la projection de la pierre sur le plan P de section droite, **fig**. **16**.

On équarrira un parallélipipède dont la base sera le quadrilatère $b'd'h'l'$, et qui aura pour longueur, **fig**. **10**, la distance des deux plans verticaux de sections droites P_1 et P_2 qui comprennent entre eux le voussoir que l'on veut tailler. Ce parallélipipède est dessiné en perspective sur la figure **1**.

Le quadrilatère $bdhl$ étant la face située dans le plan de section droite P_1 **fig**. **10**, on y appliquera un panneau ou patron découpé suivant le contour de la projection A', **fig. 16**; puis on appliquera le même patron sur la face opposée du parallélipipède, **fig. 1**. Les arcs de cercles 0-4 sur lesquels on aura le soin de conserver les points de repère, seront les courbes directrices des deux surfaces cylindriques qui doivent former les faces d'intrados et d'extrados du berceau.

Lorsque ces deux surfaces seront taillées, **fig. 2 et 3**, on y appliquera les panneaux $a''x''m''n''$ et $a''z''v''u''$ de la figure 9. Les courbes $m''n''$ et $v''u''$ reprendront alors la forme elliptique provenant de la section des deux cylindres concentriques par le plan P_3 qui contient la tête du pont, et les droites $a''m''$, $x''n''$, $a''v''$ et $z''u''$ de la figure 9 deviendront des hélices, lorsque les deux panneaux $a''x''m''n''$ et $a''z''v''u''$ auront repris la courbure des cylindres correspondants.

122. On doit se rappeler que ces hélices peuvent être tracées avec une règle flexible comme on le voit, **fig. 2**. Deux points suffiraient alors, pour déterminer chaque courbe; mais on fera bien, pour plus d'exactitude, de déterminer quelques-uns des points intermédiaires 1, 2, 3, etc., qui d'ailleurs sont indispensables pour tailler les surfaces gauches des joints.

123. Les hélices déterminées sur les figures 2 et 3 par l'application des panneaux correspondant de la figure 9 seront les directrices des surfaces réglées hélicoïdes qui forment les joints continus du voussoir. Enfin les droites $a''x''$ et $a''z''$ détermineront les hélices directrices de la petite surface réglée qui forme le joint suivant lequel la pierre s'appuie sur le coussinet correspondant.

124. Les deux arcs d'ellipses mn et vu, **fig. 2 et 3**, seront plus que suffisants pour déterminer le plan de tête, qui est indiqué sur la figure 3 par une teinte de points; mais si l'on veut augmenter l'exactitude, on remarquera, **fig. 10**, que le plan P_3 qui contient la face de tête du berceau, coupe l'arête horizontale $d'd$ du parallélipipède enveloppe, en un point dont la projection horizontale k, **fig. 10**, sera déduite de sa projection k' sur le plan de section droite, **fig. 16**. La distance du point k

au plan P_2 de la figure **10** étant portée sur l'arête $d'd$, **fig. 2** et **3**, on obtiendra le point k. Enfin, en faisant coïncider les points n'' et m'' de la courbe 0-6, **fig. 9**, avec les points n et m de la figure **2**, on pourra prolonger l'arc d'ellipse nm jusqu'à l'arc de cercle 0-4, et la coupe $kuvwmn$ qui doit contenir le panneau de tête, sera déterminée avec une très-grande précision. Lorsque cette face sera taillée, on y appliquera le panneau de tête $m'''n''v'''n'''$, **fig. 6**; on obtiendra facilement ce panneau en élevant, par chaque point de la figure **10**, une perpendiculaire à la droite P_3P_3 et portant sur cette perpendiculaire à partir de MN, des ordonnées égales aux distances des points correspondants à la droite PP de la figure **16**.

125. La figure **5** fera comprendre comment les surfaces réglées qui forment les joints continus seront taillées en faisant passer le bord d'une règle génératrice par les points de repère que l'on aura eu le soin de conserver sur le contour des panneaux $a''x''m''n''$ et $a''z''v''u''$ de la figure **9**. La pierre placée sur les coussinets est représentée en perspective par la figure **4**, et la figure **7** indique comment il faut tailler la face qui forme le joint discontinu suivant lequel le voussoir est posé sur les coussinets correspondants.

126. La méthode que nous venons d'exposer est surtout remarquable par la simplicité de l'épure, puisqu'elle n'exige pas d'autres projections que la section droite, **fig. 16**, les développements de la figure **9**, et le panneau de la face de tête, **fig. 6**; mais, par l'inspection des figures **2** et **3**, on reconnaîtra que le déchet serait considérable, puisqu'il faudrait abattre toutes les parties de pierres qui sont désignées par les lettres Q et T. Cependant un appareilleur habile pourra facilement faire disparaître une partie de cette perte en disposant deux ou trois voussoirs dans un seul bloc, comme on le voit, **fig. 18**, ou bien en taillant des pierres accouplées comme celle qui est représentée en perspective sur la figure **8**.

Ce mode d'appareil, que j'ai indiqué au n° 343 du Traité de la Coupe des pierres, produit une grande stabilité lorsque la construction exige l'emploi d'assises dont les lits ont une inclinaison très-prononcée. Au surplus, nous allons voir comment on peut déterminer les limites du *plus petit parallélipipède capable* de contenir un voussoir de pont biais.

127. Taille. — *Deuxième méthode.* On a déjà dû remarquer (24) qu'une assise de pont biais en pierre de taille n'est autre chose qu'une *courbe rampante* ou *limon d'escalier* dont l'axe serait placé horizontalement au lieu d'être vertical comme dans les exemples 467 et 468, *Coupe des pierres*. Il résulte de là que tout ce que nous avons dit alors pour la taille des courbes rampantes ou limons est applicable au cas actuel. Ainsi, on construira la figure 13, qui est une projection de la pierre sur le plan tangent P_4 ou sur tout autre plan qui lui serait parallèle. Cette projection sera facilement obtenue en opérant de la manière suivante :

Par chaque point essentiel de la figure 16, on tracera une perpendiculaire au plan P_4 et l'on portera sur cette ligne, à partir de la droite P_2 parallèle à P_4 une quantité égale à la distance du même point au plan vertical P_2 de la figure 10. Ainsi, par exemple, en faisant la distance r^{iv}-2 de la figure 13, égale à la distance r-2 de la figure 10, le point 2 sera déterminé. La distance $e^{\text{iv}}n^{\text{iv}}$ de la figure 13 doit être égale à la distance en de la figure 10, et l'on obtiendra le point t^{iv} de la figure 13, en faisant $s^{\text{iv}}t^{\text{iv}}$ égale à la distance st de la figure 10.

128. La projection, **fig.** 13, étant parallèle au cylindre, on pourra construire les hélices en opérant comme nous l'avons dit au n° 19. On devra s'assurer que les hélices de la figure 13 ont bien exactement le même pas que celles de la figure 10, et que les projections de ces hélices se coupent deux à deux sur la droite $O'O^{\text{iv}}$ perpendiculaire à la trace du plan P_4 **fig.** 16. On aura le soin surtout de déterminer bien exactement les points suivant lesquels ces courbes sont coupées par les droites génératrices des deux cylindres et des surfaces réglées hélicoïdes qui forment les joints normaux de la voûte.

129. Quand la projection auxiliaire, **fig.** 13, sera complète

APPAREIL HÉLICOÏDAL.

et que tous les points auront été vérifiés, on procédera de la manière suivante aux opérations préliminaires de la taille :

1° On tracera le rectangle EFGI circonscrit à la projection du voussoir; deux des côtés EF et GI de ce rectangle contiennent les points v^{iv} et o^{iv} dont la distance peut être considérée comme la plus grande longueur du voussoir.

Les deux autres côtés EG, FI n'ont été un peu écartés que pour éviter la confusion sur l'épure; mais il est évident qu'à la rigueur, on pourrait rapprocher ces deux lignes jusqu'à ce qu'elles soient tangentes à la projection de la pierre, et l'on aurait alors une des faces du **plus petit parallélipipède capable.**

L'épaisseur de ce parallélipipède sera, **fig. 16**, la distance qui sépare les deux plans parallèles $b'l'$ et $d'h'$ entre lesquels le voussoir doit être inscrit.

2° On rabattra, **fig. 11, 12, 14 et 15**, les faces du parallélipipède qui sont perpendiculaires au plan de la projection, **fig. 13**, et l'on construira dans chacune de ces faces les ellipses suivant lesquelles les cylindres concentriques qui forment la douelle et l'extrados du berceau sont coupées par les plans EG, GI, IF et FE du parallélipipède enveloppe.

130. On obtiendra ces ellipses en remarquant que chaque point doit être déterminé sur le panneau correspondant, par sa distance au plan tangent P_4 de la figure **16**. Ainsi les distances V-1 des figures **11** et **14** sont égales aux distances V-1 de la figure **16**. Les distances U-6 des figures **12** et **14** sont égales aux distances U-6 de la fig. **16**. Les distances D-o des fig. **11** et **15** sont égales aux distances D-o de la fig. **16**, et ainsi de suite.

Pour faciliter le tracé de la pierre, il faut conserver sur les panneaux rabattus les lignes suivant lesquelles les faces correspondantes du parallélipipède sont coupées par les plans qui contiennent les positions successivement occupées par le rectangle R, dont le mouvement autour de l'axe du berceau engendre la courbe rampante qui forme l'assise. Ces lignes, tracées en plein sur les panneaux rabattus, sont déterminées par les numéros du même ordre sur les deux ellipses semblables et concentriques, suivant lesquelles les cylindres de douelle et d'extrados sont coupés par le plan qui contient la face correspondante du parallélipipède.

131. Les centres et les axes de ces ellipses pourront être facilement déterminés en opérant comme nous l'avons dit au n° 130. Ainsi les distances O″Y″ et O″W‴ doivent être égales aux rayons des cylindres d'intrados et d'extrados, **fig. 16**, et le point X″ de la fig. 14 sera déterminé en traçant, **fig. 16**, le rayon O′X′ parallèle au plan tangent P_4. L'extrémité X′ de ce rayon sera la projection d'une génératrice du cylindre d'extrados, et le point X^{iv}, **fig. 13**, suivant lequel cette génératrice est coupée par le plan qui contient la face FI du parallélipipède enveloppe déterminera le demi grand axe O″X″ de l'ellipse X″Y″, **fig. 14**. Le demi grand axe de l'ellipse Z″W″ sera déterminé de la même manière par l'extrémité Z′ du rayon O′Z′, **fig. 16**.

La construction des centres des ellipses rabattues sur les figures **11, 12, 14** et **15** sera fort utile pour vérifier les points suivant lesquels ces courbes sont coupées par les génératrices des deux surfaces cylindriques de la douelle et de l'extrados. Lorsque l'épure sera parvenue au point que nous venons d'indiquer, il ne restera plus qu'à tracer et tailler le voussoir.

132. Ainsi on équarrira le parallélipipède qui a pour face le rectangle EGIF, **fig. 15**, et pour épaisseur $b'd'$, **fig. 16**. On appliquera chacun des panneaux rabattus, **fig. 11, 12, 14** et **15**, sur la face correspondante du parallélipipède. On tracera, **fig. 19**, toutes les ellipses, sur lesquelles on n'oubliera pas de conserver et de numéroter les points de repère déterminés par les génératrices des deux surfaces cylindriques de la douelle et de l'extrados. On taillera ces deux surfaces, et la pierre *débillardée* aura la forme qui est représentée en perspective par la **fig. 20**.

On appliquera sur les surfaces concaves et convexes des deux cylindres les panneaux de développements $a''x''m''n''$ et $a''z''v''u''$ de la fig. 9, et l'on taillera le plan déterminé par les deux courbes $m''n''$ et $v''u''$ de ces panneaux. Sur le plan ainsi taillé, on appliquera le panneau de la face de tête, obtenu sur la fig. 6, puis on taillera toutes les surfaces de joint en opérant comme nous l'avons dit aux n°* 123 et 125, et comme on le voit sur les fig. 5, 4 et 7.

133. Taille. — *Troisième méthode*, **pl. 4.** Afin de rendre plus facilement comparables les diverses méthodes que l'on peut employer pour tailler les voussoirs d'un pont biais, nous prendrons toujours pour exemple la même pierre A, **fig. 18**, c'est-à-dire la troisième en partant de l'angle obtus, et nous supposerons encore que l'assise ne contient qu'une seule pierre. — Mais, il est bien évident que dans une voûte qui serait tout entière en pierres de taille, et dans une seule assise telle que MN, l'inclinaison des pierres variera depuis la naissance où elle est la plus grande, jusqu'au point le plus élevé de la voûte, où les voussoirs deviennent horizontaux; et l'on conçoit alors que, dans la pratique, on devra choisir parmi toutes les méthodes celle qui conviendra le mieux pour chaque pierre.

134. Nous avons supposé dans les deux exemples précédents, que la surface cylindrique qui forme l'extrados du berceau était prolongée jusqu'au parement de la face de tête, **fig. 17, pl. 3**; mais, dans l'exemple actuel, **fig. 18, pl. 4**, nous raccorderons les voussoirs avec les assises horizontales de la face de tête; la surface cylindrique de l'extrados sera par conséquent limitée, **fig. 10**, par le plan P qui forme la face intérieure du mur de tête dont l'épaisseur est indiquée sur l'épure par une teinte de points.

Chacune des coupes de joint, sur le plan de tête, **fig. 18**, se composera de la courbe mv suivant laquelle le plan de tête est rencontré par la surface hélicoïde qui forme le joint continu correspondant. Ces courbes, dont nous avons déjà parlé plusieurs fois, pourraient être construites comme nous l'avons dit aux n°* 82 et 99. Mais, dans les grands ponts, on peut les remplacer par des lignes droites dirigées vers le foyer F, que l'on déterminera par l'opération indiquée aux n°* 71 et 108.

135. Pour obtenir plus de régularité dans l'appareil, on peut, comme on le voit, **fig. 18**, terminer toutes les coupes des têtes aux points où elles rencontrent l'ellipse suivant laquelle l'extrados prolongé traverserait le plan vertical qui forme la face de tête. La surface hélicoïde qui forme le joint continu sera prolongée dans l'épaisseur du mur, comme on le voit sur les figures 1 et 3, et la partie verticale du joint de coupe sera formée par le cylindre projetant de l'hélice d'extrados. Dans les grands ponts, cette surface cylindrique pourra être remplacée par un plan.

136. Ces données étant admises, on procédera pour l'exécution de l'épure comme dans les exemples précédents; ainsi, la section droite, **fig. 16**, déterminera les génératrices des deux cylindres de douelle et d'extrados, que l'on projettera sur la figure 10. La figure 9 est le développement de la douelle et contient les hélices développées en lignes droites perpendiculaires à la corde de la sinussoïde suivant laquelle se transforme l'arc de tête. On construira également, **fig. 8**, le développement de la partie d'extrados comprise entre la ligne de naissance et le plan vertical qui forme la face intérieure du mur de tête. Enfin on complétera, **fig. 10**, la projection horizontale de la pierre que l'on veut étudier.

137. Cela étant fait, on pourra extraire le voussoir d'un prisme vertical, qui aurait pour base le rectangle DEFG ou plutôt le trapèze DRNG. La grande base DR de cette dernière figure, est un peu plus longue que le côté DE du rectangle; mais, il est évident que deux trapèzes DRNG, placés comme on le voit, **fig. 6**, exigeront moins de pierre que deux rectangles tels que DEFG que l'on placerait bout à bout. Nous adopterons donc le trapèze DRNG pour base du prisme vertical qui doit contenir le voussoir que nous voulons tailler. L'une des faces GN de ce prisme, devra contenir les deux points x et n de l'hélice d'intrados, et si l'on veut pousser l'économie de la pierre jusqu'à sa dernière limite, on approchera la face DR du même prisme jusqu'à ce qu'elle touche l'hélice d'extrados cv.

On peut se proposer, comme étude géométrique, d'obtenir exactement le point K suivant lequel la projection *cv* de cette hélice est touchée par la trace du plan vertical DR. Pour y parvenir, on construira sur la figure **16** la développante *od* du cercle *o-6* suivant lequel le cylindre d'extrados est coupé par le plan de section droite *ac*, **fig. 10**. La droite II' menée par le point I parallèlement à la direction du berceau, déterminera le point I' de la figure **16**, et l'on construira par ce point la tangente I'K'. Le point de tangence K' déterminé par la construction connue sera la projection verticale du point demandé K, **fig. 10**.

Le prisme droit trapézoïdal DRNG qui doit contenir le voussoir aura pour hauteur, **fig. 16**, la distance du plan de naissance Co au plan horizontal qui forme la face supérieure de la pierre. Les dimensions de ce prisme étant déterminées, on en rabattra les quatre faces verticales comme on le voit sur les figures **12, 11, 7** et **14**, et l'on construira sur chacune de ces faces les ellipses suivant lesquelles les deux cylindres de douelle et d'extrados sont coupées par les plans verticaux qui forment les faces correspondantes du prisme. Les ordonnées des différents points de ces courbes seront déterminées par les projections des mêmes points sur la figure **16**. Ainsi, par exemple, la hauteur du point 2 de la figure **12**, sera égale à la hauteur du point 2 de la figure **16**, la hauteur du point *m* de la fig. **11**, sera égale à la hauteur du même point de la figure **16**, et ainsi de suite.

Si l'on prolonge le plan vertical qui contient la face GN du prisme enveloppe jusqu'à ce qu'il coupe l'axe CS du berceau, on obtiendra un point S qui, projeté en S" sur la figure **12**, sera le centre commun aux deux ellipses suivant lesquelles les cylindres de douelle et d'extrados sont coupés par le plan vertical GS, **fig. 10**. Les axes horizontaux S"X" et S"Z" de ces ellipses sont déterminés par la rencontre du plan vertical SG avec les lignes de naissance *aZ*, *cX* des deux cylindres concentriques de la voûte, et les axes verticaux de ces mêmes ellipses sont égaux aux rayons des deux circonférences de la figure **16**.

Des constructions analogues, qui n'ont pas été conservées

sur l'épure, détermineront sur les figures **7, 11** et **14**, les centres et les axes de toutes les ellipses suivant lesquels les deux cylindres de douelle et d'extrados sont coupés par les plans verticaux qui forment les autres faces du prisme enveloppe, **fig. 10**. Les deux ellipses *qh* et UU de la figure **13** proviennent de la section des mêmes cylindres par le plan vertical P qui contient la face intérieure du mur de tête, **fig. 10**. La construction des ellipses par leurs axes est beaucoup plus exacte que la construction des mêmes courbes par points; mais, comme la détermination rigoureuse de ces points est très-importante, on fera bien d'employer les deux méthodes afin qu'elles se vérifient mutuellement.

Enfin, on construira, **fig. 15**, les deux patrons ou panneaux *vv"ss"* et *uu"ee"*. Le premier est le développement de la surface verticale projetante qui contient l'arc d'hélice *vs*, **fig. 10**; et la figure *uu"ce"* est le développement de la surface projetante qui contient l'arc d'hélice *ue*; les sections droites *vs* et *ue* de ces deux patrons, **fig. 15**, sont égales aux arcs *vs* et *ue* de la figure **10** et les ordonnées *yy'* et *gg'* sont déterminées sur la figure **16** en projetant sur la circonférence d'extrados 0-6 les points correspondants de la figure **10**.

138. Lorsque la projection horizontale, **fig. 10**, les développements, **fig. 8, 9** et **15**, et les rabattements, **fig. 7, 11, 12, 13** et **14**, seront terminés, lorsqu'enfin tous les points de repère auront été vérifiés avec le plus grand soin, on pourra procéder à la taille du voussoir. Ainsi, on taillera le prisme droit et vertical qui a pour base le trapèze DRNG, **fig. 10**. Ce prisme est dessiné en perspective sur la figure **20**.

On appliquera les panneaux des figures **7, 11, 12** et **14** sur les faces correspondantes du prisme, et l'on tracera toutes les ellipses sur lesquelles on aura le soin de marquer très-exactement les points de repère. Les trois arcs d'ellipses *o-n*, *nr* et *ro*, **fig. 20** et **19**, seront les directrices de la surface cylindrique qui doit former la douelle ou intrados du berceau.

La droite *se*, **fig. 10**, étant tracée sur la face supérieure du prisme, **fig. 5**, on taillera le plan vertical *sese* sur lequel on appliquera le panneau correspondant de la figure **13**. L'arc *qh*, **fig. 13** et **5**, et les trois arcs d'ellipse *hw, wo* et *qo* donnés par les figures **7, 12** et **14**, seront les directrices du cylindre d'extrados.

Cela étant fait, on découpera sur la figure **9** le patron *axmn* qui est le développement de la douelle du voussoir, et l'on appliquera ce patron sur la surface concave du cylindre d'intrados, **fig. 19**, en faisant coïncider les génératrices tracées sur le développement *axmn* de la figure **9**, avec les lignes correspondantes tracées sur la surface concave du cylindre d'intrados, **fig. 19**.

On appliquera le panneau de tête *vvmnuu* donné par la figure **11** sur la face correspondante NR*nr* de la figure **19**, et l'on fera en sorte que les points *m* et *n* du panneau, **fig. 11**, coïncident bien exactement avec les points correspondants du développement *axmn*, **fig. 19**. On découpera sur la figure **8** le patron *czes* qui est le développement de la surface cylindrique formant l'extrados du voussoir et l'on appliquera ce panneau sur la surface cylindrique d'extrados, **fig. 5**. On appliquera également le panneau *sees* de la figure **13** sur la face verticale correspondante *sh*, **fig. 5**.

On tracera le panneau horizontal *vseu* de la figure **10** sur la face supérieure du voussoir, **fig. 1** et **5**, et l'on taillera, **fig. 5**, la petite face cylindrique *ssvv*, verticale, et par conséquent perpendiculaire au plan horizontal qui forme la face supérieure du voussoir. On pourra tailler cette face cylindrique en faisant glisser sur les deux arêtes verticales *ss* et *vv* une cerce, **fig. 2**, dont l'arc *vs* serait découpé sur la projection horizontale de l'hélice d'extrados *sv*, **fig. 10**; la courbe *v"s"* du panneau H, **fig. 15**, étant appliquée sur le cylindre vertical *ss vv*, **fig. 1** et **5**, deviendra le prolongement de l'hélice d'intrados *cs* qui, avec l'hélice d'intrados *am*, **fig. 1**, seront les directrices de la surface réglée hélicoïde qui doit former le lit ou joint de pose du voussoir.

On abattra ensuite la partie M de la figure **5**, et faisant glisser la cerce, **fig. 4**, sur les deux verticales *uu*, *ee* de la figure **3**, on taillera le cylindre vertical qui contient l'arc d'hélice *eu*; puis, sur la surface concave du cylindre ainsi taillée on appliquera le panneau de développement L de la figure 15. La courbe $u''e''$ de ce panneau en reprenant la courbure du cylindre vertical $ueeu$, **fig. 3**, deviendra le prolongement de l'hélice d'extrados ze qui, avec l'hélice d'intrados xn, seront les deux directrices de la surface de joint correspondante. La face $aczx$ se taillera comme nous l'avons dit au n° 125.

139. Je crois devoir encore une fois rappeler que pour mieux faire sentir le contournement de la pierre et de ses surfaces de joint, on a donné au voussoir une longueur beaucoup plus grande que celle qui serait admise dans la pratique ; mais il est évident que dans un grand pont, qui serait tout entier en pierres de taille, le grand nombre des voussoirs d'une même assise diminuerait considérablement le gauche de chacun d'eux et par suite le déchet qui en résulte. D'ailleurs, lorsque la voûte est construite en maçonnerie ordinaire et que les têtes seules sont en pierres de taille, comme cela se fait presque toujours, le voussoir est coupé à peu de distance du plan vertical qui forme la face intérieure du mur de tête, et l'on comprendra facilement à l'inspection de la partie désignée par une teinte de points sur la figure **17**, combien dans ce cas on pourra réduire le volume de pierre que l'on doit abattre.

140. Taille. — *Quatrième méthode*, **pl. 5**. Les données étant les mêmes que dans les trois exemples qui précèdent, on construira d'abord la section droite du berceau, **fig. 3**, le développement $C''M''U''$ du cylindre d'intrados, **fig. 7**, et le développement $C''N''V''$ de la partie d'extrados comprise entre la ligne de naissance $C''N''$ et le plan P qui contient la face intérieure du mur de tête. Puis on complétera, **fig. 5**, les projections horizontales des pierres que l'on voudra tailler.

Cela étant fait, on construira, **fig. 2**, la projection de la voûte sur le plan vertical P_2 parallèle au plan P_1 des têtes. Cette projection sera facilement obtenue en élevant par chacun des points essentiels de la figure 5 une perpendiculaire au plan P_2 et portant sur cette perpendiculaire à compter de P_2 une distance égale à la hauteur de la projection du point correspondant au-dessus de P_3 **fig. 3**. De sorte, par exemple, que la hauteur du point *m* au-dessus de l'horizontale P_2 **fig. 2**, soit égale à la hauteur de *m* au-dessus de P_3 **fig. 3**. Que la hauteur du point *q* au-dessus de P_2 **fig. 2**, soit égale à la hauteur de *q* au-dessus de P_3 **fig. 3**. Et ainsi de suite pour tous les autres points pour lesquels la trace des opérations n'a pas été conservée sur l'épure.

Il sera très-essentiel, comme on le verra bientôt, de projeter sur la figure **2** les génératrices horizontales des deux cylindres de douelle et d'extrados. Les génératrices du cylindre d'intrados sont exprimées sur la figure **7** par des points allongés, et les génératrices de l'extrados par des points ronds. Ces dernières lignes n'ont pas été conservées sur les figures **2** et **5**; sur la figure **2**, on n'a conservé que ce qui est utile pour expliquer les opérations. Enfin, l'ordre des génératrices à partir du plan de naissance est indiqué sur toutes les figures par les mêmes numéros pour les deux cylindres.

141. L'étude actuelle a pour but d'extraire le voussoir d'un bloc compris, **fig. 2**, entre deux plans parallèles P_4 et P_5 perpendiculaires au plan vertical P_1 qui forme la tête du pont. Ces deux plans, aussi rapprochés du voussoir qu'il sera possible, comprendront entre eux une tranche solide que l'on projettera sur l'un des deux plans P_4 ou P_5 ou enfin sur tout autre plan, tel que P_6 qui leur serait parallèle. Cette projection auxiliaire, rabattue figure **4** sur le plan P_7 en tournant autour de l'horizontale projetante du point X, détermine les limites de la courbe plane qui doit contenir la pierre que l'on veut tailler.

142. Les plans parallèles P_4 et P_5 **fig. 2**, coupent les deux cylindres concentriques de douelle et d'extrados, suivant quatre ellipses semblables, égales deux à deux, que l'on peut construire très-facilement. Ainsi, les génératrices du cylindre d'intrados seront coupées par le plan P_4 suivant des points 1, 2, 3, 4, qui, projetés sur le plan P_6 et rabattus sur le plan horizontal P_7 détermineront, **fig. 4**, la projection de l'ellipse 43-51 suivant laquelle le plan P_4 coupe le cylindre d'intrados.

Il est évident qu'en opérant de la même manière, on obtiendra autant de points que l'on voudra sur chacune des ellipses suivant lesquels les deux cylindres sont coupés par les plans inclinés $P_5 P_4 P_9$ ou P_8 etc. Dans ce cas, il serait utile de projeter toutes ces ellipses sur la figure **5**; mais, pour ne pas trop charger l'épure, on n'a conservé que les sections du cylindre d'intrados par les plans P_4 et P_8.

143. Lorsque la projection auxiliaire rabattue, **fig. 4**, sera complète, il sera facile de tailler la pierre correspondante. Ainsi, on commencera par équarrir un bloc dont une face EFGH, **fig. 4**, sera le plus petit rectangle circonscrit à la projection de la courbe plane sur la figure **4**, et dont l'épaisseur sera égale à la distance des deux plans parallèles P_4 et P_5 **fig. 2**. On appliquera les deux panneaux 12-46-*e*-49-51-43 et 16-45-47-48-50-44 sur les faces correspondantes du parallélipipède rectangle, on taillera les deux plans 48-51 et 47-46, qui forment les faces extérieure et intérieure du mur de tête, et l'on tracera sur ces plans les panneaux correspondants 48-49-51-50 et 48-49-46-45 de la figure **2**. Les points de repère conservés et numérotés sur les contours de tous ces panneaux, détermineront les positions diverses de la règle génératrice des deux surfaces cylindriques de douelle et d'extrados.

Lorsque ces surfaces seront taillées on découpera sur la figure **7** les deux panneaux de développement *axmn*, *azse*, et l'on appliquera chacun de ces panneaux sur la surface cylindrique correspondante. On appliquera le panneau de tête *vvmnuu* de la figure **2** sur la face verticale 48-51, **fig. 4**, et le panneau *ssee* de la figure **2** sur la face intérieure 46-47 du mur de tête, **fig. 4**. On appliquera le panneau *vseu* de la figure **5** sur la face horizontale 48-49 du voussoir, **fig. 2**.

On taillera les deux petits cylindres verticaux qui ont pour directrices les courbes *vs*, *eu* du panneau *vseu*, **fig. 5**, et l'on appliquera sur chacun de ces cylindres leurs patrons de développements *vsvs* et *ueue* qui seront donnés par la figure **3**, en opérant comme nous l'avons dit au n° 137. Cela étant fait, il ne restera plus qu'à tailler les surfaces de joint, et la pierre sera terminée après avoir pris successivement les formes indiquées en perspective par les figures 7, 2 et 9 de la planche 6.

144. Le voussoir ou claveau courant désigné par B, B', B'' et B''' sur les figures 5, 2, 3 et 6, **pl. 5**, pourra être taillé par la même méthode. Ainsi, la figure 6 est la projection de la tranche solide ou courbe plane comprise entre les deux plans P_8 et P_9 parallèles, et tangents, ou à peu près, au voussoir que l'on veut tailler. Cette projection, sur le plan P_{10} rabattu sur le plan P_2 en tournant autour de l'horizontale projetante du point K, se construira exactement comme la figure 4.

145. La tranche ou courbe plane projetée figure 6, est limitée par les deux parallélogrammes $cwhp$ et TLIr. La première de ces deux figures a pour côtés les lignes de naissance cw et ph des deux cylindres, et les traces horizontales cp et wh des deux plans P_9 et P_8. Le parallélogramme rTLI est situé dans le plan qui contient le point r et l'axe commun des deux cylindres de douelle et d'extrados. Les côtés rI, TL de ce dernier parallélogramme sont les intersections des deux plans P_8 et P_9 par le plan P_{10} **fig. 3**, et les côtés rT, IL sont les génératrices suivant lesquelles ce même plan P_{10} coupe les deux surfaces cylindriques de douelle et d'extrados.

On pourrait diminuer un peu le volume du parallélipipède capable en projetant sur la figure 6 les parties $c'a'z'$-7 et 8-9-r'-11 de surfaces hélicoïdes entre lesquelles la pierre se trouve comprise, **fig. 2**; mais cette opération, qui augmenterait le travail graphique d'une manière sensible, ne produirait pas une économie de pierre aussi grande que la méthode indiquée au n° 127.

146. Le voussoir BB' ne contenant pas la partie d'assise qui appartient au mur de tête, les deux plans parallèles P_8 et P_9 **fig. 2**, sont plus inclinés que les plans P_4 et P_5 ce qui diminue un peu l'espace compris entre les premiers plans. Mais, dans la pratique, on pourra souvent faire tous les plans P_5 P_4 P_9 P_8 etc., parallèles entre eux, de sorte que chacun des deux cylindres de douelle et d'extrados sera coupé par ces plans, suivant une série d'ellipses égales et parallèles, ce qui simplifiera beaucoup le travail graphique puisqu'un seul patron elliptique tracé et découpé avec soin pourra servir de pistolet pour tracer toutes les sections de l'intrados par les plans coupants ; tandis qu'un second patron suffira également pour tracer toutes les sections de l'extrados par les mêmes plans.

147. On remarquera encore que, dans le cas où les deux surfaces d'intrados et d'extrados sont formées par des cylindres concentriques, les sections elliptiques de l'intrados seront semblables aux sections de l'extrados, ce qui donnera lieu à un grand nombre de vérifications.

148. Lorsqu'on aura équarri le bloc rectangulaire qui doit contenir la courbe plane projetée figure **6**, on tracera le contour des panneaux cpTL, et whrI sur les faces correspondantes, et l'on taillera les deux surfaces cylindriques de douelle et d'extrados sur lesquelles on appliquera les patrons de développement $axor$, $czqy$, **fig. 7.** Toutes les coupes seront alors tracées, et l'on taillera les surfaces de joint en opérant comme dans tous les exemples précédents.

149. Nous avons supposé au n° 142 que les ellipses qui forment les arêtes des courbes planes dont les projections sont rabattues, **fig.** **4** et **6**, avaient été construites en déterminant un à un chaque point de ces courbes. Cette manière d'opérer est conforme à ce qui se passe ordinairement dans les chantiers de construction, parce que la nécessité de tracer l'épure à l'échelle d'exécution ne permet pas toujours de donner aux détails du travail graphique tous les développements nécessaires. Mais, il ne doit pas en être de même dans une épure d'étude, sur laquelle on doit indiquer tout ce qui, en complétant la pensée, contribue en même temps à augmenter l'exactitude du résultat.

Or, si l'on projette une partie de courbe, on appréciera beaucoup mieux le sens et les variations de sa courbure lorsque l'on en connaîtra les propriétés géométriques; et ces propriétés deviendront encore plus évidentes si l'on a la place nécessaire pour tracer la courbe entièrement. Ainsi, par exemple, lorsqu'il s'agit d'un arc d'ellipse, la construction de la courbe entière fera presque toujours reconnaître et permettra de rectifier la position des points dont la position ne serait pas déterminée avec une exactitude suffisante.

Il sera donc beaucoup plus exact de tracer d'abord chaque ellipse par ses propriétés géométriques, ce qui n'empêchera pas de vérifier ensuite la position des points de repère en opérant pour chacun d'eux, comme nous l'avons dit au n° 142. C'est pourquoi je crois utile, non-seulement pour l'épure actuelle, mais encore pour d'autres cas qui pourront se présenter par la suite, de rappeler quelques-uns des moyens les plus simples et les plus exacts de tracer les ellipses.

150. *Première méthode.* — **Construction des ellipses par leurs diamètres conjugués.** — J'ai dit au n° 88 de l'introduction au traité de la coupe de pierres, ce que l'on entend par diamètres conjugués, et j'ai donné au n° 89 le moyen de construire l'ellipse lorsque ces diamètres sont connus. Or, si nous supposons que le cylindre circulaire qui forme l'extrados du berceau soit inscrit dans un prisme quadrangulaire ayant pour section droite le quarré circonscrit au quart de cercle 0-5 de la figure 3, les sections de ce prisme par les deux plans P_4 et P_5 de la figure 2, seront deux parallélogrammes égaux et parallèles, projetés sur le plan P_6 rabattu figure 4, par les parallélogrammes 12-13-15-14 et 16-17-19-18 que l'on obtiendra en opérant, comme nous l'avons dit au n° 142.

Les faces du prisme qui a pour section droite le quarré circonscrit au cercle 0-5 de la figure 3 seront tangentes au cylindre d'extrados, et les côtés 12-14 et 14-15 du parallélogramme 12-13-15-14 seront par conséquent tangents à la section elliptique 12-15 du cylindre d'extrados par les plans P_4 de la figure 2. Les rayons 12-13 et 13-15 de l'ellipse 12-15, **fig. 4**, seront conjugués, puisqu'ils sont parallèles aux tangentes 15-14, 14-12, et l'on pourra construire l'ellipse 12-15 par la méthode indiquée au n° 89 de l'introduction au Traité de la coupe des pierres. Il est évident que toutes les autres ellipses pourront être construites de la même manière.

151. *Deuxième méthode.* — **Trouver les axes d'une ellipse lorsqu'on connaît ses diamètres conjugués.** — On sait que la construction d'une ellipse par ses axes est beaucoup plus simple, et, par conséquent, plus exacte que la construction par les diamètres conjugués. Or, ces dernières lignes étant connues, il est facile de trouver les axes. Pour y parvenir, on emploiera la construction suivante dont on trouvera la démonstration dans les traités d'application d'algèbre, ou au n° 514 de mon recueil d'exercices et questions diverses.

1° Le quadrilatère 12-14-20-21, **fig. 4**, étant le demi-parallélogramme conjugué de l'ellipse qu'il s'agit de construire, on fera décrire au point 12 un quart de circonférence jusqu'à ce que le rayon 13-12 soit venu prendre la position 13-22 perpendiculaire sur 13-12.

2° On tracera la droite 15-22 dont on déterminera le milieu m.

3° On ramènera le point 22 en 23 et le point 15 en 24 par deux arcs de cercles décrits du point m comme centre. La droite 13-23 sera égale au demi-grand axe de l'ellipse demandée, et la droite 13-24 sera le demi-petit axe.

4° On décrira l'arc de cercle 23-28, ce qui déterminera le point 27 sur 15-21 et le point 28 sur 20-21.

5° On tracera 27-29 perpendiculaire sur 15-21 et 28-29 perpendiculaire sur 20-21. Le point 29, suivant lequel se coupent les deux droites 27-29 et 28-29, sera l'un des foyers de l'ellipse 12-15-25, et la droite 13-25 sera par conséquent le demi grand axe. Enfin :

6° La droite 13-26 perpendiculaire sur 13-25 sera le demi petit axe dont l'extrémité 26 sera déterminée par l'arc de cercle 24-26, décrit du point 13 comme centre avec le rayon 13-24.

152. *Troisième méthode.* — **Construire une ellipse connaissant l'un de ses axes et un point.** — J'ai cru devoir rappeler la construction précédente parce qu'elle peut être utile dans un grand nombre de circonstances; mais, dans l'épure actuelle, on peut obtenir les axes d'une manière beaucoup plus simple. En effet, on sait, **fig. 1**, que la section d'un cylindre circulaire par un plan P est toujours une ellipse dont le grand axe *aa* est la projection de l'axe *AA* du cylindre sur le plan coupant P. On sait de plus que le petit axe *oo* de l'ellipse est égal au diamètre du cylindre.

Par conséquent, si sur le plan P_{10} de la figure **2** on projette deux points quelconques, tels par exemple que 30 et 52, de l'axe commun aux deux cylindres circulaires de douelle et d'extrados, la droite 30-52 que l'on obtiendra figure **6** sera le grand axe commun aux projections de toutes les ellipses qui proviendraient de la section des deux cylindres par des plans parallèles au plan P_{10}. Or, le point 30 déterminé sur la figure **6** par le moyen indiqué au n° 142 étant le centre de l'ellipse *c*T, suivant laquelle le cylindre d'extrados est coupé par le plan P_9, on tracera la droite 30-31 perpendiculaire sur la direction 30-52 du grand axe, et faisant 30-31 égale au rayon O*o* du cylindre d'extrados, **fig. 3**, on connaîtra l'un des axes 30-31 de l'ellipse *c*T. On peut toujours déterminer un point quelconque 32, en opérant comme au n° 142, et l'on pourra par conséquent construire l'ellipse en employant la méthode suivante, que l'on trouvera indiquée au n° 86 de l'introduction du Traité de la Coupe des pierres. Ainsi :

1° On ouvrira le compas d'une quantité égale à la droite 30-31 de la figure **6** ou O*o* de la figure **3**.

2° On décrira, **fig. 6**, et du point 32 comme centre, l'arc de cercle 33-34 qui coupera le grand axe 30-37 de l'ellipse demandée en un point 35.

3° On joindra le point 32 avec le point 35 par la droite 32-35 que l'on prolongera jusqu'à ce qu'elle rencontre, en un point 36, le prolongement du rayon 31-30.

La droite 32-36 sera le demi-grand axe de l'ellipse *c*T ; de sorte qu'en portant 32-36 de 30 à 37 et de 30 à 38, le grand axe 37-38 sera déterminé, et l'on pourra construire l'ellipse par le moyen connu. La droite 39-40 obtenue de la même manière sera la moitié du grand axe 41-42 de l'ellipse *p*L.

153. On remarquera que les deux droites 32-36 et 39-40 sont parallèles ; ce qui provient de ce que les deux ellipses *c*T et pL sont semblables, concentriques, et que leurs axes sont parallèles.

154. On devra également s'assurer comme vérification que les projections des génératrices des deux cylindres de douelle et d'extrados sur les figures 4 et 6, sont bien exactement parallèles aux grands axes des ellipses correspondantes.

155. Taille des coussinets. — Pour éviter les angles aigus que les surfaces réglées hélicoïdes feraient avec le plan de naissance, on taille ordinairement le coussinet dans la pierre qui forme le bandeau; et pour que les joints montants ne soient pas trop nombreux, on fait autant que possible plusieurs coussinets d'un seul bloc. Ainsi, dans l'exemple actuel, nous supposerons que les deux coussinets qui supportent la pierre A′, **fig. 2**, appartiennent à une seule pierre CC′ dont la longueur 18-53 sera donnée par sa projection horizontale, **fig. 5**.

156. Pour tailler cette pierre, on emploiera la méthode que nous avons exposée au numéro 121. Ainsi, après avoir équarri un bloc capable de contenir la pierre du bandeau et les deux coussinets qui en font partie, on tracera sur les faces extrêmes, le panneau de section droite C″, **fig. 3**, on taillera les deux surfaces cylindriques de la douelle et de l'extrados, et l'on appliquera sur ces deux surfaces les panneaux de développements C″xa et C″za, **fig. 7**. Les côtés de ces deux panneaux formeront les hélices directrices des surfaces de joint du coussinet, que l'on taillera comme dans tous les exemples qui précèdent. Je n'ai pas cru qu'il fût nécessaire de donner une perspective de cette pierre qui ne présente aucune difficulté, et que l'on peut voir d'ailleurs sur la figure 4 de la planche 5.

157. Taille des claveaux courants. — Chacun des claveaux courants pourra, suivant son inclinaison plus ou moins grande, être taillé par l'une des méthodes indiquées aux numéros 121, 127, 133 ou 140, et l'on devra s'appliquer dans chaque cas, à profiter de toutes les circonstances qui, sans nuire à l'exactitude, pourront contribuer à l'économie des matériaux ou de la main-d'œuvre.

Supposons, par exemple, qu'il s'agit d'un berceau dont la section droite serait comprise entre les deux circonférences concentriques 6-6, 6-6, **fig. 3, pl. 6**. Admettons de plus, qu'en opérant comme nous l'avons dit au n° 65, on soit parvenu à décomposer la plus grande partie de la voûte en voussoirs de même longueur, et, par conséquent, égaux entre eux. Il est évident que toutes les opérations que l'on aura faites pour tailler un de ces voussoirs, serviront également pour tailler tous les autres, et qu'il suffira, par conséquent, de construire avec précision les panneaux nécessaires pour la taille d'un seul d'entre eux.

La partie graphique du travail étant ainsi réduite, il reste encore à choisir parmi les quatre méthodes indiquées précédemment, celle qui produit la plus grande économie de pierre. Or, la méthode exposée au n° 127 est celle qui exige le plus petit parallélipipède enveloppe, c'est pourquoi nous lui donnerons la préférence. Mais, si nous admettons que toutes les pierres d'une même assise, figures **11** et **12**, soient égales entre elles, le travail graphique pourra encore être simplifié.

158. En effet, supposons que l'on veut tailler le claveau désigné par la lettre A sur la projection horizontale, **fig. 11**, et par A' sur la section droite, **fig. 12**, on fera tourner ce voussoir autour de l'axe du berceau jusqu'à ce qu'il soit venu occuper le point le plus élevé de la voûte. Sa nouvelle projection horizontale deviendra A'', et sa projection sur le plan de la section droite sera A'''.

Dans cette nouvelle position, l'exécution de l'épure deviendra extrêmement simple, car on aura évité la projection auxiliaire sur le plan tangent au milieu de la longueur de la pierre (127), et toutes les opérations pourront se grouper facilement autour de la projection horizontale du voussoir qui occupe le centre de la voûte.

159. Pour mieux étudier cette partie de la question, nous lui consacrerons une épure particulière. Ainsi, nous supposerons que les figures **3**, **5** et **6** sont détachées d'une épure d'ensemble sur laquelle, en opérant comme nous l'avons dit aux n°s 56 et 57, on aurait déterminé :

1° La section droite, **fig. 3**;

2° Les développements, **fig. 5**, de l'intrados HH″ et de l'extrados FF″;

3° L'angle hélicoïdal I″C″D″, ainsi que la distribution de la voûte en claveaux.

Supposons que le point C de la figure **6** soit la projection horizontale du centre de la voûte, et que C″, **fig. 5**, soit le centre du développement. Le plan P de la section droite qui contient le point C, est rabattu, **fig. 3**, en tournant autour de sa trace horizontale C″C. Enfin la demi-circonférence qui forme le cintre du berceau étant partagée en *quarante* parties égales, chacune d'elles est, par conséquent, la *quatre-vingtième* partie de la circonférence entière.

Afin de profiter des relations de symétrie qui résultent de la disposition des données, nous compterons les génératrices des deux surfaces de la douelle et de l'extrados, à partir de celle qui contient le point le plus élevé dans chacun des deux cylindres.

160. Pour construire sur la figure **5**, les deux panneaux de douelle et d'extrados du voussoir que l'on veut tailler, on pourra opérer de la manière suivante : On fera I″C″D″ égal à l'angle hélicoïdal, c'est-à-dire à l'angle que chacune des hélices d'intrados fait avec la direction I″C″ du berceau. Il ne faut pas oublier que cet angle a dû être déterminé sur l'épure d'ensemble, en opérant comme nous l'avons dit au n° 57. La droite C″D″ sera le développement de l'hélice qui passerait par le centre CC″ de la voûte.

On peut encore obtenir la droite C″D″ en construisant un triangle rectangle I″C″D″ tel que l'on ait C″I″ : I″D″ comme le pas de l'hélice est à la section droite rectifiée. Sur l'épure actuelle, C″I″ est égale à quatre fois la *quatre-vingtième* partie du pas de l'une des hélices, et D″I″ est égale à quatre *quatre-*

vingtièmes ou un *vingtième* de la circonférence entière qui formerait la section droite de l'intrados du berceau.

Cela étant fait, on fera $C''o$ égale à la moitié de la partie de génératrice qui sur l'épure d'ensemble est comprise entre deux hélices consécutives de la douelle ; ce qui dépend du nombre de voussoirs, que l'on veut obtenir sur les arcs de tête (57), et les droites $m''n''$, $m''n''$ parallèles à $C''D''$ seront les développements des deux hélices, qui doivent former les arêtes d'intrados du voussoir. Les petits côtés du quadrilatère $m''n''m''n''$ seront les développements des hélices formant les arêtes des joints transversaux.

161. Les grands côtés $v''u''$, $v''u''$ qui, sur le développement, **fig. 5**, correspondent aux arêtes d'extrados, devront passer par les points o et seront parallèles à la droite $C''S''$ que l'on obtiendra en faisant $I''S''$ égale à quatre *quatre-vingtièmes* ou un *vingtième* de la circonférence à laquelle appartient l'arc d'extrados 6-6, **fig. 3**. Les points u'' et v'' du développement de l'extrados seront déterminés par les droites $m''v''$, $n''u''$ perpendiculaires aux génératrices des cylindres, et l'on devra s'assurer comme vérification, que les deux droites qui forment les arêtes des joints transversaux $m''n''$, $v''u''$ se rencontrent sur la ligne $C''I''$ qui contient le centre commun des deux développements.

En portant sur la droite PP des parties égales chacune à un *quatre-vingtième* de la circonférence $m'm'$, **fig. 3**, on déterminera les génératrices sur le développement de l'intrados, et l'on devra s'assurer que ces génératrices coupent en parties égales les côtés longitudinaux du quadrilatère $m''n''m''n''$. En opérant de la même manière, on tracera les génératrices sur le développement de l'extrados, et l'on fera en sorte que les points correspondants des droites HH″ et FF‴ soient situés sur des perpendiculaires à l'axe $C''I''$ de la voûte.

162. La section droite, **fig. 3**, et les développements de la figure 5 étant terminés, on construira la projection horizontale du voussoir, **fig. 6**, en opérant comme dans tous les exemples qui précèdent ; puis on déterminera les dimensions du parallélipipède enveloppe ABAB. Pour éviter la confusion des lignes, on a indiqué sur l'épure un bloc plus grand qu'il ne serait rigoureusement nécessaire ; mais, il est évident, que dans la pratique, on pourrait rapprocher beaucoup les faces latérales.

163. En opérant comme nous l'avons dit au n° 130, on construira les figures **8** et **10** qui contiennent les ellipses suivant lesquelles les deux cylindres de la douelle et de l'extrados sont coupés par les faces du parallélipipède enveloppe. Par suite de la symétrie, les mêmes figures, retournées, contiendront les sections des deux cylindres par les plans opposés du parallélipipède. Ainsi les panneaux déterminés sur les figures **8** et **10**, avec les deux patrons de développements de la figure **5**, suffiront pour construire tous les claveaux courants de la voûte. On fera bien de construire ces panneaux en zinc ou en tôle afin qu'ils ne soient pas altérés par l'usage.

164. La taille du voussoir ne présentera aucune difficulté. Ainsi, après avoir appliqué les deux panneaux des figures **8** et **10** sur les faces correspondantes du parallélipipède, on retournera ces mêmes panneaux, que l'on appliquera sur les faces opposées. Les arcs d'ellipses, sur lesquels on aura le soin de bien indiquer les points de repères, seront les directrices des surfaces cylindriques sur lesquelles, lorsqu'elles seront taillées, on appliquera les panneaux de développement de la figure **5**. Les côtés de ces panneaux détermineront les surfaces hélicoïdes qui doivent former les joints de la voûte.

165. Si, pour le raccordement avec les têtes, on doit faire quelques voussoirs un peu plus courts, on pourra toujours les tailler avec les mêmes panneaux et les raccourcir après la taille.

166. Enfin, si l'on veut faire la voûte en briques, on pourra tailler avec précision un voussoir en pierre, et faire mouler les briques sur ce modèle. Cela sera évidemment plus solide que des briques ou des moellons rectangulaires, surtout lorsqu'il s'agit d'une voûte d'un faible rayon.

167. Joints plans. — Lorsqu'un joint courbe, développable ou gauche, a beaucoup d'étendue, on doit conserver sa courbure. C'est le cas où l'on se trouve à l'égard des surfaces hélicoïdes qui forment les joints continus; mais, lorsqu'il s'agit d'une petite surface, comme celles qui forment les joints transversaux, on peut, surtout dans les grands ponts, faire abstraction de la courbure, et remplacer par un plan, la surface gauche hélicoïde indiquée par la théorie.

Le plan qu'on emploiera dans ce cas, devra contenir, **fig. 5**, la corde H″H″ de la partie d'hélice qui forme l'arête de joint, et la normale K″L″ passant par le point K″ milieu de cette arête. Cette normale percera l'extrados en un point L″ qui sera déterminé sur l'hélice C″S″ par la droite K″L″ perpendiculaire à C″I″, et les trois points H″H″L″ étant reportés sur la pierre, cela suffira pour tailler le joint plan dont il s'agit, sans qu'il soit nécessaire d'en construire les projections. Cependant, comme il s'agit toujours ici, d'études théoriques, et que l'on ne saurait trop multiplier les occasions de s'exercer à l'application des principes, j'engagerai le lecteur à exécuter les opérations suivantes que nous avons déjà exposées aux n°s 465 et 466 du Traité de la Coupe des pierres.

168. On construira, **fig. 6**, le triangle rectangle CID, dont la hauteur ID est à la base CI, comme la circonférence de la section droite $m'm'$ est au pas des hélices. L'hypoténuse CD sera la tangente au point C de l'hélice qui occupe exactement le milieu de la douelle du voussoir. Cette hélice n'a pas été tracée sur l'épure. Le plan P_1 perpendiculaire à la tangente CD, sera normal au point C de la voûte, et coupera les quatre arêtes du voussoir suivant des angles qui différeront très-peu de l'angle droit, surtout vers les arêtes d'intrados, ce qui est le plus important. Les sommets $aaee$ de ces quatre angles, étant projetés sur la figure 5, appartiendront à un quadrilatère $a'a'e'e'$ qui est la projection de la section du voussoir par le plan P_1. Les arcs de cercles $a'a'$, $e'e'$ formant deux côtés de ce quadrilatère, sont les projections des arcs d'ellipses suivant lesquels le plan P_1 **fig. 6**, coupe les deux surfaces cylindriques de la douelle et de l'extrados.

Les deux côtés $a'e'$ du quadrilatère $a'e'a'e'$, figure 3, sont deux courbes, puisqu'elles proviennent de la section par le plan P_1 des surfaces hélicoïdes qui forme les joints continus de la pierre; mais la courbure de ces lignes est insensible, et peut être négligée dans la pratique; cependant on pourra, comme étude, construire sur chacune de ces courbes un point intermédiaire x' qui sera déterminé d'abord sur la figure 6, par la rencontre du plan P_1 avec l'hélice qui partage partout en parties égales le joint continu du voussoir. Cette hélice projetée sur la figure 3, par l'arc de cercle $x'x'$ passera sur la figure 6, par les milieux de toutes les génératrices du joint continu.

Lorsque le quadrilatère $a'e'a'e'$ sera déterminé sur la figure 3, on pourra supposer qu'on le fait monter ou descendre de manière que ses quatre sommets ne quittent pas les hélices correspondantes, jusqu'à ce qu'il soit arrivé dans la position où l'on voudra faire un joint plan transversal $a'''e'''a'''e'''$. Les droites $a'''a^{IV}$, $e'''e^{IV}$ perpendiculaires au plan de la figure 3, détermineront, **fig. 4**, la projection horizontale $a^{IV}e^{IV}a^{IV}e^{IV}$ de la face plane du voussoir, et les droites $a^{IV}a''$, $e^{IV}e''$ perpendiculaires à la direction du berceau, détermineront sur la figure 5, les côtés $a''a''$, $e''e''$ du quadrilatère cherché. Théoriquement, ces deux lignes sont courbes, puisqu'elles appartiennent aux sinusoïdes suivant lesquelles se développeraient les ellipses provenant de la section des deux cylindres par le plan P_1 figure 6, mais leur courbure est insensible et l'on peut, sans inconvénient, les remplacer par leurs cordes qui, sur les figures 3, 6 et 5, doivent être parallèles entre elles.

Si l'on veut obtenir, **fig. 1**, le panneau précédent en véritable grandeur, on pourra supposer qu'on l'a fait tourner autour de la normale du point C^V. Les distances des sommets a^V, e^V et des points intermédiaires x^V à cette normale, seront égales aux distances des points correspondants de la figure 6 au point C, qui est la projection horizontale de la normale $C^V E^V$, **fig. 1**.

169. La disposition d'épure que nous venons d'indiquer pourrait être employée à la taille des voussoirs d'une voûte dont l'extrados, **fig. 13**, serait formé par un cylindre circulaire, qui aurait son axe O' au-dessous du plan de naissance. Dans ce cas, on ferait encore tourner les voussoirs A, B, etc., jusqu'à ce qu'ils viennent se placer en C; puis, on opérerait comme si le voussoir A était extradossé par le cylindre de rayon ON, le voussoir B serait extradossé par le cylindre de rayon OV, etc., mais alors le travail graphique serait augmenté par la nécessité de construire des panneaux différents pour les voussoirs qui n'auraient pas la même surface d'extrados.

170. Résumé des études précédentes. — Construction complète d'un pont biais. — Joints normaux hélicoïdes, pl. 7. — Quoique cette planche soit deux fois aussi grande que le format ordinaire de l'atlas, il n'a pas été possible d'y placer tous les détails; mais, ce qui a pu être conservé suffira, je l'espère, pour faire comprendre le reste.

171. L'exemple qui fait le sujet de cette épure doit encore être considéré comme une *étude théorique*, pour laquelle on a exagéré la courbure et la grosseur des pierres, afin de rendre plus sensible le contournement des arêtes et des surfaces de joint. Mais, il est évident, qu'en augmentant le nombre des voussoirs, et diminuant l'épaisseur de la voûte, on réduira les dimensions, autant qu'il sera nécessaire, pour ne pas excéder les limites des blocs employés dans la pratique.

La figure **23** est la demi-section droite du pont, dont la voûte est comprise entre deux cylindres circulaires et concentriques, qui ont pour rayons les droites C'-8. La partie désignée par la lettre M, est la coupe de la pile ou pied-droit désigné par la même lettre sur les figures **13**, **16** et **11**.

La figure **20** est une coupe de la pile par le plan horizontal qui contient la naissance de la voûte, elle indique par conséquent la liaison des coussinets qui, à l'exception des quatre angles de la pile, sont tous égaux entre eux, et de la forme qui est indiquée en perspective par la figure **22**. La disposition d'appareil de la figure **20** dépendra du nombre de coussinets, de leur grandeur, de l'épaisseur de la pile, et de la place qui conviendra le mieux pour établir de bonnes liaisons avec l'assise supérieure. L'espace indiqué sur la figure **23** par la lettre T, est la coupe de l'assise en pierre de taille ou en maçonnerie qui est au-dessus des coussinets.

On sait que dans un pont biais les hélices ou arêtes des joints de lit, presque horizontales pour les pierres qui sont dans les parties les plus élevées de la voûte, sont au contraire fortement inclinées dans le voisinage des naissances, et pour combattre la force qui tend à faire glisser les premiers voussoirs sur leurs joints, il pourra être utile, dans certains cas, de les enraciner fortement dans la masse de la pile.

C'est ce que l'on pourra faire, en doublant chacune des pierres de la première assise, **fig. 5**, par un renfort R, dont les faces verticales 31-27 viendraient s'emboîter avec précision entre les deux pierres adjacentes, de sorte que l'assise, **fig. 12**, qui est au-dessus des coussinets, se composera d'une suite de voussoirs identiques, égaux chacun à la pierre qui est dessinée en perspective sur la figure **5**.

Il faut cependant excepter la pierre II et la pierre XIV de la figure **12**. En effet, les joints de lits, surtout pour les voussoirs de naissance, ayant une inclinaison très-prononcée de gauche à droite, il s'ensuit que les voussoirs qui forment l'arc de tête du côté de l'angle obtus A^v sont entraînés par leurs poids dans la direction suivant laquelle la masse de la maçonnerie leur oppose une résistance suffisante, tandis que du côté de l'angle aigu F^v, toutes les pierres tendent à glisser sur leur lit, et à tomber dans le vide; ce qui arriverait infailliblement, si elles n'étaient retenues par l'adhérence des mortiers, et enchevêtrées les unes dans les autres par le contournement de leurs surfaces de joint. Beaucoup de constructeurs ont cru devoir rattacher ces voussoirs au reste de la voûte, par des tirants et des armatures.

D'autres fois, on a employé dans cette partie de la construction, quelques pierres d'une grosseur exceptionnelle et suffisante pour former plusieurs voussoirs, séparés en apparence par de faux joints pour la régularité de l'appareil. Les figures **12** et **6** feront comprendre comment cette difficulté peut être résolue.

La pierre I, **fig. 12**, qui correspond à l'angle F^v de la pile M, contient une assise du bandeau, et termine vers la droite la crémaillère formée par les coussinets XVI. La pierre II, fig. **12** et **6**, sera placée sur la pierre I, en faisant coïncider les points correspondants des deux figures. Enfin, la figure **4** représente le renfort de la pierre II vue par derrière.

Le système d'appareil à crochets que nous venons d'indiquer peut être continué jusqu'à une certaine hauteur, comme on le voit sur la figure **2**; l'irrégularité qui résulterait du brisement des arêtes du joint serait amplement compensée par l'avantage d'augmenter beaucoup la solidité de la voûte. J'ai fait exécuter de cette manière un modèle au dixième, dans lequel toute tendance au glissement des voussoirs était complétement arrêtée.

172. Corne de vache. — Si l'on jette un coup d'œil sur la figure **23** de la planche **1**, on verra qu'au point n de la pile, il existe un angle très-aigu formé par la rencontre de la douelle avec la face de tête, et cet inconvénient se reproduit pour tous les voussoirs compris entre le point n et la clef, en s'affaiblissant, il est vrai, à mesure que l'on approche du sommet de la voûte. De plus, les premiers joints de lit, par suite de leur inclinaison, rencontrent obliquement les plans de têtes. Il existe donc dans cette partie de la construction, deux sortes d'angles aigus qu'il faut chercher à faire disparaître. On peut obtenir ce résultat par des moyens que nous allons indiquer.

Pour éviter, **fig. 27** et **26**, les angles aigus que la douelle ou intrados du berceau fait avec les plans verticaux des têtes, on coupe l'angle KLB de la pile, par un plan vertical BF perpendiculaire à la face de tête AB, ou faisant avec cette face un angle obtus PBF, **fig. 25**, puis, au-dessus de la naissance, on prolonge le pan coupé vertical BF, par une surface courbe à laquelle on a donné le nom de *corne de vache*. Le problème dont il s'agit alors peut être résolu de plusieurs manières.

173. *Première méthode*, **fig. 27**. — Le point U étant le plus élevé de l'arc de tête, on tracera la droite UF, que l'on pourra considérer comme la trace d'un plan vertical; ce plan coupera la douelle ou intrados du berceau suivant un arc d'ellipse UF, que l'on prendra pour directrice d'une surface cylindrique UBF, perpendiculaire à la face de tête AB. La courbe UF, directrice de la surface cylindrique UFB, devient une arête, commune à la douelle du berceau et à la corne de vache; ces deux surfaces forment à la naissance un angle obtus BFK, qui augmente de grandeur à mesure que l'on s'approche du point U, et qui, devenant égal à 180°, s'efface complétement lorsque l'on arrive à ce point.

La solution qui précède, a l'inconvénient de briser la ligne A'UF qui limite la douelle du berceau. En outre elle détruit la symétrie de l'arc de tête, qui dans le cas d'un berceau circulaire se composerait du quart d'ellipse projeté sur le plan horizontal par la droite A'U, et du quart d'ellipse UB, suivant lequel le plan de tête est rencontré par la surface cylindrique UFB, qui forme la douelle de la corne de vache. Ces deux courbes se raccorderaient au point U, mais l'inégalité de leurs rayons horizontaux A'U, UB détruirait toute symétrie, et les douelles des voussoirs de même rang ne seraient plus égales des deux côtés de la tête.

174. *Deuxième méthode.* — Le défaut de symétrie qui existerait entre les deux parties A'U et UB de l'arc de tête, **fig. 27**, pourrait être facilement évité en prenant pour courbe directrice de la corne de vache, **fig. 26**, la section du berceau par le plan vertical qui aurait pour trace la droite AF. Dans ce cas, l'arête de tête sera formée par l'ellipse AB, suivant laquelle la section AF se projette sur le plan vertical AB.

175. *Troisième méthode.* — On peut remplacer la surface cylindrique AFB, **fig. 26**, par une surface réglée conoïde dont la génératrice horizontale BF, s'appuierait constamment sur l'une des deux courbes AB ou AF, et sur la droite suivant laquelle se rencontrent les deux plans verticaux AE, BH; mais, si l'on prend pour directrice de la conoïde, la section du berceau par le plan vertical AF, l'arête AB de l'arc de tête ne sera plus une ellipse; et si l'on veut que cette dernière condition ait lieu, c'est-à-dire que l'arc de tête AB soit une ellipse, l'arête AF sera une courbe à double courbure disgracieuse, aussi difficile à bien tracer qu'à tailler.

176. *Quatrième méthode.* — On ferait disparaître l'irrégularité dont nous venons de parler, en employant, **fig. 25**, une surface conoïde dont la génératrice horizontale BF, s'appuierait sur l'ellipse EF, suivant laquelle la douelle du berceau est coupée par le plan vertical EF, parallèle à la face de tête, et qui aurait pour seconde directrice la verticale élevée par le point suivant lequel le plan vertical AS, est percé par la droite horizontale CS perpendiculaire au milieu C de EF. La section de la surface précédente par le plan AB de la tête, sera une ellipse de même hauteur que la directrice EF, dont elle ne différera que par son axe horizontal AB, et l'angle PBF de la pile M sera égal à l'angle TAS de la pile N, ce qui donnera pour la face de tête un appareil symétrique.

177. *Cinquième méthode.* — Je n'ai parlé des méthodes précédentes, que pour avoir l'occasion d'en signaler quelques inconvénients qui n'ont probablement pas échappé aux constructeurs. En effet, on remarquera, **fig. 26** et **25**, que du côté de la pile M, la corne de vache forme avec la douelle du berceau principal des angles saillants *vxz*, toujours très-faciles à tracer et à tailler; mais, il n'en est pas de même pour les voussoirs qui sont du côté de la pile N, et l'inspection des figures **26** et **25** suffit pour faire reconnaître qu'au point *o*, par exemple, les génératrices horizontales *oy* et *bo*, de la douelle et de la corne de vache, formeront un angle rentrant *boy*, c'est-à-dire qu'une partie de la corne de vache pénétrerait dans le cylindre qui forme la douelle du berceau, ce qui gênerait beaucoup pour tailler les surfaces de douelle du berceau et de la corne de vache.

Cet inconvénient, provenant de la direction *horizontale* des génératrices des deux voûtes, existerait également, quoique avec moins d'intensité, si l'on employait pour douelle de la corne de vache l'une des surfaces conoïdes indiquées aux n°s 175 et 176 : mais, si au lieu de conoïde, on emploie, **fig. 25**, un cône dont le sommet S serait situé dans le plan de naissance, et qui aurait pour directrice la section du berceau par le plan vertical EF, toutes les difficultés précédentes auront complétement disparu. Car il est facile de reconnaître par l'inspection de la figure **28**, qu'aucune partie de la surface conique qui, dans ce cas formerait la corne de vache, ne pénètre dans l'intérieur du cylindre dont la section droite est la demi-circonférence A'U'F'. D'où l'on peut conclure que nulle part les douelles des deux voûtes ne se rencontreront suivant des angles rentrants.

J'ai cru devoir donner une certaine étendue à la discussion précédente, parce que beaucoup de constructeurs de ponts biais n'ont pas cru devoir employer des cornes de vache : mais en faisant abstraction d'une augmentation de dépense peu considérable, si on la compare à l'importance du travail dont il s'agit, on reconnaîtra facilement que, loin d'augmenter les difficultés d'appareil, cette construction, au contraire, les évite souvent, en faisant disparaître tous les angles aigus qui existeraient si la douelle et les joints de lits étaient prolongés jusqu'aux plans verticaux des têtes. Les études suivantes ne laisseront aucun doute à cet égard.

178. Épure. — Les données de la question à résoudre sont : L'axe CC et la largeur du berceau, **fig. 13**, la section droite, **fig. 23**, et l'angle que le plan AB de la tête fait avec la direction O'C de la voûte. Cela étant admis, on exécutera successivement les opérations que nous avons exposées dans les articles précédents; ainsi :

179. Projection horizontale, **fig. 13**. — Après avoir déterminé les projections des piles dont l'écartement est égal au diamètre de la circonférence 0-8, **fig. 23**, on construira les traces horizontales PP des deux plans de tête : on fera UC égal à la largeur que l'on veut donner à la corne de vache ABFE, et la droite EF, parallèle au plan P de la tête, déterminera le point F. La droite CS, perpendiculaire au milieu de EF, rencontrera la ligne de naissance AS, en un point S, que l'on joindra au point F, par une droite dont le prolongement FB sera l'évasement de la corne de vache du côté de la pile M. La droite EF située dans le plan P, sera l'arête commune au berceau et à la corne de vache dont la douelle sera projetée sur le plan horizontal par le trapèze ABFE. Enfin les lignes P_2 parallèles aux plans P_1 seront les parements intérieurs des murs de tête, dont l'épaisseur, indiquée sur l'épure par une teinte légère, est comprise, par conséquent, entre les deux plans verticaux et parallèles qui ont pour traces les droites PP et P_2P_2

180. Développement. — Il est évident que l'appareil de la voûte doit être étudié comme si le berceau était limité par les deux plans verticaux P_1 Ainsi, en opérant comme nous l'avons dit au n° 56, on construira, **fig. 14,** le développement du cylindre d'intrados dont on n'a pu conserver ici qu'une partie, mais qu'il sera facile de compléter lorsque l'on pourra disposer d'un plus grand espace.

Si l'arc de tête doit contenir quinze voussoirs, la corde F″H″ de la sinusoïde, suivant laquelle se développe l'ellipse EF, sera partagée en quinze parties égales, et la direction F″K″ des hélices développées sera déterminée en opérant comme nous l'avons dit au n° 57. Les perpendiculaires abaissées par les points suivant lesquels la droite F″K″ coupe les génératrices de l'intrados développé, détermineront sur la figure **13** la projection de l'hélice correspondante FK.

On déterminera de la même manière les projections horizontales de toutes les autres hélices qui pourront, comme nous l'avons dit au n° 66, être tracées avec un patron ou pistolet que l'on ferait glisser parallèlement à la direction du cylindre, en s'assurant, pour plus d'exactitude, que le contour de ce patron passe bien exactement par tous les points déterminés sur la figure **13**, par les perpendiculaires abaissées des points correspondants de la figure **14**. On déterminera les coupes de joints transversaux sur le développement, **fig. 14,** de manière à ne pas excéder les limites des pierres dont on pourra disposer, et l'on tâchera, comme nous l'avons dit au n° 65, de faire autant que possible tous les claveaux courants de même longueur, afin de simplifier les opérations de la taille (158).

Dans l'épure actuelle, il sera difficile de satisfaire à cette condition, par suite du petit nombre de voussoirs qui forment la voûte; mais dans un grand pont, où les joints sont très-nombreux, il sera beaucoup plus facile de réussir (65). La même cause ne permet pas, ici, de disposer avec régularité les coupes postérieures des voussoirs des têtes. Mais dans une voûte contenant un grand nombre de voussoirs, il sera facile d'arranger les pierres comme on le voit fig. **21,** en comptant la longueur de chaque voussoir, à partir de la sinusoïde, sur la génératrice qui partage la douelle de ce voussoir en deux parties égales.

181. La partie qui est désignée sur la fig. **14** par une teinte de points, est le développement de la surface d'extrados comprise entre les génératrices DD', **fig. 13** et **23,** et les deux plans verticaux P_2P_2. Les sinusoïdes G"J" de la fig. **14** sont les développements des ellipses suivant lesquelles les deux plans P_2P_2 coupent la surface cylindrique 8-D' qui forme l'extrados du berceau, **fig. 23.**

182. L'épure actuelle étant une étude des *joints normaux* qui sont indiqués par la théorie, on a supposé que les coupes transversales étaient formées, comme dans les épures précédentes, par des surfaces réglées hélicoïdes, lieux géométriques des normales qui s'appuient sur les hélices perpendiculaires aux arêtes des joints longitudinaux.

183. Coupes des joints de lit par le plan P_1. — Nous avons dit que, pour éviter les angles aigus, on ne prolongerait pas l'appareil hélicoïdal du berceau au delà de l'espace compris entre les deux plans verticaux P_1P_1 **fig. 13.** Il faut donc déterminer les courbes suivant lesquelles le plan P_1 coupe le berceau et les joints de lit.

La section du berceau par le plan P_1 sera évidemment une ellipse verticale EF projetée et rabattue en vraie grandeur, **fig. 16,** par la courbe F'''H'''. Le demi-axe horizontal C'''F''' de cette ellipse, est égal à la droite CF de la figure **13,** et le demi-axe vertical C'''H''' est égal au rayon C'H' de la section droite rabattue, **fig. 23.**

Cette ellipse pourra facilement être construite au moyen de ses deux axes; mais on fera bien de s'assurer que les points 10, 11, 12, 13, etc., suivant lesquels cette courbe est rencontrée par les hélices, qui forment les joints de lit du berceau, sont à la même hauteur sur les quatre figures **23, 16, 11** et **12**, et si la projection horizontale de chacun de ces points résulte bien exactement de la position qu'il occupe sur la sinusoïde correspondante du développement, **fig. 14**. On doit se rappeler que toutes ces vérifications ont été indiquées au n° 68.

184. Les courbes suivant lesquelles les surfaces hélicoïdes qui forment les joints de lit sont coupées par le plan P_1 seront déterminées d'abord sur le plan de la section droite, **fig. 25**, en opérant comme nous l'avons dit aux n°^{os} 82, 83, 99, etc. Ces opérations déjà étudiées plusieurs fois n'ont pas dû être conservées sur l'épure.

185. Si l'on prolonge la droite K″F″, **fig. 14**, jusqu'à ce qu'elle rencontre le plan P_3 de section droite qui contient le centre C de l'ellipse EF, on déterminera le point Z″, et la distance C″Z″ étant portée de C′ en Z′, sur la verticale H′C′, **fig. 23**, on obtiendra le foyer Z′, vers lequel concourent les tangentes aux points d'intersections de la circonférence F′H′, avec les projections des courbes suivant lesquelles le plan vertical P_1 **fig. 13**, coupe les surfaces hélicoïdales qui forment les joints de lit de la voûte. On a vu, au n° 107, quelles sont les considérations géométriques qui déterminent la construction précédente.

186. Le point Z′ que nous venons d'obtenir sur la fig. **23**, pourra servir à vérifier la courbure des coupes de joint par le plan P_1 mais il ne doit pas être confondu avec le point de concours dont M. Buck avait *cru reconnaître* l'existence (70). En effet, si l'on dirigeait les coupes de joint par le plan P_1 vers le foyer Z′ que nous venons d'obtenir, cela reviendrait à remplacer chacune de ces courbes par sa tangente, et l'écartement de ces deux lignes vers l'extrados modifierait sensiblement la surface hélicoïdale qui forme le joint de lit correspondant.

187. Je crois donc que, si l'on veut avoir des coupes de joint droites sur les têtes, sans altérer d'une manière sensible les surfaces des joints continus, il vaut mieux, *supposer* avec M. Buck, qu'il existe un point O', vers lequel concourent les *cordes* de toutes les coupes. Or, si le point dont nous parlons existait réellement, et que l'on connût sa position, il est évident que cela dispenserait de construire les courbes de sections des joints de lit par le plan P_1 puisque ces courbes seraient remplacées par leurs cordes, dont on aurait le point de concours.

188. Or on peut sans inconvénient pour la pratique admettre l'existence de ce point, et dans ce cas, on pourra le déterminer avec une exactitude suffisante par la rencontre de la verticale H'C' avec la corde de l'une des courbes suivant lesquelles le plan P_1 coupe les joints héliçoïdaux. Il suffira donc de construire avec soin l'une de ces courbes.

189. J'ai choisi de préférence la coupe de joint qui, sur la figure **23**, est la troisième à partir de la naissance, parce qu'au-dessous, et par suite de la variation plus sensible de courbure de ces lignes, les points suivant lesquels leurs cordes coupent la verticale H'C' s'éloignent trop du point de concours Z' des tangentes, et pour les coupes de joint au-dessus, ces intersections se feraient suivant des angles trop aigus pour que l'on pût compter sur leur exactitude. D'ailleurs, pour les courbes supérieures, les cordes se rapprochant de la verticale, leur direction ne peut pas être affectée d'une quantité appréciable, par la différence qui existe entre le point O' et les points suivant lesquels chacune d'elles coupe la verticale H'C'.

190. Pour plus de régularité dans l'appareil, on pourra faire passer le plan horizontal $a\mathrm{D}'a$ par le point D', suivant lequel l'extrados du berceau est percé par la troisième coupe de joint 11-11, et l'on peut aussi faire passer par ce même point D', le plan vertical P_4 qui contient la face 31-17-27 du renfort de la pierre XVII, **fig. 5**.

191. Appareil des têtes. — Avant d'étudier cette partie de la question, on remarquera que les deux projections réunies des figures **11** et **16** formeraient la projection complète de l'une des têtes, et qu'en outre, ces projections sont retournées ; c'est-à-dire que les parties qui, d'après la disposition de l'épure, devraient être vues, sont tracées en points, tandis qu'au contraire les parties cachées sont tracées en lignes pleines. Mais on sait que cela se fait souvent ainsi sur les épures d'applications, l'usage étant de considérer comme vues les faces qui offrent le plus d'intérêt, et qui, dans le cas actuel sont les parements extérieurs. Cela étant admis, il est évident que l'appareil des têtes va dépendre de la surface que nous adopterons pour la corne de vache. Nous avons dit au n° 177 pour quels motifs on doit rejeter l'emploi des surfaces cylindriques et conoïdes, qui, par suite de la direction horizontale de leurs génératrices, pénétreraient du côté de la pile A dans l'intérieur du cylindre d'intrados, et feraient par conséquent avec cette surface des angles rentrants difficiles à tailler. La surface de cône par son évasement ne présente pas les mêmes inconvénients et semble, par cette raison, bien préférable : cependant il existe, dans l'étude actuelle, des raisons qui m'ont empêché d'en faire usage. En effet, le but essentiel qu'il faut chercher à remplir, c'est d'éviter les angles aigus que les joints du berceau feraient avec le plan P de la tête. Ce qui ne peut se faire qu'en employant pour joints de lit des plans perpendiculaires au plan P.

Si l'on prend pour intrados de la corne de vache un cône dont l'axe, situé dans le plan de naissance, serait perpendiculaire au plan de l'ellipse directrice EF, l'arête extérieure de l'arc de tête sera une seconde ellipse AB semblable à EF ; les arêtes d'intrados seront formées par les parties de génératrice du cône comprises entre les deux plans parallèles P et P_1, et les joints de lit de la corne de vache, contenant l'axe du cône, seront perpendiculaires au plan P de la face de tête; mais ces plans de joints ne contiendront pas les coupes des joints de lit hélicoïdaux par le plan P_1 puisque ces coupes, remplacées par leurs cordes, seront dirigées vers le point O', de sorte que les lits de chacune des pierres de la tête seront brisés par un ressaut ou crochet, dont une face verticale sera située dans le plan P_1

comme on le voit, **fig. 18.** Or on ne doit pas adopter de coupes de cette espèce lorsqu'il existe quelque moyen de faire autrement et l'on évitera l'inconvénient dont nous venons de parler en opérant de la manière suivante.

192. L'ellipse EF étant la section du berceau par le plan vertical P_1 on concevra une seconde ellipse AB semblable et parallèle à la première ; cette seconde ellipse est déterminée, puisque son axe horizontal AB est connu par l'opération que nous avons indiquée au n° 179. Les courbes suivant lesquelles les joints de lit hélicoïdaux sont coupés par le plan vertical P_1 étant, comme nous l'avons dit, remplacées par leurs cordes (187), nous concevrons par chacune de ces droites un plan perpendiculaire à la face de tête P. Chacun de ces plans coupera les ellipses parallèles et semblables EF, AB, en deux points par lesquels on fera passer une droite. Enfin le lieu qui contiendra toutes ces droites sera une surface réglée que l'on prendra pour douelle de la corne de vache.

Cette surface, de même nature que l'une des surfaces réglées de l'arrière-voussure de Marseille, différera très-peu d'un cône dont elle aura l'apparence, et satisfera complétement à toutes les conditions du problème. En effet, les génératrices de douelle de la corne de vache seront des lignes droites dont on connaîtra toujours deux points, facilement déterminés sur les deux ellipses $E'''F'''$, $A'''B'''$, **fig. 16** et **13**, par les plans projetants menés par les cordes des courbes suivant lesquelles les joints de lit sont coupés par le plan P_1 Ces plans projetants, qui formeront les joints de la corne de vache, seront perpendiculaires à la face de tête, d'où il résulte que les arêtes de joints de la corne de vache, et les cordes par lesquelles nous avons remplacé les coupes des joints de lit situées dans le plan P_1 se projetteront sur le plan des têtes, par des droites concourant au point O''', que l'on obtiendra en faisant la distance $C'''O'''$ de la figure **16** égale à la distance $C'O'$ de la figure **23**.

Le seul reproche que l'on peut faire à la solution précédente, serait que les coupes de joint sur les têtes ne sont pas normales aux ellipses qui forment les arêtes de la face de tête ;

mais cette condition, qui ne peut pas être obtenue lorsque l'on emploie pour joints de lit des surfaces *normales* à la voûte, pourra être remplie, comme nous le verrons plus loin, en remplaçant les joints normaux indiqués par la théorie, par d'autres surfaces plus simples, et par conséquent plus commodes pour les applications.

193. La figure 9 contient toutes les faces de joint de la corne de vache; chacun de ces panneaux est un trapèze dont la hauteur 70-70 est égale à la distance des deux plans verticaux P et P_1 et les côtés parallèles de ces mêmes trapèzes sont donnés en vraie grandeur par leurs projections sur les plans des têtes, **fig. 16** et **11** ; de sorte, par exemple, que les côtés 70-10 ou 70-11 de la figure 9, sont égaux aux projections des mêmes droites sur les figures 11 ou 16. Le numéro placé sur le prolongement du côté oblique de chaque trapèze indique l'ordre du joint correspondant à partir du plan de naissance.

On n'a construit que *huit* panneaux pour les seize joints, parce qu'il y a symétrie dans l'appareil de la corne de vache dont les faces de tête et de joint sont égales deux à deux, pour les voussoirs qui occupent le même rang à partir des naissances.

194. Projection parallèle à l'axe de la voûte. — La plupart des auteurs qui ont écrit sur les ponts biais ont cru devoir construire une coupe complète du pont par un plan vertical parallèle à l'axe; mais cette projection, **fig. 12**, n'est utile que pour les voussoirs qui sont posés sur les coussinets, parce que ces voussoirs, presque parallèles aux faces de la pile, se projettent à peu près suivant leur plus grande dimension sur la projection auxiliaire dont nous venons de parler, ce qui permet d'apprécier plus facilement la longueur du plus petit parallélipipède capable.

La projection, **fig. 12**, devient inutile pour les voussoirs des assises supérieures, dont la position, très-oblique par rapport à la direction du berceau, détermine une grande différence entre les véritables dimensions de la pierre et sa projection sur le plan de coupe longitudinale. C'est pourquoi, dans l'épure actuelle, on n'a projeté sur la figure **12** que les pierres qui se posent immédiatement sur les coussinets.

Cette projection ne présente aucune difficulté à construire. En effet, pour les hélices qui forment les arêtes de la douelle, on élèvera une perpendiculaire par chaque point de la projection horizontale, **fig. 13**, et la hauteur de ce point au-dessus de la ligne de naissance sera égale à l'ordonnée de sa projection sur la circonférence 0-8 de la section droite, **fig. 23**.

Les courbes telles que 0-17, suivant lesquelles les joints de lit hélicoïdaux sont coupés par le plan vertical P_4 **fig. 23**, s'obtiendront en opérant comme nous l'avons dit aux n°' 82 et 83. Ainsi les génératrices du joint de lit correspondant à l'arête d'intrados $F^v K^v$, **fig. 12**, sont coupées par le plan vertical P_4 suivant une suite de points dont les hauteurs seront déterminées sur la trace du plan P_4 **fig. 23**, par la rencontre de cette trace avec les projections des mêmes génératrices. Les courbes 0-24-27-17, **fig. 12**, suivant lesquelles le plan P_4 coupe les surfaces hélicoïdes qui forment les joints transversaux, se construiront de la même manière.

195. Taille des voussoirs. — Si le lecteur a bien compris tout ce que nous avons dit précédemment, s'il a taillé chacun des voussoirs qui font le sujet des planches 2, 4, 5 et 6, il n'éprouvera aucune difficulté pour exécuter toutes les parties du pont qui est projeté sur la planche 7.

196. Coussinets. — Nous avons déjà fait remarquer que la méthode la plus convenable pour tailler chaque voussoir dépendait de la position plus ou moins inclinée de ce voussoir dans l'espace. Ainsi les coussinets XVI et les pierres XVII de la première assise, **fig. 12**, étant presque parallèles à la direction du berceau, seront préparés sur la section droite, **fig. 23**, ou sur la projection, **fig. 12**.

Si l'on veut, par exemple, tailler le coussinet qui est représenté en perspective sur la figure **22**, on équarrira un parallélipipède dont une face verticale pourra contenir le panneau 20-9-1-1-0-28-28-20, **fig. 23**. La longueur de ce parallélipipède sera égale à la distance des deux plans P_5 et P_6 **fig. 13**. Si l'on veut tailler plusieurs coussinets dans une seule pierre, on lui donnera la longueur convenable, ce qui ne changera rien à la manière d'opérer.

Le contour du panneau 20-1-28 de la figure **23** déterminera le cylindre de douelle 0-1 et le plan vertical P_4. On appliquera le panneau XVI de la figure **14** sur le cylindre de douelle, et les courbes 0-24 de la figure **12** sur les faces verticales taillées à cet effet dans le plan P_4. Il est bien entendu que l'on marquera sur les contours de ces courbes les points nécessaires pour déterminer les positions sucessives de la génératrice des joints hélicoïdaux, que l'on taillera comme dans tous les exemples qui précèdent.

197. Pierre XVII, **fig. 5**. — On peut tailler cette pierre de trois manières que nous allons successivement indiquer.

198. *Première méthode.* — On équarrira le parallélipipède qui aurait pour l'une de ses faces le rectangle *aaaa* circonscrit à la projection du voussoir sur le plan de la section droite, **fig. 23**. La longueur de ce parallélipipède sera égale, **fig. 13** et **12**, à la distance des deux plans verticaux et parallèles P_7 et P_8 qui comprennent entre eux la pierre que l'on veut tailler.

Le panneau *a*-0-19-11-*a* de la figure **23** étant appliqué sur les faces formées par les deux plans P_7 et P_8 déterminera le plan P_4, les deux faces horizontales *a*-11, 9-26, et le cylindre circulaire 0-19 formant la douelle du voussoir. Lorsque cette surface cylindrique sera taillée, on y appliquera le panneau de développement XVII de la douelle correspondante, **fig. 14**, en faisant coïncider avec exactitude les points suivant lesquels le contour de ce panneau est coupé par les génératrices du cylindre.

Cela étant fait, on taillera dans le plan P_4 les faces destinées à recevoir les quatre courbes 24-17, 17-27, 27-0 et 0-24 de la figure **12**; on aura ainsi les directrices des quatre surfaces réglées hélicoïdes qui doivent former les joints de lit et les joints transversaux du voussoir, et l'on taillera ces joints comme à l'ordinaire, en faisant passer la règle génératrice par les points de repère marqués avec beaucoup d'exactitude sur les contours de tous ces panneaux. Enfin, on taillera la face verticale *a*-26, **fig. 23**, la face horizontale 9-26, et les surfaces courbes 24-27-24-27, **fig.** 5 et 12. Ces surfaces sont perpendiculaires au plan P_4 et, par suite de leur peu de courbure, on pourra souvent les remplacer par des plans, ce qui revient à remplacer par des droites les courbes 27-24 de la figure **12**.

199. *Deuxième méthode.* — On peut déduire le voussoir XVII, **fig.** 5 et **12**, d'un parallélipipède qui aurait pour l'une de ses faces le rectangle *efgh* circonscrit à la projection de la pierre sur le plan de la figure **12**, et pour épaisseur la distance du point 19 au plan vertical *a*-26-*a*, **fig. 23**. Dans ce cas, on ne peut plus prendre la section droite pour directrice de la surface cylindrique de la douelle et l'on devra construire les courbes elliptiques suivant lesquelles ce cylindre est coupé par les faces du parallélipipède enveloppe.

Pour faire comprendre plus facilement cette partie de l'opération, nous supposerons que l'on a fait glisser ce parallélipipède suivant la direction du berceau jusqu'à ce qu'il soit venu prendre la position indiquée par la figure **1**. Si l'on projette sur les figures **1** et **3** les génératrices 1-1, 2-2, 3-3, du cylindre d'intrados, il sera facile d'obtenir les points suivant lesquels ces droites percent les faces *gh*, *gf* et *he* du solide *efgh*. La douelle du voussoir ne s'élevant pas au-dessus du point 19, il est inutile de construire l'intersection du cylindre d'intrados par la face *ef* du parallélipipède.

Les trois courbes demandées sont rabattues, **fig. 3**, sur le plan horizontal qui contient le point *g'g"*. Pour rabattre ces courbes sur la seule partie de l'épure qui était disponible, on a supposé :

1° Que la face *gh* tournant autour de l'horizontale projetante du point *g* était rabattue sur la face *gf*;

2° Que ces deux faces ainsi superposées avaient glissé parallèlement à elles-mêmes jusqu'à ce qu'elles soient venues s'appliquer sur le plan *g'e*;

3° Puis enfin, que les trois faces *he*, *gf* et *gh*, ainsi ramenées dans le plan *g'e*, tournaient ensemble autour de la droite *g'g"* pour se rabattre sur le plan horizontal, **fig. 3**.

Par suite de ce triple mouvement, la face he du parallélipipède, **fig. 1**, devient $h'h'e'e'$, **fig. 3**, la face gf devient $g''g''f''f''$, et la face gh devient $g''g''h''h''$. La courbe $o''h'''$, **fig. 3**, appartient à l'ellipse suivant laquelle le cylindre d'intrados est coupé par le plan gh, **fig. 1**, la courbe $0'$-$19'$ est la section par le plan gf et la courbe h^{IV}-$19'$ est la section par le plan he.

Ces deux dernières courbes coïncident dans une partie de leur étendue, parce qu'elles sont égales, comme sections d'un même cylindre, par les deux plans parallèles gf, he; d'où il résulte qu'en ramenant l'une des courbes sur l'autre, par le mouvement horizontal de la face gf, les points situés sur les mêmes génératrices doivent coïncider. Il ne faudra pas oublier de vérifier bien exactement, et de numéroter la position de ces points sur les trois courbes; leur position devant déterminer le mouvement de la règle génératrice du cylindre d'intrados. Dans une épure d'étude, les ellipses o'-$19'$, o''-$19''$, **fig. 3**, pourraient facilement être construites par leurs axes; mais dans la pratique on n'aurait pas la place nécessaire, et l'on devra déterminer chaque point par sa distance à la charnière du rabattement $g'g''$.

Lorsqu'on aura construit les trois panneaux de la figure 3, on appliquera chacun d'eux sur la face correspondante du parallélipipède enveloppe $efgh$, **fig. 12**, et les arcs d'ellipses o'-$19'$, h^{IV}-$19'$, et $o''h'''$ seront les directrices du cylindre d'intrados sur lequel on appliquera le panneau de douelle XVII de la fig. 14. On taillera ensuite les plans horizontaux 17-17, 30-30, **fig. 12**, et les faces verticales triangulaires 31-27-17, 30-24-29, 28-24-30 et 28-0-29 situées dans le plan P_4. Puis on opérera pour le reste comme nous l'avons dit au n° 198.

200. *Troisième méthode.* — On peut déduire le même voussoir d'un parallélipipède qui aurait pour l'une de ses faces le rectangle $pppp$, **fig. 12**, et dont l'épaisseur serait la même que précédemment. Dans ce cas, il faudrait construire les ellipses suivant lesquelles le cylindre d'intrados est coupé par les quatre faces du parallélipipède p-p, et tout le reste comme ci-dessus.

201. La taille sur la section droite est la plus simple des trois méthodes que nous venons d'indiquer, puisqu'elle n'exige pas la construction des courbes elliptiques suivant lesquelles le cylindre d'intrados est coupé par les faces du parallélipipède incliné. Or, la méthode la plus simple étant toujours celle qui donne les résultats les plus exacts, il est évident que pour y renoncer il faut qu'il y ait une économie évidente de temps ou de matériaux. Il est donc utile de reconnaître, dans chaque cas, si cette économie est assez grande pour compenser les inconvénients d'une construction moins exacte. Or, dans le cas actuel, les prismes exigés par chacune des trois méthodes ayant la même épaisseur, leurs volumes seront entre eux comme les faces parallèles au plan P_4.

Mais si l'on emploie le parallélipipède $aaaa$, **fig. 23**, la face qui est parallèle au plan P_4 aura pour hauteur $aa = 70$ *millimètres*, et sa longueur sera la distance 72 des deux plans verticaux P_7 et P_8 **fig. 13**, ce qui donne pour surface $70 \times 72 = 5040$ *millimètres quarrés*. Le rectangle $efgh$, **fig. 12**, a pour surface $gf \times ef = 93 \times 54 = 5022$. Enfin la surface du rectangle p-p serait $95 \times 53 = 5035$.

Les trois blocs sont donc entre eux comme les nombres 5040, 5022, 5035, et par conséquent à peu près égaux. Ainsi, pour cette pierre, la taille préparée sur la section droite est beaucoup plus simple, puisque, à égalité de matière, elle n'exige ni projection auxiliaire, ni rabattement de panneaux; et l'on ne doit regarder les deux autres méthodes que comme des exercices qui pourront être appliqués avec avantage dans d'autres circonstances.

202. La pierre XIV pourrait, comme la précédente, être déduite d'un prisme incliné dont une face serait située dans le plan P_{13} qui contient les points 30 et 32, **fig. 12**, mais la grande longueur de la pierre et son épaisseur, égale à la distance du point 31 au plan P_{13} rendraient nulle l'économie de pierre que l'on aurait cherché à obtenir par cette méthode. D'ailleurs, à cause du renfort et de la corne de vache, les opérations graphiques seraient beaucoup plus composées que pour la taille sur la section droite qui, par conséquent, conviendra le mieux dans le cas actuel.

Ainsi, on équarrira le parallélipipède enveloppe compris entre les deux plans verticaux P_9 et P_{10} **fig. 13**, on tracera la section droite 0-19 de la figure **23**, sur les faces verticales situées dans les plans P_9 et P_{10} et l'on taillera la douelle, sur laquelle on appliquera le panneau de développement 0-10-11-56 de la figure **14**.

On taillera le plan P de la face de tête, sur laquelle on tracera le panneau de tête XIV, **fig. 11** ; l'arc 10-11 du panneau 0-10-11-56, et l'arc 10-11 de l'ellipse $A^{IV}U^{IV}$, **fig. 11**, seront les deux directrices de la corne de vache que l'on taillera en établissant, si l'on veut, une génératrice intermédiaire dont la direction pourra être déterminée par sa projection 33-33 sur le plan de la figure **11**.

On taillera les plans de joint 10-10 et 11-11, **fig. 11**, perpendiculaires à la face de tête, et l'on appliquera sur ces plans les deux panneaux correspondants rabattus en vraie grandeur sur la figure **9**. Les courbes 0-24 et 24-D' tracées dans le plan P_4 **fig. 12**, et les arêtes de douelle du panneau 0-10-11-56, **fig. 14**, seront les directrices des surfaces hélicoïdes du voussoir. Enfin, on taillera les plans verticaux et les surfaces perpendiculaires au plan P_4 en opérant comme nous l'avons dit au n° 198.

203. Les pierres XV, I et II se tailleront également sur leur projection, **fig. 23**, en opérant comme pour la pierre précédente. Les panneaux de douelle XV, I et II, **fig. 14**, détermineront les arêtes d'intrados, et les courbes de la figure **12** compléteront les directrices des joints hélicoïdaux. Les panneaux de tête XV, **fig. 11**, les panneaux I et II, **fig. 16**, et les panneaux de joints, **fig. 9**, suffiront, comme ci-dessus, pour tailler la corne de vache.

204. Pour combattre et arrêter la tendance au glissement, on fera bien d'attacher la pierre I avec le coussinet correspondant, de manière que ces deux pierres n'en fassent qu'une seule, sur laquelle on pourra tracer un faux joint F^v-9, pour la régularité de l'appareil.

205. La pierre II, **fig. 5**, se placera sur la pierre I, comme on le voit sur la projection, **fig. 12**, et les crochets indiqués sur ces deux figures augmenteront beaucoup la solidité de la construction.

206. Pierre III. — A mesure que les voussoirs commencent à s'élever au-dessus de la pile, leurs projections horizontales prennent une plus grande inclinaison par rapport à la direction du berceau, et la taille sur la section droite ou sur la projection, **fig. 12**, occasionnerait une trop grande perte de pierre. On pourrait bien encore tailler la pierre sur la section droite, en la déduisant du prisme horizontal *bbbb*, **fig. 23**, ou du prisme incliné *dddd* qui sont à peu près de même volume; mais il vaudra mieux tirer cette pierre du prisme vertical qui aurait pour base le rectangle *vuzx*, **fig. 13**, et pour hauteur la droite $v'x'$, **fig. 16**. Dans ce cas, il faudra opérer comme nous l'avons dit au n° 133.

Ainsi, pour obtenir les directrices de la douelle et de l'extrados, il faudra construire toutes les lignes suivant lesquelles les deux cylindres traversent les faces du parallélipipède enveloppe. Les directrices du cylindre de douelle seront :

1° **Fig. 16**. L'arc d'ellipse 34-35 suivant lequel le cylindre d'intrados est coupé par le plan vertical *xz* du parallélipipède enveloppe, **fig. 13**.

2° **Fig. 19**. La courbe 35-36 provenant de la section du même cylindre par le plan *vx* du même parallélipipède.

On suppose ici que la face *vx* du parallélipipède *vuzx*, **fig. 13**, s'est avancée parallèlement à elle-même jusqu'à ce qu'elle soit arrivée dans le plan vertical projetant VU, que l'on a fait tourner ensuite autour de la verticale du point U pour le rabattre en $v''x''$, **fig. 19**.

3° La droite 36-37, **fig. 13**, est l'intersection du cylindre d'intrados par le plan horizontal $v'z'$ qui forme la face inférieure du parallélipipède, **fig. 16**.

4° Enfin, la petite courbe 37-34, **fig. 19**, est la section par la face verticale *uz* du parallélipipède.

D'où il résulte que le contour de la figure suivant laquelle la douelle est coupée par les faces du parallélipipède, se compose de quatre lignes, savoir :

34-35 située dans le plan zx, fig. 13, et projetée fig. 16,
35-36 située dans le plan vx, fig. 13, et rabattue fig. 19,
36-37 située dans le plan $v'z'$, fig. 16, et projetée fig. 13,
37-34 située dans le plan uz, fig. 13, et rabattue fig. 19.

Les courbes directrices de l'extrados seront :

1° **Fig.** 16. Le petit arc 38-39 qui appartient à la grande ellipse suivant laquelle le cylindre d'extrados est coupé, **fig.** 13, par le plan vertical P_{14} qui contient la face zx du parallélipipède.

2° **Fig.** 13. De la droite 39-40 provenant de la section de l'extrados par le plan horizontal qui contient la face supérieure $x'u'$ du parallélipipède, **fig.** 16.

3° De l'arc 40-41 qui fait partie, **fig.** 16, de la grande ellipse suivant laquelle le cylindre d'extrados est coupé par le plan vertical P_2 du mur de tête, fig. 13.

4° Enfin, de l'arc d'ellipse 41-38 situé dans la face verticale uz, $u'z'$ rabattue, **fig.** 19.

De sorte que l'ensemble des courbes directrices de l'extrados formera le quadrilatère curviligne dont les côtés sont les lignes :

38-39 située dans le plan zx, fig. 13, et projetée fig. 16;
39-40 située dans le plan $x'u'$, fig. 16, et projetée fig. 13;
40-41 située dans le plan P_2 fig. 13, et projetée fig. 16;
41-38 située dans le plan uz, fig. 13, et rabattue fig. 19.

Lorsque toutes les courbes directrices de la douelle et de l'extrados seront obtenues, et bien vérifiées, on les tracera sur les faces correspondantes du parallélipipède, et l'on taillera les surfaces cylindriques sur lesquelles on appliquera les panneaux III de douelle et d'extrados, **fig.** 14. Le panneau III de la fig. 16 donnera l'arc de tête 11-12 de la corne de vache. Les panneaux correspondants 11 et 12 de la fig. 9 détermineront les faces de joints. Enfin, le panneau horizontal 42-43-44-45-46-47 étant appliqué sur le plan horizontal P_{15} contenant la face supérieure de la partie d'assise qui forme la tête du voussoir, **fig. 16**, on tracera les deux courbes 43-44 et 45-46 de la fig. 13, et l'on taillera les deux petits cylindres verticaux correspondants, sur lesquels on appliquera les développements III, III de la fig. 15, que l'on obtiendra en opérant comme nous l'avons dit au n° 137.

On peut, sans inconvénient, remplacer par des plans les deux petites surfaces cylindriques 44-43 et 45-46 ; cela modifiera d'une manière insensible les parties d'hélices contenues dans ces faces, et la taille sera plus facile et plus exacte. Les angles 42-43-44 et 47-46-45 contribueront à retenir les voussoirs, et les empêcheront de glisser sur leurs lits.

207. Les courbes des figures **16** et **19** ne présenteront aucune difficulté à construire. En effet, il suffira de projeter sur ces deux figures les génératrices horizontales de la douelle et de l'extrados. Les points suivant lesquels ces génératrices percent le plan P_2 et les faces du parallélipipède, se déduiront de leurs projections sur la fig. 13. Ainsi le point 4 de la courbe 40-41, fig. **16**, se déduira de sa projection sur la trace du plan P_2 **fig. 15**. Le point 4 de la courbe 34-35 se déduira de sa projection sur la trace du plan zx, **fig. 15**, et le point 5 du plan vx, **fig. 13**, étant projeté d'abord sur le plan vertical UV, viendra se rabattre, **fig. 19**, sur la génératrice horizontale 5 en tournant autour de la verticale projetante du point U, **fig. 13**.

208. Il sera utile de comparer, comme nous l'avons fait au n° 204, les volumes de pierres qui seraient nécessaires pour tailler le voussoir qui précède, selon la méthode que l'on croira devoir employer. Or :

1° Si l'on déduit la pierre du parallélipipède *bbbb*, **fig. 23**, les dimensions, en prenant le millimètre pour unité, seront exprimées par les nombres 65, 73 et 77, ce qui donne pour *volume* = 365365.

2° Si l'on déduit la même pierre d'un bloc incliné *dddd*, **fig. 23**, les dimensions seront 63, 75 et 77, et le *volume* sera 363825.

3° Enfin, si l'on emploie le parallélipipède qui a pour projection *vuzx*, **fig. 13**, et pour hauteur *v'x'*, **fig. 16**, les dimensions seront 50, 83 et 65, ce qui donne pour *volume* 269750.

Les volumes de pierres seront donc entre eux comme les nombres 365365, 363825 et 269750, ou à peu près comme 36, 36 et 27, et par conséquent comme 4, 4 et 3.

La troisième méthode sera, il est vrai, beaucoup plus économique; mais elle exigera la construction de toutes les courbes projetées et rabattues sur les figures 16 et 19, et l'on devra en outre projeter le voussoir complétement sur le plan de la tête; car sans cela on ne pourrait pas déterminer les limites du plus petit parallélipipède capable de le contenir. Cette projection du voussoir se déduira de la fig. 13 en prenant la hauteur de chaque point sur la fig. 23 (67, 68).

Toutes ces opérations diminuant l'exactitude de la taille, il faut qu'elles soient compensées par une économie suffisante.

209. Pierre XII. — Si l'on veut déterminer le plus petit bloc nécessaire pour tailler un voussoir de tête, il faudra employer la méthode exposée au n° 140. Supposons, par exemple, que l'on veut tailler la pierre qui est désignée par le nombre XII sur les figures 11 et 13. On projettera complétement le voussoir sur la figure 11, et l'on tracera les deux plans parallèles P_{16} et P_{17} Ces deux plans, perpendiculaires à la projection, **fig. 11**, devront être aussi rapprochés que possible du voussoir compris entre eux.

Cela étant fait, on construira, **fig. 7**, les courbes 48-49 et 51-50, suivant lesquelles ces deux plans sont traversés par le cylindre d'intrados. On construira également sur la figure 7 les courbes 52-53 et 55-54, suivant lesquelles les mêmes plans sont traversés par le cylindre d'extrados. On rabattra, **fig. 8**, l'arc d'ellipse 50-49, suivant lequel le cylindre d'intrados est coupé par la face *rs* du parallélipipède *rtos*, **fig. 11**. Enfin, on déterminera sur cette dernière figure la courbe 48-51, provenant de la section du cylindre d'intrados par le plan vertical de tête P **fig. 13**, et les deux courbes 53-54 et 52-55, suivant lesquelles le cylindre d'extrados est coupé par le plan P_{11} qui contient le point 17, et par le plan P$_2$ qui forme la face intérieure du mur de tête.

Ainsi, le parallélipipède qui aurait pour face le rectangle *rtso*, **fig. 11**, et pour longueur la distance des deux plans parallèles P et P$_{11}$, **fig. 13**, serait traversé par le cylindre d'intrados suivant les courbes :

48-51 située dans le plan P fig. 13, et projetée fig. 11 ;
51-50 située dans le plan *so* fig. 11, et projetée fig. 7 ;
50-49 située dans le plan *sr* fig. 11, et rabattue fig. 8 ;
49-48 située dans le plan *tr* fig. 11, et projetée fig. 7.

Et les faces du même parallélipipède couperaient le cylindre d'extrados, suivant les courbes :

52-53 située dans le plan *so* fig. 11, et projetée fig. 7 ;
53-54 située dans le plan P$_{11}$ fig. 13, et projetée fig. 11 ;
54-55 située dans le plan *tr* fig. 11, et projetée fig. 7 ;

Auxquelles courbes il faut ajouter l'arc 55-52, qui appartient à la grande ellipse suivant laquelle le cylindre d'extrados est coupé, **fig. 13**, par le plan P$_2$ qui contient la face intérieure du mur de tête.

Toutes ces courbes, appliquées sur les faces correspondantes du solide enveloppe, seront les directrices des surfaces de douelle et d'extrados que l'on taillera, et sur lesquelles on appliquera les panneaux XII de la figure **14**. Les directrices du joint hélicoïdal inférieur, seront : la courbe 12-71 située dans le cylindre d'intrados, **fig. 14** ; la corde 12-59 par laquelle on a remplacé la coupe de joint situé dans le plan P$_1$ **fig. 13** (187) ; et les deux courbes 59-17 et 17-27 situées, la première sur le cylindre d'extrados, et la deuxième dans le plan P$_4$. Les directrices du joint transversal seront l'arête d'intrados 70-71, **fig. 13**, et la courbe 17-27 suivant laquelle le plan P$_4$ est rencontré par le joint 17-70-71-27. Enfin, les directrices du joint supérieur seront : 1° l'arête d'intrados 70-13, la corde 13-62 de la coupe de joint située dans le plan P$_1$ **fig. 13**, et l'arête d'extrados 62-17.

210. Le panneau 60-61-17-17 de la figure **14** étant terminé par la droite 17-17 qui appartient à la naissance de l'extrados. La directrice 59-17, **fig. 13**, devra être complétée par le plus grand côté 17-27 du panneau triangulaire 17-31-17, **fig. 12**, que l'on appliquera sur le plan P_4 dont la position sera déterminée de la manière suivante : On tracera, **fig. 11**, la droite 79-80 suivant laquelle le plan vertical P_{11} coupe le plan P_4 **fig. 13**. Cette droite, située dans le plan P_{11} pourra facilement être reportée sur la face verticale correspondante du parallélipipède, **fig. 11**, de sorte que le plan P_4 sera déterminé sur la pierre, par la droite 79-80, dont nous venons de parler, et par le point 17 de l'hélice d'extrados 59-17, **fig. 13**.

Ainsi, quand on aura taillé la douelle et l'extrados, on y appliquera les panneaux correspondants de la figure **14**, puis on tracera la droite 79-80 de la figure **11** dans le plan P_{11} **fig. 13**; on taillera le plan P_4 déterminé, comme nous venons de le dire, par la droite 79-80, **fig. 11**, et par le point 17 de l'hélice 59-17, **fig. 13**. On tracera ensuite le panneau de tête XII, **fig. 11**, sur la face $r'o'$ du parallélipipède $r'o't's'$, **fig. 7**. On tracera le panneau 58-59-60-61-62-63 de la figure **13**, sur le plan horizontal déterminé par la droite 62-58 de la figure **11**. On taillera les faces verticales déterminées par les droites 58-59, 62-63 de la figure **13**, et les deux petits cylindres projetants des courbes 59-60 et 62-61, sur lesquels on appliquera les panneaux de développement XII, **fig. 10**, que l'on construira comme au n° 137. On fera les deux plans de joints de la corne de vache et l'on appliquera sur ces plans les deux panneaux correspondants 12 et 13 de la figure **9** : puis on taillera la corne de vache et les joints hélicoïdaux, en opérant comme dans tous les exemples qui précèdent.

211. Pour construire les courbes de la figure **7**, on peut les projeter sur le plan P_{12} parallèle aux plans P_{16} et P_{17} puis, on fera tourner ce plan P_{12} autour de la droite $r'o'$ suivant laquelle il coupe le plan de la figure **11**. Cette disposition d'épure étant adoptée, on commencera par déterminer avec beaucoup d'exactitude la projection d'une génératrice.

Ainsi, par exemple, le point A de la ligne de naissance, **fig. 13**, se projettera en A^{IV} sur la figure **11** et en A^{VI} sur la figure **7**; et le point 64 de la même figure sera déterminé en traçant par sa projection, **fig. 11**, une perpendiculaire au plan P_{12} et portant sur cette perpendiculaire au-dessus de la droite $r'o'$ une ordonnée égale à la distance du point 64 de la figure **13** au plan P de la tête. On peut vérifier la direction de la génératrice A^{VI}-64 en projetant un troisième point 65.

La direction d'une seule génératrice étant déterminée et bien vérifiée, il sera facile d'obtenir toutes les autres. Pour cela, on construira, **fig. 11**, l'ellipse $A^{IV} H^{IV}$ suivant laquelle le cylindre d'intrados pénétrerait dans le plan de tête, si la corne de vache n'existait pas. On projettera les points 1, 2, 3, 4, etc., de cette ellipse sur la droite $r'o'$, qui, sur la figure **7**, représente le plan de tête; par chacun des points ainsi obtenus, on tracera une parallèle à la ligne de naissance A^{VI}-64 et l'on aura projeté les génératrices *du cylindre* d'intrados. Par chacun des points suivant lesquels ces lignes percent les deux plans P_{16} et P_{17} de la figure **11**, et perpendiculairement au plan P_{12} on tracera une droite dont l'intersection avec la génératrice correspondante donnera, sur la figure **7**, un point des courbes demandées.

On construira ensuite l'ellipse 81-82 suivant laquelle le cylindre d'extrados est coupé par le plan vertical P_2 qui forme la face intérieure du mur de tête, **fig. 13**. On vérifiera bien exactement les points 1, 2, 3, 4, etc., suivant lesquels cette ellipse est rencontrée par les génératrices du cylindre d'extrados, et l'on projettera tous ces points, **fig. 7**, sur la trace du plan P_2 dont la distance au plan P est égale à l'épaisseur du mur de tête, **fig. 13**. Puis, par chacun des points ainsi obtenus, **fig. 7**, sur la trace du plan P_2 on tracera une parallèle à la droite A^{VI}-64. On aura ainsi les génératrices de l'extrados, sur chacune desquelles on déterminera les deux points suivant lesquels elle perce les plans P_{16} et P_{17} de la figure **11**.

Chacun de ces points peut être vérifié en le projetant sur la figure **13**. Ainsi, par exemple, la perpendiculaire abaissée du point 2 suivant lequel la génératrice 2 de l'intrados, **fig. 11**, perce le plan P_{16} déterminera le point 2 de la figure **13**. On ramènera ce point sur la droite $r'l$ perpendiculaire au plan P par une parallèle à ce plan ; puis, par un arc de cercle décrit du point r' comme centre, on obtiendra le point 2 de la figure 7.

Dans la pratique, et sur les épures à l'échelle d'exécution, il sera plus exact de prendre avec le compas, ou avec un mètre bien divisé, la distance du point 2 de la figure 13 au plan P de la tête, et de porter cette distance, **fig. 7**, au-dessus de la droite $r'o'$. On n'a laissé sur l'épure qu'un petit nombre de ces vérifications, mais il sera facile de les faire toutes, ce qui sera d'autant plus utile dans le cas actuel, que les intersections des génératrices, **fig. 7**, par les perpendiculaires au plan P_{12} sont déterminées par des angles assez aigus. Le panneau, **fig. 8**, se construira facilement en faisant tourner la face rs du parallélipipède, **fig. 11**, autour de la droite s perpendiculaire au plan de cette projection.

212. La pierre que nous venons d'étudier pourrait être déduite d'un parallélipipède qui aurait pour l'une de ses faces le rectangle $yyyy$, et pour épaisseur la distance des deux plans parallèles P_{16} et P_{17}, **fig. 11**. Mais l'économie de pierre qui en résulterait serait à peu près nulle. En effet, pour le prisme $r's't'o'$, **fig. 7**, on a $t'o' = 87$, et $o'r' = 79$, ce qui donne pour surface 6873, tandis que pour le prisme $yyyy$ on aurait $58 \times 118 = 6844$. Or, les deux prismes ayant la même épaisseur seront entre eux comme leurs bases 6873 et 6844, ce qui donne pour les volumes une différence insignifiante. Mais si l'on peut trouver un bloc suffisamment épais dont les faces parallèles pourraient contenir le panneau hexagonal s'-53-q-o'-48-83-s', qui détermine la partie commune aux deux prismes $r's't'o'$ et $yyyy$, il est évident que le volume sera sensiblement diminué.

213. Claveaux courants. — Si la voûte doit être entièrement en pierre de taille, les claveaux courants XVIII, **fig. 13**, pourront être taillés en opérant comme nous l'avons dit au n° 157.

214. L'épure que nous venons d'expliquer avait principalement pour but l'étude des surfaces de joint, que l'on nomme, assez mal à propos, *théoriques*, mais que l'on devrait plutôt nommer *joints normaux*. En effet, dans la science des constructions, il y a deux sortes de théories, savoir :

1° *La théorie géométrique;*
2° *La théorie mécanique.*

Mais ces deux théories ne s'accordent pas toujours entre elles, et dans les voûtes biaises ou inclinées, il arrive souvent que les surfaces les plus convenables, pour éviter les angles aigus, ne remplissent pas d'une manière satisfaisante les conditions d'équilibre, tandis que les surfaces qui conviendraient le mieux, dans ce dernier cas, ne sont pas aussi favorables que les premières pour éviter les acuités.

Or, c'est principalement cette dernière difficulté que l'on s'est proposé de résoudre par l'étude qui précède. Ainsi, l'appareil hélicoïdal étant déterminé par les considérations que nous avons développées au numéro 12, il fallait adopter pour joints des surfaces normales hélicoïdes. Mais alors on a dû rencontrer ces deux inconvénients :

1° Que les coupes de joints par le plan de tête sont des lignes courbes;
2° Que ces coupes, ou si on le préfère, leurs tangentes, ne sont pas perpendiculaires sur l'arc de tête.

Cela est une nouvelle preuve de ce que j'ai déjà dit si souvent, que dans certaines questions composées, on ne peut faire disparaître une difficulté qu'en la remplaçant par une autre. Dans le cas actuel, par exemple, il faut nécessairement choisir entre des joints normaux à la douelle, ou normaux sur l'arc de tête. On ne pourrait satisfaire aux deux conditions à la fois, que par des crochets et des refouillements, qui, en affaiblissant la pierre, augmenteraient les difficultés de la taille et de la pose; et puisque, dans la question précédente, on voulait absolument avoir des joints normaux à la douelle, il fallait bien renoncer à obtenir des coupes de joint perpendiculaires à l'arc de tête.

215. Lorsque l'on brise la douelle pour établir une corne de vache à l'entrée du berceau, il est utile de briser également les joints de lit, et dans ce cas, on pourrait prendre pour joints les surfaces cylindriques menées perpendiculairement à la face de tête, par les courbes suivant lesquelles les joints longitudinaux sont coupés par le plan vertical qui contient l'arête commune à la douelle du berceau et à la corne de vache. Mais alors les arêtes de douelle de cette dernière surface, et les coupes de joint sur le plan de tête, seraient des lignes courbes.

C'est pour faire disparaître cette courbure, que l'on a remplacé par leurs cordes, les courbes suivant lesquelles les surfaces de joint sont coupées par le plan qui contient l'arête commune à la douelle et à la corne de vache. Cette substitution altère fort peu la surface normale hélicoïde qui forme le joint de lit, et permet d'adopter des plans pour joints de la corne de vache.

216. Quant aux angles aigus que les coupes de joint font avec l'arc de tête, ils n'offrent plus ici le moindre inconvénient. En effet, il importe fort peu, pour la solidité d'une construction, que la surface de joint d'une pierre coupe l'arête suivant des angles plus ou moins aigus, pourvu qu'elle rencontre, suivant des angles droits ou presque droits, les faces coupées de la pierre. Or, dans le cas actuel, l'angle que la corne de vache fait avec la face de tête est obtus au point U''' de l'ellipse $A'''U'''$, fig. **16**, et augmente depuis le point U''' jusqu'à la naissance, où il atteint son maximum PBF, fig. **13**. Les plans de joint de la corne de vache sont partout perpendiculaires à la face de tête, et par conséquent il ne reste plus qu'à voir si les angles, que ces mêmes plans font avec la douelle de la corne de vache, ne sont pas trop aigus pour l'application.

217. On sait que pour obtenir l'angle suivant lequel un plan coupe une surface courbe en un point déterminé de la ligne de section, il faut construire par ce point un plan tangent à la surface, et chercher l'angle que ce plan fait avec le plan coupant. Or, au point 10 de l'ellipse $A'''U'''$, qui forme l'arc de tête, fig. **16**, le plan de joint, perpendiculaire au plan de projection, sera exprimé par sa trace verticale 10-10. Le plan tangent à la corne de vache sera déterminé par l'arête de douelle 10-10, et par la tangente 10-74 au point 10 de l'ellipse A'''U'''. L'intersection des deux plans sera l'arête de douelle 10-10 ; et pour obtenir l'angle cherché, on fera les constructions suivantes, qui sont indiquées dans tous les traités de géométrie descriptive.

218. La face de tête, fig. **16**, étant considérée comme plan vertical de projection, les droites 10-10 et 10-74 seront les traces des deux plans dont il faut chercher l'angle. La droite 74-76, perpendiculaire sur la projection de l'arête 10-10, sera la trace du plan qui contient l'angle cherché. Or, si l'on fait tourner le plan de cet angle autour de sa trace verticale 74-76, le sommet ne quittera pas le plan projetant de la droite 10-10, et viendra par conséquent se rabattre sur la projection de cette droite.

Pour connaître la place que viendra occuper ce sommet rabattu, on fera l'angle droit 10-76-75, dont le côté 76-75 est égal à la largeur CU de la corne de vache, fig. **13**. Le point 75 de cette droite sera le point 10 de l'ellipse EF, rabattu sur le plan de tête, l'hypoténuse 10-75 sera l'arête 10-10 rabattue, et la droite 76-77 perpendiculaire sur l'hypoténuse 10-75 déterminera sur cette droite le sommet 77 de l'angle cherché. Ce point ramené d'abord dans le plan projetant de l'arête 10-10, et rabattu autour de la droite 74-76 donnera l'angle $\alpha = $ 74-78-76 que le plan de joint 10-10 de la corne de vache fait avec la douelle de cette partie de la voûte. Cet angle, qui, sur l'épure, est égal à 82°-48', est loin d'atteindre la limite inférieure des angles que l'on peut employer avec sécurité dans la coupe des pierres.

J'ai choisi de préférence le point 10 de l'arc de tête, parce que d'abord cette place était plus favorable qu'aucune autre pour indiquer clairement les opérations graphiques ; ensuite, parce que cette partie de la voûte était celle où les coupes de joint par la face de tête rencontrent le plus obliquement l'ellipse A'''U'''. La construction de l'angle α dispense donc de chercher les angles que les autres plans de joint font avec la douelle de la corne de vache. Il est évident d'ailleurs que si l'on voulait que ces angles fussent droits, il faudrait construire les plans de joint perpendiculaires aux tangentes à l'ellipse A'''U'''. Mais alors on retrouverait les crochets et les coupes compliqués indiqués, fig. **18**, et c'est ce que l'on doit surtout éviter, si l'on ne veut pas augmenter outre mesure le travail du tailleur de pierre et les difficultés de la pose.

219. J'ai cru devoir entrer dans beaucoup de détails pour l'explication de cette grande épure, parce qu'elle est surtout destinée aux praticiens qui ne se contentent pas toujours de généralités, suffisantes quelquefois, pour celui qui sait, mais souvent beaucoup trop incomplètes pour celui qui étudie.

J'ai tâché surtout de faire en sorte qu'un ouvrier intelligent pût, sans le secours de son professeur, tailler lui-même toutes les pierres de cette voûte. Il trouvera peut-être ce travail un peu rude; mais il ne faut pas oublier qu'il s'agit ici d'une épure dans laquelle on a voulu satisfaire à toutes les exigences de la théorie. Cet exemple sera donc une excellente préparation aux études suivantes, et celui qui aura ainsi commencé par résoudre la question avec toute l'exactitude qui résulte de sa définition géométrique, comprendra beaucoup mieux les méthodes imaginées par les praticiens pour vaincre ou pour éviter les difficultés que l'on rencontre dans les applications.

CHAPITRE II.

Taille par beuveau.

220. Quelques constructeurs éprouvent de la répugnance à tailler les extrados; ils se font une loi absolue de ne pas faire ce que l'on appelle des fausses coupes, et s'appliquent surtout à ne tailler que les faces qui doivent être conservées comme joints ou comme parements. Pour atteindre ce but, ils emploient partout la taille par beuveau qui consiste, comme l'on sait, à déterminer la position de chaque nouvelle face par l'angle qu'elle fait avec l'une des faces taillées précédemment. Cette méthode peut suffire lorsqu'il ne s'agit que d'une construction secondaire qui n'aurait à supporter que de faibles pressions; mais lorsque l'édifice doit posséder une grande force de résistance, on ne saurait mettre trop de précision dans l'assemblage des matériaux destinés à en former l'ensemble; et, dans ce cas, la taille par beuveau ne convient plus.

En effet, tailler une pierre par beuveau, c'est comme si l'on voulait tracer un polygone par ses angles, au lieu de calculer les abscisses et les ordonnées de chaque point. Si l'angle du beuveau n'a pas été parfaitement déterminé, si le tailleur de pierres ne place pas bien exactement le beuveau perpendiculairement à l'intersection des deux faces qu'il veut tailler, il en résultera des combinaisons d'erreurs qui ne peuvent pas exister lorsque l'on emploie la méthode par équarrissement, dans laquelle les premières faces taillées sont en quelque sorte des plans coordonnés auxquels il est toujours facile de rapporter avec exactitude les points les plus essentiels du voussoir; et quand même ces premières faces taillées devraient disparaître complétement, l'excédant souvent très-faible de dépense qui en résulte sera amplement compensé par l'avantage d'obtenir une construction plus solide.

221. Je conçois les abréviations qui, en simplifiant la taille, lui donnent plus d'exactitude, mais je n'admets pas celles qui ont pour but d'obtenir l'économie aux dépens de la précision.

Cette méthode de tailler par beuveau plaît surtout aux entrepreneurs, qui, pour augmenter leurs bénéfices, veulent exécuter les travaux pour lesquels ils ont soumissionné avec le moins de frais possible, et ne voient pas volontiers dresser des faces qui ne sont destinées qu'à tracer les directrices des coupes suivantes. Mais quand on admettrait qu'ils ne sont dominés par aucun intérêt personnel, ils n'ont pas toujours l'instruction ou l'intelligence nécessaires pour apprécier la différence des deux méthodes sous le rapport de l'exactitude, et les ingénieurs ne doivent pas permettre que l'on opère ainsi, lorsqu'il s'agit d'une question qui, comme celle qui nous occupe, exige une précision exceptionnelle. Une économie de quelques centaines de francs, comparée aux sommes considérables nécessaires pour la construction d'un chemin de fer ou d'un canal, ne doivent pas entrer en balance avec la sécurité qui résultera d'une exécution plus parfaite, et par suite, d'une construction plus solide.

Au surplus, en présentant ces idées comme conséquence de mes observations personnelles, je ne me donnerai pas pour juge absolu de la question, et je laisserai aux constructeurs la responsabilité des moyens qu'ils croiront devoir employer dans chaque cas; c'est pourquoi je vais exposer quelques-unes des méthodes par lesquelles on peut éviter la taille provisoire des surfaces destinées à recevoir les directrices des faces définitives.

222. La question à résoudre a donc pour but *d'exécuter les voussoirs en ne taillant, autant que possible, que les faces qui doivent être conservées.* On peut arriver à ce résultat de plusieurs manières.

223. Claveau courant. *Première méthode.* — Nous avons plusieurs fois parlé de M. Buck au sujet du foyer ou point de concours des coupes de joint sur les têtes d'un pont biais (70). Il sera donc intéressant de connaître les moyens employés par cet habile ingénieur pour tailler les voussoirs de ces sortes de voûtes. J'avais d'abord l'intention de renvoyer le lecteur à la traduction insérée par M. de Gayffier dans le Manuel des ponts et chaussées; mais j'ai bientôt reconnu qu'il me serait impossible de faire comprendre quelques observations critiques que je crois utile de développer, si le lecteur n'avait pas sous les yeux la partie du travail de M. Buck à laquelle ces observations s'adressent.

J'ai donc cru devoir emprunter à la traduction de M. de Gayffier l'article qui contient l'exposé des moyens employés pour tailler les voussoirs d'un pont biais, et pour éviter toute espèce de confusion, j'ai fait imprimer ces extraits en plus petits caractères. Nous rappellerons qu'il s'agit toujours ici, **pl. 8**, d'un berceau à section droite circulaire.

A l'occasion de la taille des voussoirs, M. Buck s'exprime ainsi :

224. « Attendu que la hauteur d'une pierre ou la largeur de son lit est toujours beaucoup plus grande que l'épaisseur de sa douelle, il est préférable de commencer par travailler le lit. Les lits des voussoirs sont des portions de la surface spirale *munv*, **fig. 15**, et par conséquent consistent en ce qu'on nomme ordinairement une *surface gauche*. Le moyen d'obtenir de tels joints est familier aux ouvriers ; on y parvient en plaçant à une distance déterminée, **fig. 7 et 18**, deux règles dont l'une a ses côtés parallèles et l'autre divergents, et en les noyant dans un trait taillé dans la pierre, **fig. 18 et 19**, jusqu'à ce que leurs côtés supérieurs se trouvent dans un même plan ; alors les côtés inférieurs se trouveront dans la surface gauche, formant le joint : cela fait, les parties excédantes de matière, sur les autres points du lit, seront coupées, **fig. 20**, jusqu'à ce qu'une ligne droite, appliquée et glissant sur les deux traits parallèlement à la douelle, coïncide partout avec la surface gauche.

» Indiquons maintenant le moyen d'obtenir les dimensions de ces règles. Les côtés de la règle divergente, *ou de la règle gauche, comme la nomment ordinairement les ouvriers*, sont divergents, **fig. 11**, reportons-nous à la figure **3**. L'angle intradossal est IEK, l'angle extradossal est IEN ; leur différence, ou KEN, est l'angle de gauche de la surface du joint, et KO, tirée perpendiculairement à EK, est la tangente de cet angle, rapportée au rayon EK pris pour unité. Ensuite, EK et EN sont respectivement les sécantes des angles IEK et IEN, rapportées au rayon EI pris pour unité. Maintenant, après avoir fixé la distance à laquelle il est convenable d'appliquer les règles, on trouvera la différence de largeur des deux extrémités de la règle gauche ainsi qu'il suit : en nous reportant encore à la figure **3**. Soit l la distance sur la douelle EK à laquelle elles doivent être appliquées l'une de l'autre, soit l'angle KEN $= \delta$; alors l tang. δ sera la quantité dont la largeur d'une extrémité de la règle gauche excède celle de l'autre, la longueur de cette règle étant égale à e ou à la hauteur du voussoir, *ni plus ni moins*.

» Ces règles sont représentées par les figures **10 et 11**. La figure **10** donne la règle à côtés parallèles, la figure **11** la règle à côtés divergents. Leurs longueurs, AB, **fig. 10**, et A'B', **fig. 11**, doivent être égales à e, la hauteur du voussoir. Les largeurs AC, BD, **fig. 9**, et A'E, **fig. 11**, doivent être égales entre elles ; c'est ordinairement trois pouces *anglais*, et l'autre extrémité de la règle divergente B'G, **fig. 11**, doit être augmentée de la quantité OG $= l$ tang. δ.

» Ces règles étant appliquées sur le lit de la pierre en mettant les extrémités d'égale largeur à la distance l mesurée sur le joint continu de l'intrados EK, **fig. 3**, la distance sur la ligne extradossale entre les deux autres bouts inégaux, coïncidant avec l'extrados, devra excéder l dans le rapport de EN à EK. L'angle définitif de l'intrados étant θ et l'angle correspondant de l'extrados φ, si nous nommons h la distance qui sépare sur l'extrados les deux bouts inégaux des règles, on a :

$$h = l \, \frac{\text{séc. } \varphi}{\text{séc. } \theta} = \frac{l \cos. \theta}{\cos. \varphi},$$

» La figure **7** fait voir les règles appliquées sur le lit de la pierre, dont RFNE est le joint à surface gauche ; AB est la règle parallèle, et A'B' la règle divergente, la distance entre les deux extrémités A et A' sur la douelle est *l*, et la distance entre les extrémités B et B' est *h*, calculée par la formule que nous venons de donner.

» Afin que les ouvriers ne puissent se tromper dans l'application des règles à la distance voulue, comme aussi pour éviter la sujétion de mesurer les intervalles extrêmes AA', BB', on les assemble quand on veut s'en servir, par deux petites tiges de fer MM, NN, fixées chacune à demeure par l'une des extrémités à chacune des règles, tandis que l'autre bout de ces tiges porte un crochet qui est reçu à l'autre extrémité de chaque règle par un œil disposé à cet effet, de sorte que ces baguettes ayant chacune la longueur voulue, les règles doivent nécessairement être espacées convenablement quand on ajuste chaque crochet dans l'œil qui doit le recevoir. La figure **7** représente ces tiges. Il est indispensable que ces dispositions soient bien comprises et exécutées avec le plus grand soin, sinon on ne parviendrait point à construire avec précision les voûtes d'une grande obliquité. Si les règles sont livrées aux ouvriers sans y avoir adapté les tiges qui fixent leur espacement, ils les appliqueront généralement parallèlement l'une à l'autre, et cela rendra évidemment le gauche du joint plus grand qu'il ne doit être ; on ne pourra plus mettre les voussoirs à leur place sans abattre les angles des lits, et alors la pression ne sera plus également répartie. »

225. Avant d'aller plus loin, je crois devoir adresser quelques reproches à la méthode précédente. Ainsi, M. Buck paraît comprendre toutes les surfaces gauches dans une même définition, et suppose par conséquent qu'elles doivent *toutes* être taillées de la même manière ; mais en rappelant qu'une surface gauche, en général, est une surface réglée *qui n'est pas développable*. Il ne s'ensuit pas que *toutes les surfaces gauches* peuvent être remplacées par des paraboloïdes hyperboliques, et si M. Buck a pu faire cette substitution sans inconvénient, cela vient de ce que, dans le cas actuel, il y a très-peu de différence entre les deux surfaces ; mais on commettrait une erreur très-grave si l'on croyait pouvoir toujours en agir ainsi.

226. Il est souvent permis, il est même quelquefois nécessaire de remplacer les surfaces de joint indiquées par la théorie, par d'autres surfaces qui en diffèrent peu et qui ne présentent pas les mêmes difficultés d'exécution ; mais alors il faut que les faces suivant lesquelles des pierres adjacentes doivent être appliquées l'une contre l'autre soient taillées avec les mêmes directrices, et c'est ce qui n'a pas lieu dans les circonstances présentes.

Pour diminuer cette irrégularité, M. de la Gournerie voudrait que M. Buck eût employé une troisième directrice commune aux deux surfaces, ce qui aurait transformé le paraboloïde en hyperboloïde à une nappe. Or cette troisième directrice a échappé à l'attention de M. de la Gournerie, mais elle existe réellement. En effet, le berceau étant circulaire, comme dans tous les exemples qui précèdent, la face de joint d'un voussoir sera un quadrilatère ayant pour côtés les normales aux extrémités de l'arête d'intrados, et les deux arcs d'hélice qui forment les arêtes de douelle et d'extrados.

Supposons actuellement, **fig. 15**, comme nous l'avons dit au n° 158, que l'on fasse tourner la voûte autour de son axe jusqu'à ce que le centre oo' du quadrilatère qui forme la face de joint soit venu se placer dans le plan vertical qui contient l'axe du berceau. Les deux projections de la face de joint seront alors $mnvu$, $m'n'v'u'$. Remplaçons les deux arcs d'hélice par leurs cordes mn, vu, la face de joint hélicoïdal sera transformée en un hyperboloïde à une nappe dont les trois directrices seront la corde mn, $m'n'$, la corde vu, $v'u'$, et l'axe horizontal cc' du berceau. Les deux surfaces se couperont suivant la génératrice commune xx', qui deviendra l'une des trois directrices de la seconde génération de l'hyperboloïde, et la faible différence qui existera dans l'étendue d'un voussoir, entre cette surface et le joint hélicoïdal indiqué par la théorie sera rendue insignifiante par l'épaisseur de la couche de mortier qui doit séparer les deux voussoirs.

227. On peut contester l'avantage qu'il y aurait à remplacer la surface réglée hélicoïde qui forme le joint continu du voussoir par un hyperboloïde à une nappe qui serait beaucoup plus difficile à tailler par suite de la difficulté que l'on éprouverait pour déterminer les points de repères sur les directrices ; mais l'axe cc' du berceau et les deux cordes mn, $m'n'$, vu, $v'u'$, étant horizontales, il s'ensuit que les trois directrices de l'hyperboloïde sont *parallèles à un même plan*, d'où il résulte (*Géom. descrip.*) que la surface réglée que l'on obtiendra sera un *paraboloïde hyperbolique*.

De plus, si au lieu de prendre pour directrice de cette surface, l'axe cc' du berceau et les deux cordes mn, $m'n'$ et vu, $v'u'$, nous faisons mouvoir la génératrice en l'appuyant sur les normales mv, $m'v'$ et nu, $n'u'$, le plan parallèle aux deux cordes mn, $m'n'$ et vu, $v'u'$ deviendra le plan directeur de cette seconde génération, et les génératrices parallèles à ce plan, partageront les directrices mn, $m'n'$ et vu, $v'u'$ en parties *égales ou proportionnelles*, ce qui permettra d'établir facilement sur ces droites les points nécessaires pour déterminer, au moment de la taille, les diverses positions de la règle génératrice.

228. En admettant, avec M. Buck, qu'il soit permis en pratique de remplacer le joint réglé hélicoïdal du voussoir par un paraboloïde hyperbolique, il nous restera encore à discuter les moyens par lesquels cet ingénieur parvient à tailler cette dernière surface.

229. Après avoir adopté pour directrices les côtés non parallèles de ses deux règles, il fait mouvoir la génératrice *parallèlement à la douelle*. Or cela est tout à fait impossible, car la douelle du berceau étant une surface cylindrique, une règle ne peut se mouvoir parallèlement à cette surface qu'en restant constamment parallèle à son axe ou à sa génératrice, et dans ce cas, la surface engendrée serait elle-même cylindrique et ne pourrait jamais avoir pour directrices les côtés non situés dans un même plan des deux règles divergentes.

M. Buck a probablement voulu dire que la règle génératrice resterait parallèle à la face plane non encore entamée qui doit correspondre à la douelle du voussoir, ce qui serait encore une erreur, puisque le plan directeur du paraboloïde doit être parallèle aux cordes des deux hélices de douelle et d'extrados du joint que l'on veut tailler, propriété qui n'appartient pas à la face LFMN du parallélipipède capable, **fig. 9.**

230. M. Buck ne veut pas que les règles excèdent la hauteur en joint du voussoir ; mais je crois qu'elles seraient plus commodes à manier si elles étaient un peu plus longues, **fig. 18**, et dans ce cas il suffirait d'indiquer bien exactement sur les faces de chaque règle, **fig. 1** et **5**, la partie qui doit être noyée dans la pierre.

231. Si l'on remplace le joint réglé hélicoïdal par un paraboloïde hyperbolique, il faudrait au moins que les directrices de cette dernière surface fussent des normales à l'intrados du berceau. Or c'est ce qui n'a pas lieu dans la solution adoptée par M. Buck, car la formule l tang. δ, par laquelle il exprime la divergence de la règle gauche, est fondée sur l'hypothèse que cette règle est située dans le plan KO perpendiculaire à l'hélice intradossale EK, **fig. 3**, tandis que la formule $h = \dfrac{l \cos. \theta}{\cos. \varphi}$, qu'il emploie pour calculer l'écartement, exprime la longueur de l'hélice extradossale EN, et suppose par conséquent que la règle divergente est située dans le plan de section droite KN.

Il résulte de là que si l'on suppose la règle *gauche* dans le plan de la section droite KN, la divergence ne sera pas assez grande ; et si, comme le fait M. Buck, on place cette règle dans le plan KO, perpendiculaire à l'hélice d'intrados, elle ne sera pas normale à la douelle.

232. Pour fixer la position relative de ses deux règles, M. Buck les attache l'une à l'autre par les deux tringles parallèles MM, NN, **fig. 7**. Mais on sait qu'un quadrilatère ne peut pas être déterminé uniquement par ses côtés, et que pour rendre sa forme invariable, il faut ajouter une diagonale ou une croix de Saint-André qui le décompose en triangles. Ainsi, les deux tringles de M. Buck ne peuvent pas remplir le but qu'il s'était proposé ; car il est évident qu'au lieu de placer les deux règles sur la pierre, de manière à former le quadrilatère MMNN, **fig. 6**, rien ne s'oppose à ce qu'elles soient placées de manière à former le quadrilatère MMN'N', comme si elles avaient tourné autour des points M et M ; et si cela n'est jamais arrivé dans les travaux exécutés par M. Buck, il faut en attribuer le mérite au coup d'œil et à l'intelligence de ses ouvriers beaucoup plus qu'à la présence de ses tringles, qui, avec les règles, ne sont autre chose qu'un *quadrilatère articulé*.

La surface du joint étant taillée par la méthode exposée au n° 224, voyons quels sont les moyens employés par M. Buck pour creuser la douelle.

233. « Pour y parvenir on doit construire un *gabarit*, ainsi qu'il suit. Prenez deux panneaux ABD, comme le montre la figure **4**, dans laquelle AC est le rayon du cylindre, DB son épaisseur ou la hauteur des voussoirs. La planche formant la base AB des panneaux sera taillée suivant la courbure de la voûte, elle aura une longueur suffisante, et les deux arêtes de cette planche iront se couper au centre du cylindre. Ces dispositions provisoires terminées, les deux panneaux d'abord appliqués exactement l'un contre l'autre, seront séparés, et l'on s'en servira pour construire un gabarit de la forme indiquée en perspective par la figure **13**, dans lequel l'angle ACB devra être égal à l'angle IKE, **fig. 3**, qui est le complément de l'angle hélicoïdal de l'intrados. Les deux arêtes des faces BD et CE, **fig. 13**, du gabarit ainsi construit devront coïncider exactement avec la surface spirale de la pierre, lit que nous supposons avoir été préalablement taillé à l'aide des deux règles parallèle et divergente. Plaçons maintenant la pierre, **fig. 2** et **9**, de manière que la douelle se trouve par dessus, renversons le gabarit et appliquons les tringles ou échasses BD et CE sur la surface déjà taillée du joint ; faisons en même temps coïncider la lame flexible BC, **fig. 2** et **9**, avec l'arête de la douelle FN, **fig. 2** ; enfin traçons sur la pierre une ligne suivant le côté AC, **fig. 2**, elle se trouvera nécessairement à angle droit sur l'axe du cylindre ; traçons de même une autre ligne suivant le côté AB, elle sera parallèle à l'axe du cylindre ; enlevons le gabarit et pratiquons au moyen du ciseau une rainure sur la douelle suivant la ligne CA en l'approfondissant de manière à ce que le fond ait précisément la courbure de la pièce AC du gabarit ; ajustez de même sur la ligne AB qui est parfaitement droite, le côté AB, de manière que lorsque les rainures ont atteint une profondeur convenable, le gabarit étant appliqué dessus, en ayant soin de faire coïncider les faces BD et CE sur le joint préalablement taillé, et la lame diagonale sur l'arête de la douelle FN, les côtés AC et AB devront être exactement et semblablement en contact sur tous les points. Les pièces segmentales, chacune à peu près de la longueur de CA et ayant une courbure égale à celle du cercle du cylindre, comme les montre la figure **12**, peuvent immédiatement s'appliquer, l'une sur le trait AC et l'autre sur une ligne GH, **fig. 9**, placée à une certaine distance parallèlement à AC. Ces pièces segmentales doivent avoir exactement les mêmes dimensions, et l'on trace sur leurs faces un trait marquant leur milieu, comme l'indique la figure **12**, en U. Ainsi préparées, on peut les appliquer, l'une dans la rainure AC, en faisant coïncider le point U avec la ligne IK parallèle à AB, l'autre sur la ligne GH, parallèle à CA en faisant tomber aussi le point

U sur la ligne IK ; plus on pourra les éloigner, en satisfaisant aux conditions imposées, mieux ce sera. Le second segment devra alors être ajusté dans une rainure au ciseau, jusqu'à ce que le côté supérieur (celui en ligne droite) se trouve dans le même plan que le côté supérieur de l'autre segment placé dans la rainure AC. Ces préparatifs terminés, on enlèvera les parties excédantes de la pierre sur la douelle jusqu'à ce qu'une règle bien droite puisse s'appliquer dans toute sa longueur sur la douelle en s'appuyant sur les traits de ciseau parallèlement à AB ; quand on aura obtenu ce résultat, la douelle sera terminée. L'autre arête LM de la douelle devra être alors tracée et taillée parallèlement à FN, on retournera le gabarit, **fig. 14**, en appliquant les segments sur la douelle et l'on taillera l'autre joint de manière que les arêtes BD et CE puissent s'appliquer en même temps. On remarquera qu'ici nous procédons par une méthode inverse : au lieu d'obtenir la douelle en se dirigeant sur le joint, nous obtenons le joint en nous dirigeant sur la douelle, en faisant coïncider exactement le segment CA et le côté AB avec la douelle, et la diagonale flexible avec l'arête LM. Traçons maintenant des rainures au ciseau sur le second joint de la pierre jusqu'à ce que les côtés BD et CE du gabarit s'y appliquent exactement en même temps que les autres posent sur la douelle. Ces rainures détermineront la surface gauche de ce joint, de même que les rainures obtenues par les règles divergente et parallèle ont déterminé celle du premier joint, on en fera donc un usage absolument semblable pour la taille dudit joint.

» Les extrémités de tous les voussoirs, excepté ceux qui forment le parement de tête de la voûte, ont les arêtes FL et NM de la douelle, **fig. 14**, carrément sur les arêtes correspondantes des joints continus et les bouts de la pierre, ordinairement appelés joints de tête, sont taillés suivant la direction des pièces BD et CE du gabarit, **fig. 13**. Les arêtes normales à la douelle, de ces deux joints, ayant été ainsi déterminées au moyen du gabarit, on taillera ces joints en appliquant une règle droite RS de l'une à l'autre et la tenant parallèle à FL ou NM, ces joints auront ainsi une surface gauche telle que tous les voussoirs s'appliqueront exactement l'un contre l'autre quand on construira la voûte. »

234. Pour ne pas être accusé d'altérer l'ouvrage que nous discutons, j'ai dû copier dans le manuel les figures **2, 3, 4, 7, 10, 11, 12** et **13**, après m'être assuré toutefois qu'elles étaient rigoureusement conformes à celles de l'ouvrage anglais. Mais il est évident que plusieurs de ces figures ne sont pas exactes. Ainsi, par exemple, la figure **7**, copiée fidèlement sur la fig. **11** du manuel, ne peut être la projection de la pierre, car si l'on se rappelle que M. Buck donne à ses règles une longueur égale à la hauteur en joint du voussoir, *ni plus ni moins*, il est évident que la pierre dont les limites sont indiquées par une teinte FREN, n'aurait pas l'étendue nécessaire pour contenir l'intrados et l'extrados du voussoir.

Je ferai le même reproche à la figure **2**, qui, dans le manuel, se réduit à l'espace indiqué ici par des hachures, c'est pourquoi j'ai tâché de compléter par des perspectives, **fig. 9, 14, 18, 19** et **20**, ce qui ne m'a pas paru suffisamment expliqué par les figures qui accompagnent l'ouvrage de M. Buck.

235. Quant au gabarit employé par cet ingénieur, **fig. 15**, ce n'est évidemment autre chose qu'un double beuveau, qui serait plus exact qu'un beuveau simple, s'il ne présentait pas autant de difficultés d'exécution. Car, il ne suffit pas que les deux beuveaux DBH, ACE soient conformes au modèle ABD de la figure **4**, il faut encore :

1° Que les longueurs des traverses AB, CH soient calculées avec assez d'exactitude pour que l'angle ABC soit bien rigoureusement égal à l'angle intradossal, ce qui n'est pas facile à obtenir, par suite de la courbure de l'arête BUC.

2° Il faut que les branches droites BD et CE du gabarit soient coupées en biseau, de manière que les faces *mn*, *vu*, **fig. 16** et **17**, coïncident avec la surface gauche du joint taillée précédemment.

3° En théorie, l'arête BUC de la courbe diagonale, **fig. 15**, devrait être un arc d'hélice, mais on peut le remplacer par l'ellipse, qui contient les trois points B, C, U de la douelle.

236. En effet, si l'on jette un coup d'œil sur la figure **8**, on reconnaîtra facilement que vers le point d'inflexion U, suivant lequel le point le plus élevé d'une hélice se projette sur le plan horizontal, la courbure de la projection est absolument insensible; que, par conséquent, dans les limites d'un voussoir, la courbe peut être considérée comme plane et remplacée sans aucun inconvénient par la section *elliptique*, suivant laquelle le cylindre d'intrados serait coupé par le plan vertical P, qui est tangent au point U du joint hélicoïdal.

Pour tailler l'arête BUC du gabarit, **fig. 15**, on rabattra le plan P, **fig. 8**, et l'on obtiendra cette courbe B″U″C″ en vraie grandeur, en prenant sur la projection verticale la hauteur de chaque point au-dessus d'une horizontale quelconque A'Z' et portant ces hauteurs au-dessus de A"Z" sur les perpendiculaires menées par les points correspondants de la projection horizontale, de sorte, par exemple, que $m''m$ soit égale à $m'm'$, et ainsi de suite.

La courbe BUC du gabarit devra être faite en bois mince ou en tôle assez flexible pour qu'elle puisse se transformer en hélice par l'effet du gauchissement qui résulte de ce que les deux branches BD, CE du gabarit ne sont pas dans un même plan.

237. Malgré toutes les précautions précédentes, l'exactitude théorique que l'on aura cherché à obtenir sera détruite en partie par l'application des branches du gabarit sur une surface qui n'est taillée qu'approximativement. Mais ce qui doit faire surtout rejeter la méthode de M. Buck, ce qui est contraire à tous les principes de la coupe des pierres, c'est la singulière idée qu'a eue cet ingénieur de tailler le second joint en se réglant sur une douelle déjà inexacte, puisqu'elle dépend du premier joint, qui n'est lui-même qu'une approximation.

En effet, le gabarit étant formé par deux beuveaux construits sur la section droite ABD, **fig. 4**, les deux branches BD et CE de la figure **15** sont *théoriquement normales*, tandis que les deux règles directrices du paraboloïde hyperbolique qui remplace le premier joint ne satisferont qu'approximativement à cette condition (231); de sorte qu'en appliquant les deux longues branches *théoriques* du gabarit sur la surface *approchée* du premier joint, il en résulte évidemment une erreur dans la position de la douelle. Or cette erreur de position de la douelle doit altérer d'une manière sensible la direction du second joint.

Il est donc évident que M. Buck, en agissant ainsi, perd complétement l'avantage qu'il avait espéré obtenir en commençant par tailler un joint, par la raison que cette surface est plus grande que la douelle. Ainsi, après avoir admis que la plus petite face doit être déduite de la grande, M. Buck se met de suite en contradiction avec lui-même, en taillant le second joint d'après l'angle qu'il fait avec la douelle.

D'ailleurs, en faisant abstraction de l'erreur qui affecte la position de la douelle, il est évident que les directrices du premier joint ne seraient normales qu'*approximativement* (231), tandis que les directrices du second, dépendant du beuveau ABD, **fig.** 4, seraient normales *rigoureusement*, et les deux surfaces n'étant pas identiques, ne coïncideraient pas d'une manière satisfaisante au moment de la pose.

238. M. Buck n'indique aucun moyen pour déterminer *à priori* les dimensions du parallélipipède capable ; de sorte que, dans la crainte de prendre une pierre trop petite on la prendra trop grande, et dans ce cas, on aura perdu par le déchet ce que l'on aura gagné en ne taillant pas l'extrados.

239. Il résulte de la discussion précédente que les méthodes employées par M. Buck ne sont que des approximations. Ainsi, l'écartement des deux règles, variable malgré les tringles transversales, n'est qu'une *approximation* dont la limite reste à la disposition des ouvriers. Le joint hélicoïdal remplacé par un paraboloïde hyperbolique dont les directrices ne sont pas même normales à la voûte ; l'arête hélicoïde de douelle remplacée par un arc d'*ellipse* BUC, **fig.** 13, ne sont que des *approximations*.

240. Je suis très-partisan des approximations qui simplifient le travail et permettent par conséquent de lui donner plus de perfection et de solidité ; mais il ne faut pas donner comme rigoureuses des formules qui ne reposent que sur des *données approximatives*. Je ne crois donc pas devoir reproduire ici tous les calculs donnés par M. Buck, on les trouvera dans le *Manuel des ponts et chaussées*; mais je les crois fort peu utiles dans le cas actuel.

L'exactitude que l'on penserait obtenir en exprimant des angles à moins d'une seconde, et des ordonnées avec trois ou quatre décimales, disparaît complétement *lorsque l'on emploie la taille par beuveau*. Il ne suffit pas de mettre de l'exactitude sur le papier, il faut encore en mettre sur la pierre, et l'on n'y parviendra qu'en traçant avec la plus grande précision les directrices et les points de repères destinés à diriger le mouvement de la règle génératrice des surfaces que l'on veut tailler.

241. *Deuxième méthode.* Le plus grand défaut de la méthode employée par M. Buck consiste évidemment à faire dépendre la position du second joint de celle de la douelle, qui elle-même n'est pas exacte, puisqu'elle est déterminée par le premier joint qui n'est qu'une approximation. Or, si l'on veut absolument employer la méthode par beuveau, il faudrait au moins éviter la combinaison des erreurs, et dans ce cas je crois qu'il vaudrait mieux commencer par tailler la douelle en opérant de la manière suivante.

242. Supposons que l'on veut obtenir l'un des claveaux courants du pont que nous avons étudié sur la planche **7**, on disposera l'épure comme nous l'avons fait sur la planche **6**, c'est-à-dire qu'après avoir choisi le claveau qui occupe le centre de la voûte, on construira, **pl. 9**, la section droite, **fig. 4**, le développement, **fig. 5**, et la projection horizontale du voussoir, **fig. 6**. Puis en opérant, comme nous l'avons dit au n° 236, on rabattra les deux arcs d'ellipse sx, sz, suivant lesquels les faces du parallélipipède sont traversées par le cylindre d'intrados. Enfin on taillera bien exactement en zinc ou en tôle les deux segments sAx, sAz, **fig. 7** et **8**.

243. Cela étant fait, on choisira un bloc grossièrement équarri, comme ils le sont ordinairement en arrivant sur le chantier, puis on placera en dessus la face correspondante à la douelle. Quand cette face sera dressée, comme on le voit sur la figure **1**^{re}, on tracera le rectangle ABAB, circonscrit à la projection horizontale du voussoir, **fig. 6**. On taillera perpendiculairement à la face supérieure, et, suivant les côtés du rectangle ABAB, quatre plumées suffisantes seulement, pour que l'on puisse y appliquer les segments sAx, sAz des figures **7** et **8**. Ces deux segments suffiront en les retournant pour tracer les quatre arcs d'ellipse sx et sz, **fig. 1** et **2**, et les points de repère conservés sur les contours de ces courbes serviront à déterminer les positions successives de la règle génératrice du cylindre d'intrados.

244. Lorsque cette surface sera taillée, on y appliquera le panneau de douelle, $m''n''m''n''$ de la figure 5, et l'on tracera, **fig. 2**, les quatre arcs d'hélice qui forment le contour de la douelle *mnmn*. Puis on construira, **fig. 16**, le beuveau dont une branche A'B', **fig. 4**, coïncide avec le prolongement d'un rayon de la voûte, tandis que la seconde branche B'C' est taillée suivant la courbure de l'intrados.

Ce beuveau s'appliquera, **fig. 24**, de manière que le côté courbe BC coïncide toujours avec l'une des sections droites que l'on aura dû tracer sur la douelle taillée précédemment, tandis qu'une troisième branche DH, solidement fixée, de manière à former un angle droit avec BC, devra toujours coïncider avec l'une des génératrices du cylindre. Par ce moyen, la branche BA du beuveau sera constamment perpendiculaire à la face de douelle, et engendrera la surface hélicoïde du joint continu. Le beuveau ABC, **fig. 16** et **24**, est déterminé par sa projection A'B'C', **fig. 4**.

245. Au lieu du beuveau ABC de la figure **16**, on pourrait employer le beuveau DOH de la figure **23**; mais alors il faudrait placer bien exactement ce beuveau, **fig. 13**, dans le plan perpendiculaire à l'hélice MN qui forme l'arête de joint; et, pour obtenir ce résultat, il serait nécessaire que la branche courbe OH du beuveau fût cintrée suivant la courbure de la section par le plan P qui contient cette branche, **fig. 6**; puis on ajusterait au beuveau, **fig. 13** et **23**, une branche supplémentaire VU, faisant, avec la branche courbe, un angle VSH égal à l'angle VSH de la figure **6**. En faisant coïncider cette branche supplémentaire VU avec l'une des génératrices du cylindre, le côté courbe de la branche OH serait situé dans le plan perpendiculaire à l'arête MN de la douelle, **fig. 13**, et la branche DO du beuveau engendrerait la surface gauche du joint.

246. Pour cintrer la branche courbe OH du beuveau, **fig. 13** et **23**, on se rappellera qu'au point O de la figure **6**, l'hélice d'intrados *mn* et sa tangente seront horizontales; la droite OH perpendiculaire sur *mn* sera la trace du plan qui contient le beuveau demandé ; de sorte, qu'en faisant tourner ce plan autour de la verticale projetante du point O, on obtiendra, **fig. 4**, le beuveau D'O'H', dont la branche courbe O'H' appartient à l'ellipse suivant laquelle le cylindre, qui forme la douelle du berceau, est coupé par le plan vertical DOH, **fig. 6**.

La méthode que nous venons d'exposer possède évidemment l'avantage qui manque à celles de M. Buck, de conserver intactes les propriétés géométriques des surfaces de joint déterminées par la théorie, et d'éviter l'emploi de son gabarit aussi difficile à construire qu'embarrassant à manier. Mais dans les deux méthodes l'exactitude du résultat depend beaucoup trop du soin et de l'adresse du tailleur de pierre, et l'on conçoit que si une pierre taillée par un ouvrier très-habile doit être placée sur une autre pierre taillée par un ouvrier qui le soit moins, la coïncidence des deux faces de joint pourra être fort défectueuse.

247. *Troisième méthode.* Après la répugnance que j'ai témoignée pour la taille par beuveau, lorsqu'il s'agit d'une construction qui exige une très-grande exactitude, on demandera peut-être par quels moyens j'éviterai les reproches que j'adresse à cette méthode. Ma réponse sera bien simple, c'est que dans aucune circonstance je n'emploierai le beuveau pour exécuter les joints d'un pont biais, et si je voulais absolument éviter la taille de l'extrados, je crois qu'il serait possible d'obtenir quelque précision en opérant de la manière suivante.

J'accepterais volontiers avec M. Buck la substitution du paraboloïde au joint réglé hélicoïdal, *quoique la première de ces deux surfaces ne soit pas plus facile à tailler que la seconde.* Mais je voudrais, au moins, que les directrices de ce paraboloïde fussent des normales à la voûte, et, par conséquent, situées dans le plan de section droite, au lieu d'être placées comme celles de M. Buck dans des plans perpendiculaires à l'hélice intradossale. Pour obtenir ce résultat, on pourra opérer de la manière suivante :

On construira, **fig. 20**, la projection horizontale du voussoir qui occupe le centre de la voûte, puis on déterminera le parallélipipède enveloppe ABAB. On tracera les droites vv', nn', mm' et uu' perpendiculaires à la face AB qui correspond à l'un des deux joints du voussoir, et les deux trapèzes $vv'nn'$ et $mm'uu'$ remplaceront évidemment avec avantage les deux règles de M. Buck ; puisque les côtés vn et mu de ces trapèzes sont des *normales génératrices du joint hélicoïdal;* on peut rabattre ces trapèzes, comme on le voit, **fig. 18** et **21**, en faisant tourner l'un d'eux autour du côté nv, et le second autour de mu.

Lorsque l'on aura obtenu ces trapèzes dans leur véritable grandeur, on fera tailler les deux règles R et S en traçant sur leurs faces les parties qui doivent être noyées dans la pierre, comme on le voit, **fig. 26**.

Pour déterminer bien exactement sur la pierre la trace des plans suivant lesquels il faut enfoncer les deux règles, on rabattra la face AB sur laquelle on tracera le quadrilatère $m''n''v''u''$. Les sommets de ce quadrilatère sont les pieds des perpendiculaires abaissées sur le plan vertical AB, par les points m, n, v, u du voussoir. On obtiendra ces sommets sur la figure **17**, en portant, à partir de la droite AB, les distances des points correspondants à la droite B'B' de la figure **4**, de manière, par exemple, que $u'u''$ de la figure **17** soit égale à $u'u''$ de la figure **4**, que $n'n''$, de la figure **17** soit égale à $n'n''$ de la figure **4**, et ainsi de suite.

Les points 1, 2, 3 qui partagent en parties égales les côtés $m''u''$ et $n''v''$ du quadrilatère $m''n''v''u''$, **fig. 17**, détermineront les positions successives de la règle génératrice du paraboloïde hyperbolique par lequel on a remplacé le joint normal hélicoïde du voussoir ; et l'on comprend pourquoi un hyperboloïde à une nappe serait beaucoup moins simple, par la difficulté qu'il y aurait à établir sur les directrices les points nécessaires pour déterminer les positions successives de la génératrice.

Pour tracer la pierre, on choisira, **fig. 25**, un bloc dont la face supérieure doit être au moins égale au rectangle ABCD de la figure **17**, et tel que l'épaisseur DU, **fig. 25**, soit égale à AB de la figure **20**. On dressera, **fig. 25**, le plan ABCD sur lequel on tracera le quadrilatère $m''n''v''u''$ que l'on aura soin de placer comme on le voit, **fig. 17**, et l'on fera pénétrer les deux règles des figures **18** et **21**, comme on le voit, **fig. 26**. On dégagera ensuite la pierre en faisant glisser la règle génératrice sur les côtés $m'''u'''$ et $n'''v'''$ des deux directrices, **fig. 18** et **21**.

Au lieu de dresser entièrement la face rectangulaire ABCD du parallélipipède enveloppe, **fig. 17** et **25**, on peut se contenter de tailler seulement les espaces nécessaires pour y appliquer les deux panneaux K et H, de manière à tracer les deux droites $m''u''$ et $n''v''$ suivant lesquelles on doit placer les règles directrices comme on le voit, **fig. 26**.

On devra bien se garder de faire ici la faute que j'ai reprochée à la méthode de M. Buck (n° 237). Ainsi, quand on aura taillé le premier joint, on renversera la pierre, et l'on taillera le second joint avec les mêmes règles R, S, et le panneau quadrangulaire $m''n''v''u''$ que l'on retournera en opérant du reste exactement comme pour le premier joint. Il est bien entendu que l'on aura dressé le plan BA parallèlement au plan AB, de manière que la distance DU de la figure **25** soit égale à l'arête correspondante du parallélipipède capable, **fig. 20**.

Quand les deux joints longitudinaux seront taillés, on fera les joints de tête en opérant de la même manière, et faisant glisser la règle sur les mêmes directrices mu, nv, comme on le voit, **fig. 9**.

248. Si l'on veut que les joints transversaux soient des plans, on se contentera de faire à l'extrados, **fig. 10**, une plumée sur laquelle on tracera la droite vu dont on déterminera le milieu x; et les trois points m, n, x suffiront pour tailler la face plane $amnc$ destinée à former le joint transversal; mais, dans ce cas, il ne faut pas attendre que le joint gauche $mnvu$ soit taillé, parce que ce serait un travail inutile, et que d'ailleurs il ne resterait plus assez de pierre du côté de l'arête nv.

249. Pour tracer la douelle, on se rappellera ce que nous avons dit au n° 236; ainsi, considérons comme droites les projections horizontales mn des arcs d'*hélice* qui forment les quatre arêtes de la douelle $mnmn$ du voussoir projeté, **fig. 20**, on pourra remplacer ces courbes par les arcs d'*ellipse* suivant lesquels le cylindre d'intrados est coupé par les plans projetants verticaux des côtés du quadrilatère $mnmn$. Deux de ces ellipses ont été rabattues, **fig. 19** et **22**, en opérant comme nous l'avons dit au n° 236.

Cela étant fait, on découpera en bois mince ou en zinc les deux segments $m^{\text{iv}}n^{\text{iv}}n^{\text{v}}$ que l'on appliquera sur la pierre, comme on le voit, **fig. 9**. Par suite de la flexibilité de ces deux patrons, les courbes elliptiques $m^{\text{iv}}n^{\text{iv}}$ des figures **19** et **22** se transformeront en hélices mn lorsqu'elles seront appliquées, **fig. 9**, sur les joints gauches taillés précédemment.

Les deux segments 19 et 22 suffiront en les retournant pour tracer les quatre arêtes de la douelle que l'on taillera comme à l'ordinaire, en faisant passer la règle par les points de repères déterminés sur les courbes mn des figures **9** et **10**. Si les joints transversaux sont des plans, les courbes que l'on y tracera avec le panneau de la figure **19** conserveront leur caractère elliptique, et cela ne changera rien à la manière d'opérer.

250. Si l'on préfère commencer par tailler la douelle, on fera les deux segments en bois dur ou en tôle forte, comme on le voit, **fig. 28** et **29**, puis on les enfoncera perpendiculairement à la face de la pierre dans des rainures creusées au ciseau suivant les côtés du quadrilatère $mnmn$ que l'on aura dû tracer d'abord sur la face ABAB du parallélipipède enveloppe, **fig. 25**.

La courbe, **fig. 28**, servira, en la retournant, pour établir les deux arêtes des joints continus, et la courbe, **fig. 29**, déterminera les arêtes des joints transversaux. Les quatre *hélices* qui forment les arêtes de la douelle seront alors remplacées par des arcs d'*ellipses* qui en différeront très-peu (236), et lorsque la douelle sera taillée, on fera les joints en opérant comme ci-dessus (247).

251. La méthode précédente n'est qu'une approximation analogue à celle de M. Buck; mais au moins les erreurs *volontaires* que l'on commet en remplaçant les joints normaux hélicoïdes par des paraboloïdes, et les arêtes de douelle par des arcs d'ellipse, seront indépendantes de l'imperfection des beuveaux et de la négligence ou de la maladresse des ouvriers.

J'ai cru devoir exposer avec détails toutes ces manières diverses d'exécuter les pierres d'un pont biais, mais en les comparant, le lecteur pourra facilement reconnaître que cela est tout aussi long et beaucoup moins exact que la méthode par équarrissement indiquée au n° 157.

252. Taille des voussoirs de tête. — Jusqu'ici nous avons raisonné d'après cette hypothèse qu'il s'agissait d'un pont construit tout entier en pierre de taille, mais cela n'arrive presque jamais ainsi. Le plus ordinairement, au contraire, les ponts que l'on construit pour l'usage des chemins de fer sont en moellons, en briques ou en meulières, et, dans ce cas, la taille des pierres n'a plus à beaucoup près la même importance.

253. La chaîne de pierres qui forme l'arête de chacune des têtes est une garantie contre la dégradation de cette arête, mais elle contribue fort peu à la solidité de l'ensemble, et souvent les voussoirs ont besoin d'être rattachés à la masse et retenus par elle, plutôt qu'ils ne servent à la soutenir. On peut donc, lorsque la tête seule est en pierre de taille, négliger quelques-unes des considérations théoriques qui nous ont préoccupé lorsque nous avons étudié le pont qui fait le sujet de la planche **7**.

Ainsi, lorsque l'obliquité n'est pas trop considérable, on ne fait pas de cornes de vache, et l'on accepte les angles aigus que les joints longitudinaux font avec le parement de la face de tête. Dans ce cas, la taille de cette face se réduit à une grande simplicité, en effet.

254. Supposons, **fig. 11**, que la tête du pont soit composée de neuf voussoirs, on taillera neuf claveaux courants, en opérant par l'une quelconque des méthodes indiquées aux numéros 157, 224, 241 ou 247. Puis, il ne restera plus qu'à retrancher à l'un des bouts de chaque voussoir, ce qui est nécessaire pour former la face de tête. Soit, par exemple, **fig. 27**, le voussoir que l'on veut couper, on tracera l'arête 3-4 de la tête, au moyen d'un panneau flexible M, que l'on obtiendra, **fig. 15**, en construisant le développement de la douelle comme dans tous les exemples qui précèdent ; puis, avec un beuveau r-3-x, **fig. 27**, on tracera la coupe de joint 3-x.

La face de tête qui doit être plane, serait alors déterminée géométriquement, puisque l'on connaît trois de ses points 3, 4 et x, mais on obtiendra plus d'exactitude et l'on vérifiera l'opération précédente, en appliquant sur le second joint le beuveau 4-s, dont une branche coïncide avec l'arête de la pierre, **fig. 27**. En faisant mouvoir une règle sur l'arc de douelle 4-3 et sur les deux coupes de joint, il sera facile de tailler le parement de tête. Ce qui précède étant bien compris, il ne nous reste plus qu'à expliquer comment on peut obtenir les beuveaux nécessaires pour tracer les coupes de joint.

255. Angles des hélices d'intrados avec les coupes des joints par le plan de tête.

Première méthode, **fig. 11**. — On sait que l'angle, compris entre deux courbes, est égal à l'angle formé par leurs tangentes, et si l'une des lignes données est droite, la question revient à chercher l'angle qu'elle fait avec la tangente de la ligne courbe. Or, dans le cas actuel, les lignes données sont l'hélice intradossale et la coupe de joint située dans le plan de tête. La tangente T' par laquelle nous remplacerons cette courbe de joint passera par le foyer O', et sera projetée sur le plan horizontal par la droite T qui est la trace horizontale du plan de tête. La tangente à l'hélice intradossale sera projetée sur le plan vertical par X' tangente au cercle de section droite, et, sur le plan horizontal, par une droite X qu'il n'est pas nécessaire de construire.

Les droites TT' et XX' sont tangentes toutes les deux au point VV' du joint hélicoïdal, puisque l'une d'elles est tangente à la coupe de joint par le plan de tête, et que la seconde XX' est tangente à l'hélice qui forme l'arête d'intrados. Enfin, le plan tangent déterminé par les deux tangentes TT' et XX' contient en outre la droite GG', génératrice du joint hélicoïdal, et qui, par conséquent, peut être considérée comme une troisième tangente au point VV' de cette surface.

Or, si nous supposons que le point de tangence VV' tourne autour de l'axe du berceau jusqu'à ce qu'il soit venu se placer dans le plan vertical projetant de cet axe, les trois tangentes XX', TT', GG' tourneront en même temps. La tangente XX' deviendra horizontale; elle sera projetée sur le plan vertical par la droite X''', sur le plan horizontal par X'', faisant avec l'axe AC du cylindre un angle X''V''C égal à l'angle intradossal, et sera, par conséquent, parallèle aux droites suivant lesquelles se transforment les hélices développées de l'intrados.

Le foyer O' décrira un arc de cercle O'O''' égal à l'arc U'U''' parcouru par le point U' de la droite G'. La projection horizontale de l'arc O'O''' sera OO'', et la tangente TT' deviendra T''T''', puisque le point O est venu se projeter en O'' et le point V en V''. La droite GG', située dans le plan des deux tangentes TT' et XX', prendra la position verticale G✱, et sa projection horizontale sera, par conséquent, réduite à un point G'' qui coïncidera avec V''.

Par suite de ce mouvement, le plan des trois tangentes TT', XX' et GG', sera devenu vertical, puisqu'il contient la verticale G''G''', et l'on obtiendra l'angle des deux lignes X''X''' et T''T''' en faisant tourner cet angle autour de la droite verticale G''G''' jusqu'à ce qu'il soit parallèle au plan vertical de projection. Par ce dernier mouvement, le point O''O''' décrit l'arc horizontal O''O^{iv} qui se projette sur le plan vertical par l'horizontale O'''O^{v}, et la tangente T''' vient se rabattre en T^{iv}; la tangente X''X''', tournant autour de la verticale G''G''', reste horizontale, sa nouvelle projection verticale X^{iv} se confond avec X''', et l'on obtient alors l'angle demandé X'''V'''T^{iv}.

256. On peut se dispenser de construire la projection T''' de la tangente T'''T'''' et rabattre de suite cette ligne en T^{iv}, de sorte que tout se réduirait aux opérations suivantes :

1° Du point C', comme centre, on décrira la circonférence qui contient le foyer O'.

2° On fera l'arc O'O''' égal à U'U'''.

3° Par la projection horizontale du point V, on tracera la droite GG jusqu'à ce qu'elle rencontre en V'' le plan vertical qui contient l'axe du berceau.

4° Par le point V″, ainsi obtenu, on tracera la droite V‴T‴ parallèle aux hélices d'intrados développées, ou ce qui revient au même, on fera OV″O‴ égal à l'angle intradossal.

5° On ramènera le point O‴ en O^v par un arc de cercle horizontal O″O^{ıv} décrit du point V″ comme centre, et l'on tracera la droite O^vV‴, qui étant prolongée, donnera X‴V‴T^{ıv} pour l'angle demandé.

La même opération répétée fera connaître pour chaque joint l'angle formé par l'arête d'intrados et la coupe de joint sur le plan de tête. La figure 11 contient tous les beuveaux correspondants aux points 1, 2, 3, 4 et 5 de l'arc de tête, le supplément de chacun de ces beuveaux donnera l'angle situé à la même hauteur de l'autre côté de la voûte.

Ainsi, le beuveau X‴V‴T^{ıv} donnera l'angle formé au point VV′, par la tangente à la coupe de joint T′ et l'hélice d'intrados qui aboutit au point VV′ tandis que T^{ıv}V‴X^{ıv} supplément de T^{ıv}V‴X‴ sera l'angle formé au point 3 de l'arc 1-V‴, par l'hélice et la coupe de joint correspondantes.

L'exactitude des constructions peut être vérifiée de plusieurs manières. Quelques-unes de ces vérifications sont indiquées sur la figure, mais il y en a qui n'auraient pas pu être conservées sans confusion. On remarquera cependant que tous les points analogues du point O^v, sont situés sur la circonférence d'une ellipse dont le demi-grand axe C′D′ est égal à AH, tandis que le demi-petit axe C′O′ est égal, comme nous l'avons déjà remarqué plusieurs fois, à la distance OH, suivant laquelle AH se projette sur le plan de section droite qui contient le centre G de l'arc de tête (108).

En effet, la droite V″O″ étant parallèle à HA, les deux triangles V″OO″, AOH seront semblables, ce qui donne la proportion

(1) $\qquad V''O'' : OO'' = AH : OH,$

mais si nous exprimons par x la distance $V''O'' = IO^v$, par x' la droite $OO'' = IO'''$, par a la droite $AH = AD = C'D'$ et par b la droite $OH = C'H' = C'O'$, la proportion (1) deviendra

$$x : x' = a : b,$$

d'où
$$bx = ax',$$
et par conséquent
(2) $$b^2x^2 = a^2x'^2.$$

Mais le triangle C'IO''' étant rectangle en I, on a
$$\overline{IO'''}^2 = \overline{C'O'''}^2 - \overline{C'I}^2,$$
ou en exprimant C'I par y
$$x'^2 = b^2 - y^2,$$
qui, substitué dans l'équation (2), donne successivement
$$b^2x^2 = a^2(b^2 - y^2)$$
$$b^2x^2 = a^2b^2 - a^2y^2$$
$$a^2y^2 + b^2x^2 = a^2b^2,$$

d'où il résulte que le point O^v, et tous les points analogues o^v, o^v, o^v, etc., sont situés sur la circonférence de l'ellipse, qui a pour demi-petit axe
$$b = C'O' = C'H' = OH,$$
et pour demi-grand axe
$$a = C'D' = AD = AH.$$

La remarque précédente nous permettra de simplifier considérablement les opérations indiquées au n° 256.

257. Ainsi, après avoir décrit les deux arcs de cercle H'O' et D'K', on tracera :

1° Le rayon V'C' que l'on prolongera jusqu'à ce qu'il coupe les deux circonférences concentriques aux points R et S.

2° On construira le triangle RNS rectangle en N.

3° La droite NV''' sera l'un des côtés du beuveau correspondant au point V' et par conséquent au point 3.

On remarquera que l'ellipse D'O'D' ne sera plus employée que comme vérification. De sorte que tout se réduit pour chaque beuveau à la construction de quatre droites, savoir : V'S, RN, SN et NV'''.

258. La courbure des coupes de joint par le plan de tête étant insensible, on peut remplacer chacune d'elles par sa tangente; mais il n'en est pas de même des arcs d'hélice qui forment les arêtes des joints longitudinaux, et lorsque la courbure du berceau est très-sensible, on ne peut pas appliquer immédiatement le beuveau sur la pierre, car, il faudrait pour cela, **fig. 14**, que la tangente T à l'hélice mn fût tracée sur la face de joint du voussoir.

On évitera cette opération, assez délicate, en remplaçant le côté zT de l'angle Tzu du beuveau par l'arc d'hélice zn, dont il est la tangente. Mais, nous avons eu déjà l'occasion de reconnaître (236), que cet arc d'*hélice* peut être remplacé par l'*ellipse*, suivant laquelle le cylindre qui forme la surface d'intrados est coupé par le plan tangent au joint hélicoïdal. Ainsi, pour tous les beuveaux qui ont leurs sommets au point V′′′ de la fig. **11**, nous remplacerons la branche droite qui coïncide avec la tangente V′′′X′′′, par l'arc V′′′E qui appartient à l'ellipse suivant laquelle le berceau est coupé par le plan vertical projetant G″X″ de la tangente X″X′′′; la flexibilité que l'on devra donner à la branche de ce beuveau, suffisant pour faire disparaître la différence *insensible* qui existe entre cette *ellipse* et l'*hélice* à laquelle la droite X″X′′′ est tangente.

L'ellipse EE peut être décrite en faisant tourner autour de la verticale projetante du point C les points suivant lesquels le plan vertical P coupe les génératrices de l'intrados ou en prolongeant la droite PC jusqu'à ce qu'elle rencontre la ligne de naissance, en un point h, qui sera l'extrémité du demi-grand axe horizontal Ch.

Si le pont est d'un très-grand rayon, la courbure de l'hélice d'intrados sera insensible et l'on pourra se contenter du beuveau dont l'angle serait formé par les deux tangentes T^{IV} et X′′′. Quant à la coupe de joint sur la tête, si le beuveau est un peu flexible, la branche droite $3-x$, **fig. 27**, appliquée sur le joint, prendra naturellement la courbure presque insensible de cette surface et le résultat sera suffisamment exact.

259. *Deuxième méthode.* — Les beuveaux nécessaires pour tracer les faces de tête peuvent être obtenus par une méthode très-simple donnée par M. de La Gournerie dans le mémoire que nous avons déjà cité. En effet, la tangente au point VV' à l'hélice qui contient ce point, **fig. 3**, est située dans le plan qui touche le cylindre au même point, et perpendiculaire, par conséquent, à la génératrice GG' du joint hélicoïdal. Le plan qui contient l'angle cherché formé par les deux droites XX' et TT', tangentes la première à l'hélice et la seconde au joint de tête, contient la tangente GG', et la trace verticale O'K de ce plan est par conséquent parallèle à G', puisque cette dernière droite est elle-même parallèle au plan vertical de projection.

Or si l'on fait tourner le plan tangent T'V'X' autour de sa trace verticale O'K la tangente XX' vient s'appliquer sur sa projection X' et le point de tangence VV', sommet de l'angle cherché, se rabat en V", à une distance de O'K, égale à la longueur V"K de la partie de la tangente XX' qui est comprise entre le point de tangence VV', et le plan de section droite P sur lequel a lieu le rabattement. Mais cette partie V"K de la tangente XX' rabattue, sera évidemment donnée en véritable longueur V'"M, **fig. 12**, sur le développement du cylindre d'intrados; de plus, le point O', situé sur la charnière de rabattement O'K, n'aura pas changé de place, la tangente TT' se rabattra en O'T", et l'on obtiendra T"V"V' pour l'angle cherché.

M. de la Gournerie a signalé l'existence d'un point qui abrége beaucoup la construction des beuveaux. En effet, en traçant par le point V" une droite V"Q perpendiculaire sur la projection X' de la tangente XX', on obtiendra sur la verticale OO' un point que nous désignerons par Q.

Or, construisons les ordonnées AO, V'"S des points A et V'" de l'arc de tête développé. Traçons la droite C'V' perpendiculaire sur X' et par conséquent parallèle à QV'"; rappelons-nous que V"K, **fig. 3**, étant égal à V'"M, **fig. 12**, on a V'K, **fig. 3**, = MS projection de V'"M, **fig. 12** : On aura donc

Fig. 3. $O'C' : O'Q = KV' : KV''$,   mais on a

Fig. 3, $KV' : KV'' = MS : MV'''$, **fig. 12,**

de plus $MS : MV''' = HO : HA$

multipliant et réduisant, on aura

$$O'C' : O'Q = HO : HA$$
d'où $$O'Q \times HO = O'C' \times HA$$
mais (109) $$O'C' = HO$$

multipliant et réduisant, on a

$$O'Q = HA.$$

Or tout cela est indépendant de la position du point V' sur l'arc de tête, d'où il résulte que la position du point Q est constante quel que soit l'angle cherché, et pourra toujours être obtenue, en faisant O'Q = AH; de sorte que tout se réduit aux opérations suivantes :

On fera d'abord C'O' de la figure 3 égal à HO de la fig. 12, et O'Q de la figure 3 égal à HA de la figure 12, puis on construira :

1° La droite X'X' tangente au point V';
2° La droite QV''' perpendiculaire sur X' déterminera en V''' le sommet rabattu de l'angle demandé;
3° La droite O'V''' sera la tangente TT' rabattue en T''', et T'''V'''V' sera l'angle cherché.

Les mêmes opérations étant répétées pour chaque joint, on obtiendra tous les beuveaux que l'on peut disposer, comme on le voit par la figure 3, sur laquelle on n'a construit que les angles aigus. Ce sont les beuveaux nécessaires pour tailler les pierres du côté gauche de la voûte; mais on se rappelle que les suppléments des mêmes angles détermineraient tous les beuveaux des angles obtus.

Ce que nous avons dit au n° 258 s'applique également à l'opération actuelle, c'est-à-dire que pour chaque beuveau on devra remplacer le côté V'''V' par l'arc d'ellipse suivant lequel le cylindre d'intrados est coupé par le plan des deux tangentes XX' et TT' ou, ce qui est la même chose, par le plan vertical projetant de la droite QD tangente à l'hélice qui contiendra le point Q. On obtiendra cette courbe en opérant, comme nous l'avons dit au n° 236, ou en déterminant ses axes, dont l'un Qv'' est égal au rayon de l'intrados du berceau, et dont le grand axe

QI est égal à QD, que l'on obtiendra en traçant une parallèle à AH depuis le point Q jusqu'au point D, qui est situé sur la ligne de naissance 1-D.

260. Application des principes précédents. — La planche 10 a pour but l'étude d'un pont biais à section droite circulaire pour la construction duquel on aurait employé les méthodes exposées dans les articles précédents. Cette épure sera donc le résumé de tout ce que nous avons dit depuis le n° 12 jusqu'au point où nous sommes parvenus.

Les données de la question à résoudre étant la projection horizontale du pont, **fig. 6**, et l'une des deux sections droites rabattues, **fig. 8, 9, 13** et **14**, on déterminera l'appareil des piles et l'épaisseur de la voûte, puis on exécutera successivement les opérations suivantes :

1° On divisera les arcs de cercles 0-6, **fig. 8** et **14** en parties égales et l'on construira les génératrices du cylindre d'intrados, sur la projection horizontale, **fig. 6**, et sur le développement, **fig. 4** ou **12**. Ces génératrices n'ont pas été conservées sur l'épure.

2° On construira, **fig. 4**, la sinusoïde *acs* suivant laquelle se développe l'arc de tête *as* et l'on divisera la corde de cette sinusoïde en autant de parties égales que l'on voudra obtenir de voussoirs sur la tête. Dans le cas actuel, chaque tête contient vingt et un claveaux.

3° On déterminera la direction des hélices développées, et par suite, l'angle intradossal, en opérant comme nous l'avons dit au n° 57.

4° Les hélices étant développées, **fig. 4**, il sera facile de construire leurs projections horizontales, **fig. 6**, et les projections verticales des mêmes courbes sur la figure 5 (n°ˢ 66, 67).

5° En faisant C'O' de la figure 5, égale à la droite CO de la figure 4, on obtiendra le foyer O' vers lequel on fera concourir toutes les coupes des joints par le plan de tête, en remplaçant chacune de ces courbes par sa tangente, ce qui ne présente pas ici l'inconvénient que nous avons signalé au n° 191, parce que les joints longitudinaux ne sont pas brisés par ceux de la corne de vache.

6° On supposera dans cet exemple, **fig**. 5, que les faces des voussoirs de tête sont limitées en dessus par l'ellipse suivant laquelle le plan de tête couperait le prolongement du cylindre qui a pour directrice l'arc 20-19 de la section droite, **fig**. 8.

261. Taille des voussoirs. Si le pont doit être entièrement en pierres de taille, on étudiera l'appareil sur le développement, **fig**. 4, que l'on complétera comme cela est indiqué sur la figure 26 de la planche 1, et l'on économisera beaucoup le temps et la pierre si l'on peut faire tous les voussoirs égaux ou à peu près entre eux. Nous avons dit au n° 65 comment on pourra obtenir ce résultat.

Cela étant fait, on taillera autant de voussoirs qu'il en faut pour construire la voûte et les têtes. Tous ces voussoirs devant être égaux entre eux, il suffira d'en projeter un seul, et l'on choisira pour plus de simplicité l'un de ceux dont le centre est situé dans le plan vertical qui contient l'axe du berceau (158). Les voussoirs pourront être taillés par l'une quelconque des méthodes indiquées aux n°s 157, 224, 241 ou 247. Je n'ai indiqué sur l'épure actuelle que la méthode du n° 157;

1° Parce que c'est la seule qui conserve dans toute leur intégrité les propriétés géométriques indiquées par la théorie.

2° Parce qu'elle est extrêmement simple, puisque les deux panneaux A″, A‴ de la figure 6 et les panneaux de développement A^{iv}, **fig**. 17, suffiront pour tailler toute la voûte.

Si l'on veut employer d'autres méthodes, on consultera les deux planches précédentes. Enfin, si le pont doit être en maçonnerie, on ne taillera que le nombre de claveaux nécessaire pour les têtes. Dans le cas actuel, on devra tailler quarante-deux claveaux.

Les dimensions du voussoir projeté en A devront être calculées d'après la longueur du plus grand des claveaux que l'on veut obtenir; c'est-à-dire que la courbe rampante AA′, **fig**. 6 et 8, doit excéder un peu la longueur que doit avoir le voussoir lorsque l'on aura taillé la tête. On pourra économiser la pierre en faisant deux projections : l'une pour les grands voussoirs de la tête, et l'autre pour les petits.

262. J'ai rappelé par les figures 9 et 13 les deux méthodes exposées aux n°s 255 et 259 pour obtenir les beuveaux nécessaires à la coupe des plans de tête. La figure 13 contient les beuveaux obtenus par la méthode indiquée dans le mémoire de M. de la Gournerie. Pour éviter la confusion, je n'ai conservé les lignes d'opérations que pour le deuxième beuveau, à partir de la naissance. Ainsi, on se rappellera qu'après avoir fait C'O'' de la figure 13 égale à CO de la figure 4, et O''Q' de la figure 13, égale à sO de la figure 4, il ne reste plus pour chaque beuveau qu'à tracer :

1° Le rayon C'V ;
2° La droite VV' tangente au point V ;
3° La droite Q'V' perpendiculaire sur la tangente VV' ;
4° La droite O''V'.

Ce qui donnera l'angle demandé DV'T, dont on remplacera le côté droit V'T par l'arc d'ellipse V'K (258).

263. Sur la figure 9 j'ai rappelé la construction que j'avais indiquée au n° 257. Ainsi, après avoir décrit du point C' comme centre les deux cercles O'O''O''' et QSQ' qui ont pour rayons les droites CO et sO de la figure 12, on tracera :

1° Le rayon VC' que l'on prolongera jusqu'à ce qu'il coupe les deux circonférences concentriques aux points R et S ;
2° On construira le triangle RSN rectangle en N ;
3° La droite NV'D sera l'un des côtés V'D de l'angle cherché dont on remplacera le second côté par l'arc d'ellipse V'K (258).

On remarquera que l'ellipse O''NQ', dont nous avons parlé au n° 256, n'est employée ici que comme vérification ; de sorte que tout se réduit, comme nous l'avons déjà dit (257), à la construction des quatre droites VS, RN, SN et NV'D.

264. Liaison des voussoirs de tête avec la maçonnerie du mur. — Si l'extrados des voussoirs de tête reste parallèle au cylindre d'intrados, **fig. 8**, les moellons qui forment la maçonnerie du mur s'appuieront sur des surfaces inclinées en sens contraires. Les uns, du côté de l'angle obtus, tendront à glisser suivant la direction de la flèche b, mais ils rencontreront dans la masse une résistance suffisante, et l'effet sera réduit à la compression des mortiers. Mais, du côté de l'angle aigu, le danger peut être beaucoup plus grand ; et si les matériaux n'ont pas été bien liés, une partie HH' de la maçonnerie du mur, **fig.** 6 et 5, pourra se détacher et tomber dans le vide, en glissant sur l'extrados des voussoirs, suivant la direction indiquée par la flèche d. Dans tous les cas, en admettant que la liaison des assises horizontales des moellons s'oppose au déversement et par suite au gauchissement du mur, il existera toujours sur les voussoirs de tête une pression verticale, et les effets que cette force produit au moment du décintrement paraîtront d'abord très-singuliers.

265. En effet, par suite de l'inclinaison en sens contraire, des joints continus hélicoïdaux, on devrait penser que les claveaux du côté de l'angle aigu a de la tête tendront à glisser sur leur lit, en se dirigeant vers le vide, tandis que du côté de l'angle obtus s ils seront entraînés vers la pile. Or, cela aurait évidemment lieu si les voussoirs n'étaient sollicités que par leur propre poids. Mais, par suite de la pression verticale exercée sur l'arc de tête par les assises en maçonnerie du mur, c'est précisément le contraire qui a lieu.

C'est-à-dire que les voussoirs du côté de l'angle obtus tendent à sortir, tandis que du côté de l'angle aigu ils rentrent dans la masse. Ce dernier effet, se bornant à la compression du mortier qui garnit le joint postérieur du voussoir, ne présente pas un grand inconvénient ; mais il n'en est pas de même du mouvement vers le vide des voussoirs de l'angle obtus qui ne peuvent souvent être retenus que par des tirants reliés avec les assises de la pile ou de la tête opposée. Ces mouvements, observés par M. Graeff, au moment du décintrement de plusieurs ponts biais, proviennent sans doute de l'inclinaison en sens contraires des surfaces d'extrados des voussoirs de tête.

En effet, du côté de l'angle obtus s la pression verticale produite par le poids des assises du mur agit sur l'extrados de l'arc de tête comme sur la face d'un coin dont la tête serait tournée en dehors, ce qui évidemment aurait pour résultat de chasser ce coin dans le vide. Cette force sera en partie détruite par l'inclinaison du joint hélicoïdal sur lequel le voussoir est placé, mais ce dernier joint, qui forme le lit de pose, étant moins incliné que le joint supérieur sur lequel agit la pression, l'effet que nous venons d'indiquer sera le résultat de la différence de ces deux inclinaisons.

Du côté de l'angle aigu, au contraire, la force produite par le poids des assises du mur agit sur l'extrados des voussoirs comme sur un coin dont la tête serait tournée du côté du pont ; et si nous admettons que la maçonnerie soit assez bien liée pour qu'aucune partie du mur ne puisse se détacher de la masse et glisser dans le vide, la pression verticale agira seule et son effet sera de faire rentrer le voussoir autant que le permettra l'élasticité du mortier qui garnit le joint postérieur.

266. Il résulte évidemment de ce qui précède, que l'on neutralisera en partie la cause de destruction que nous venons de signaler en extradossant les voussoirs de tête par une surface cylindrique perpendiculaire au plan P qui forme le parement extérieur du mur. Cela pourra se faire comme on le voit sur les figures 2 et 3.

267. Ainsi lorsque l'on aura taillé le plan de tête, en opérant comme nous l'avons dit au n° 254, on y appliquera le panneau correspondant M, donné par la figure 5 ; puis on taillera la petite surface cylindrique *mmnn* perpendiculaire au plan de tête. Il n'est pas nécessaire que ces coupes soient indiquées sur l'épure, on peut facilement les faire sur le chantier, et même sur le cintre, avec une équerre ou beuveau en fer placé comme on le voit sur les figures 2 et 3.

Pour les voussoirs de l'angle aigu, **fig.** 2, il suffira de retrancher la partie de pierre *mmnnuu*, mais il est évident que du côté de l'angle obtus, **fig.** 3, le voussoir ne serait pas assez grand, et l'on devra lui donner plus de hauteur afin qu'il puisse contenir la partie *mnu* comprise entre l'extrados *mk* du berceau, et la petite surface cylindrique *mmn* perpendiculaire au plan de tête.

268. On peut facilement déterminer les dimensions des blocs nécessaires pour obtenir ce résultat. En effet, supposons que le rectangle 20-21-22-23 désigné sur la figure **6** par une teinte de points soit la projection horizontale de la surface cylindrique qui doit former l'extrados des voussoirs de tête; la droite 21-22 sera la projection d'une ellipse égale et parallèle à 20-23. La projection verticale de l'ellipse 21-22 sur le plan de section droite, **fig. 8**, sera une demi-circonférence 21-18-22 dont le centre 24, **fig. 6**, sera projeté en 24 sur la figure 8, et qui aura pour rayon la droite 24-21 égale à C-20 : de sorte que la projection du cylindre horizontal et *perpendiculaire* aux têtes, qui doit former l'extrados des voussoirs, sera limitée, pour les voussoirs de l'angle aigu, par l'arc de cercle 20-19, et du côté de l'angle obtus par l'arc 21-18.

Par conséquent, si du côté de l'angle obtus, on prolonge l'épaisseur des voussoirs de tête, jusqu'au cylindre qui aurait pour section droite le quart de cercle 21-18, la pierre que l'on obtiendra dans ce cas sera suffisante pour que l'on puisse tailler le petit cylindre *mmn* perpendiculaire au plan de tête, **fig. 3**.

269. L'arc 21-18, **fig. 8**, n'ayant pas le même centre que l'arc d'intrados 0-6, il faudrait opérer comme nous l'avons dit au n° 169, et faire par conséquent une projection particulière pour chaque voussoir, ce qui augmenterait beaucoup le travail, et par suite les chances d'erreur. Je crois donc qu'il vaut mieux sacrifier un peu de pierre, et tailler tous les voussoirs de la tête, du côté de l'angle obtus, comme si l'extrados était formé par le cylindre circulaire qui aurait pour section droite l'arc de cercle 21-36, décrit comme l'intrados, du point C comme centre.

270. La solution précédente détruit les forces qui tendent à faire gauchir le mur, en entraînant dans le vide la partie qui correspond à l'angle aigu; mais les moellons posés sur la surface cylindrique 20-21-22-23 ne sont pas dans de bonnes conditions de stabilité, et l'on satisfera beaucoup mieux à la question qui nous occupe en extradossant les voussoirs de tête, comme on le voit sur la figure **16**, qui est la projection de la tête formée par le plan P_1.

En effet, les faces supérieures des voussoirs seront alors des plans horizontaux parfaitement convenables pour recevoir les moellons du mur. Ces lits se tailleront comme les surfaces cylindriques dont nous venons de parler, c'est-à-dire qu'après avoir dressé le plan de tête, **fig. 10**, on y appliquera le panneau correspondant M' donné par la figure **16**, puis avec un beuveau rectangulaire on taillera la face horizontale $mmnn$ du voussoir. Quant à la face verticale $m'xnz$, on la fera également perpendiculaire au plan de tête, ce qui sera facile du côté de l'angle aigu, en taillant la pierre comme on le voit figure **10**.

Pour les voussoirs qui sont du côté de l'angle obtus, cela ne sera plus possible; et si l'on se contentait d'abattre les angles suivant des plans perpendiculaires au plan P_1 de la tête, la pierre aurait la forme qui est représentée en perspective sur la figure **7**, c'est-à-dire que la face supérieure serait le triangle $mm'n$ dont les côtés sont la droite mm' du panneau de tête M', **fig. 16**, la courbe mn suivant laquelle le joint hélicoïdal $mnkh$ serait coupé par le plan horizontal qui contient la droite mm', et la courbe $m'n$ suivant laquelle le même plan coupe l'extrados ns du berceau. Tandis que la face verticale $m'n'x$ du voussoir aurait pour côté la droite $m'x$ du panneau de tête, la courbe $n'x$ intersection du joint hélicoïdal $n'r$ du voussoir par le plan vertical $m'n'x$ et la courbe $m'n'$, suivant laquelle le même plan coupe le cylindre d'extrados.

Or, il est évident que cette solution ne remédierait que d'une manière incomplète aux inconvénients que nous avons signalés au n° 264, et que, si l'on veut augmenter la surface horizontale du lit sur lequel on doit poser les moellons du mur, il faut que le voussoir, du côté de l'angle obtus, ait une hauteur suffisante pour que l'on puisse tailler la face horizontale $mmnn'$, **fig. 11**.

271. Dans ce cas, pour déterminer l'épaisseur des claveaux courants ou courbes rampantes qui doivent contenir les voussoirs de tête, on construira sur la figure **16** une ellipse 25-26-27, semblable à l'ellipse 32-35-34 et suffisamment grande pour circonscrire entièrement tout l'appareil de tête. On déterminera sur la figure **6** l'épaisseur 25-28 que l'on voudra donner aux assises du mur, et l'on tracera la droite 28-30 parallèle à 25-27. Le rectangle 25-27-30-28, désigné sur la figure **6** par une teinte de points, contiendra évidemment les projections de tous les quadrilatères horizontaux qui forment les faces supérieures des voussoirs de tête.

Or, si par le point 30 on conçoit une droite KL perpendiculaire sur le plan de section droite, **fig. 14**, le cylindre circulaire engendré par cette ligne enveloppera tous les voussoirs de tête, et l'épaisseur du plus grand de tous ces voussoirs n'excédera pas la différence qui existe entre les rayons C-0 et C-36 des deux circonférences concentriques 0-6 et 36-37, **fig. 14**. Il résulte évidemment de là qu'une seule épure, telle que l'une de celles que nous avons expliquées aux n°^{s} 157, 241 ou 247, suffira pour tailler tous les claveaux des deux têtes du pont.

272. Cependant, si le pont devait être tout entier en pierres de taille, on ferait bien, comme nous l'avons indiqué sur la planche actuelle, de faire deux épures. Ainsi, les projections A, A'', A''', **fig. 6**, et les développements A^{IV} de la figure **17** suffiront pour tailler tous les claveaux courants de la voûte, tandis que les projections B, B'', B''', **fig. 6**, et les développements B^{IV} de la figure **1** suffiront pour tous les voussoirs de tête.

Si l'on veut économiser la pierre, on pourra faire une épure spéciale pour les petits voussoirs de tête, et l'on pourra aussi en faire une pour les claveaux du côté de l'angle aigu, qui n'exigent pas autant de pierre que ceux de l'angle obtus. En effet, on remarquera, **fig. 10**, que la courbe rampante enveloppe sera suffisante, si l'extrados contient le point m' du panneau de tête, **fig. 10** et **16**.

Or, le point m' de la figure **16** se projettera en m'' sur la figure **6**, et de là en m''' sur la figure **14**, en faisant la hauteur de ce dernier point, au-dessus de l'horizontale 30-36, égale à la hauteur de m' au-dessus de l'horizontale 25-27, **fig. 16**, et comme le voussoir que nous avons choisi est le plus saillant de tous ceux qui sont du côté de l'angle aigu, il s'ensuit que pour ces voussoirs on pourra se contenter d'extradosser la courbe rampante enveloppe par le cylindre qui aurait pour section droite l'arc de cercle 38-39, décrit du point C comme centre, **fig. 14**.

273. Corne de vache. On comprend jusqu'à un certain point que les constructeurs de ponts biais aient cru pouvoir accepter les angles aigus que les joints réglés hélicoïdaux font avec le plan de la tête dans le voisinage des naissances. En effet, si les surfaces de pose sont taillées avec beaucoup de précision, si elles sont parfaitement identiques, si enfin le joint est complétement garni de bon mortier, les deux pierres contiguës n'en feront en quelque sorte qu'une seule, et l'angle aigu recevra de l'angle obtus, qui lui est adjacent, le supplément de force qui lui manque. Mais il n'en est pas de même des angles que la douelle ou intrados du cylindre fait avec le plan de tête du côté de l'angle aigu de la pile.

En effet, ces angles, entièrement isolés dans l'espace, exposés par conséquent aux intempéries de l'atmosphère et aux chocs produits par les voitures ou par les matériaux souvent très-volumineux dont elles sont surchargées, ne résisteraient pas longtemps à ces nombreuses causes de destruction; c'est pourquoi quelques constructeurs ont jugé utile de les abattre et, pour éviter les éclats qui pourraient avoir lieu au moment de la pose ou du décintrement, on préfère ordinairement exécuter cette opération sur le chantier. Nous allons indiquer la manière la plus usitée de résoudre cette question.

274. Du côté de l'angle aigu a', **fig. 6**, on coupera la pile par un plan vertical, 31-32, perpendiculaire à la face de tête. La position de ce plan dépendra de la largeur que l'on voudra donner à la corne de vache; et, du côté de l'angle obtus, on coupera la pile par un plan vertical dont la trace, 33-34, sera déterminée en faisant

$$s'\text{-}34 = a'\text{-}32.$$

Les droites, 31-33 et 32-34, seront les projections horizontales de deux ellipses semblables, qui formeront les arêtes de la corne de vache. Ces deux ellipses seront coupées par les joints réglés hélicoïdaux, suivant les points 10, 11, 12, etc., **fig. 16**.

275. Les droites qui joindront les points 10, 11, 12, etc., de l'ellipse 31-33, avec les points correspondants de l'ellipse 32-34, pourront être considérées comme les génératrices d'une surface réglée qui formera l'intrados de la corne de vache. Cette surface sera beaucoup plus facile à tailler qu'un cône qui aurait pour sommet le point de rencontre des droites 32-31 et 34-33 de la figure **6**, parce que les génératrices d'un pareil cône couperaient obliquement les arêtes de joint 10-10 et 11-11 de la corne de vache, **fig. 16**, tandis qu'en prenant les milieux des deux arcs 10-11, on déterminera très-facilement une génératrice intermédiaire, 40, sur la douelle de chaque voussoir.

276. Il paraît tout naturel que l'on ait coupé l'angle aigu de la pile par un plan, 31-32, perpendiculaire à la face de tête, mais on ne comprend pas aussi bien pourquoi on a cru devoir également couper l'angle obtus. La nécessité d'une pareille coupe ne paraît nullement motivée au premier abord. Mais en y réfléchissant on verra, qu'à moins d'employer la solution que j'ai donnée sur la planche **7**, il était difficile d'agir autrement.

En effet, si l'on ne coupait pas l'angle obtus, les joints de tête de ce côté conserveraient toute leur longueur, tandis que, du côté de l'angle aigu, ces lignes seraient diminuées de toute la quantité indiquée sur la figure **5** par une teinte de points, G ; ce qui, évidemment, détruirait la symétrie de l'appareil de tête et serait beaucoup plus disgracieux que la solution qui est projetée sur la figure **16**. Au surplus, en renversant l'épure, on pourra juger de l'effet produit par la disposition d'appareil que nous venons d'indiquer.

277. Nous avons dit précédemment que la taille de la corne de vache ne présentait aucune difficulté. En effet, quand on aura taillé la face de tête, **fig. 15** ou **11**, on y appliquera l'un des panneaux raccourcis, V, **fig. 5**, ou V', **fig. 16**, selon l'appareil que l'on aura cru devoir adopter. On appliquera également sur la douelle le panneau raccourci U' de la figure **12**, et les deux arcs 10-11 de ces panneaux, serviront de directrices pour tailler la douelle de la corne de vache dont on tracera une génératrice intermédiaire, 40, **fig. 16** et **15**. Ainsi, en résumant, on taillera :

1° Le parallélipipède enveloppe, dont les dimensions seront déterminées par les projections B, B', **fig. 6** et **14**.

2° Le claveau courant ou courbe rampante, en opérant comme nous l'avons dit aux n°s 157, 224, 241 ou 247.

3° Le plan de tête, au moyen des beuveaux correspondants donnés par l'une des figures **9** ou **13**.

4° Les surfaces cylindriques *mmnn*, **fig. 2** et **3**, ou les surfaces planes *mm'nn*, *mmnn'*, **fig. 10** et **11**, destinées à recevoir les moellons ou les briques qui doivent former le mur de tête.

5° Enfin, la corne de vache, en opérant comme nous venons de le dire.

CHAPITRE III.

Conditions d'équilibre.

278. stabilité. Les questions relatives à la stabilité des ponts biais sont très-nombreuses et leur *solution complète* se rattache aux théories les plus élevées de la mécanique. Nous serions donc entraînés bien loin du but pratique que nous nous sommes proposé dans l'ouvrage actuel, si nous voulions essayer d'étudier ici tous les détails d'un problème aussi composé. C'est pourquoi je me bornerai, pour le moment, à exposer, dans le langage le plus élémentaire, les considérations générales qui ont dirigé les praticiens dans le choix des différentes sortes d'appareils employés dans la construction des voûtes biaises. Mais, pour faire comprendre quels sont les effets produits sur les surfaces de joint par la pression des pierres supérieures, nous rappellerons le théorème si connu en statique sous le nom de plan incliné.

279. Supposons, **fig. 3, pl. 11**, qu'une pierre A soit posée sur un plan incliné P et, pour simplifier la question, faisons abstraction du frottement. La force verticale CF provenant de la pesanteur, se décompose en deux forces, CF_1 et CF_2 représentées en grandeur et en direction par les côtés du rectangle $CF_1 FF_2$. La composante CF_2 perpendiculaire au plan P exprime la pression sur ce plan, et la force CF_1 parallèle à P tend à faire glisser la pierre A sur son lit.

Si maintenant on construit le rectangle $CF_3 F_2 F_4$ on pourra remplacer la force CF_2 par les deux composantes CF_3 et CF_4 la première, CF_3 qui n'est qu'une partie de CF sera détruite par la résistance du sol, et la seconde composante CF_4 est la force horizontale qui tend à renverser le massif de construction sur lequel est posée la pierre A. La force horizontale CF_4 est ce que l'on appelle *poussée au vide*.

Ainsi, la force unique CF provenant de la pesanteur, est remplacée par les trois forces CF_1 CF_3 et CF_4 la première CF_1 tend à produire le *glissement*, la seconde CF_3 exprime la *pression* sur le sol, et la troisième CF_4 tend à *renverser* les points d'appui.

280. Nous avons supposé, par ce qui précède, que la pierre n'agissait sur son lit que par son propre poids, exprimé par la force verticale CF mais cela n'arrive presque jamais ainsi. En effet, les voussoirs qui composent une assise exercent sur le lit une pression verticale produite par leur poids, mais il faut ajouter à cette force la pression qui provient des assises supérieures, et la résultante de toutes ces pressions peut souvent être oblique par rapport à la surface du lit.

Or, supposons, **fig. 13**, que CF soit la résultante de toutes les pressions qui agissent sur le plan incliné P en y comprenant le poids de la pierre A. On décomposera, comme précédemment, la force CF en deux composantes CF_1 et CF_2 la première parallèle au plan P et la deuxième perpendiculaire à ce plan; puis on remplacera la force CF_2 par ses deux composantes verticale et horizontale, CF_3 et CF_4 de sorte que la pression totale CF qui agit sur le lit de pose sera, comme précédemment, décomposée en trois forces, CF_1 CF_4 et CF_3 dont les effets seront :

1° La *force de glissement* CF_1 *parallèle au lit de pose.*

2° La *poussée horizontale* CF_4 *nécessaire pour détruire cette première force.*

3° La *force verticale* CF_3 *qui exprime la pression sur le sol.*

Cette dernière force sera toujours détruite par la résistance du sol; de sorte que les deux premières forces sont les seules qui nous intéressent et qu'il faut trouver moyen de détruire ou de détourner en les dirigeant vers les parties du monument qui peuvent leur opposer une résistance suffisante. Ainsi, pour empêcher un voussoir de glisser sur son lit, il faut, par l'augmentation ou par la diminution de certaines forces, par la suppression ou par l'addition de nouvelles composantes, tâcher de faire prendre aux résultantes des directions, normales autant que possible aux surfaces des lits.

281. Soit, par exemple, **fig. 12,** la section droite d'un berceau ou porte circulaire, que, pour plus de simplicité, nous supposerons formé seulement de cinq voussoirs, séparés les uns des autres par des joints plans, P et P_1 non garnis de mortiers, et suffisamment dressés pour que l'on puisse faire abstraction du frottement. Le voussoir A, que nous pouvons considérer comme la clef, agit par son poids comme un coin isocèle, dont l'une des faces coïnciderait avec le plan de joint P La force verticale CF qui exprime le poids du voussoir, se décomposera donc en deux forces égales et symétriques, dont l'une d'elles, CF_1 sera perpendiculaire au plan P qui forme l'une des faces latérales du coin. Cette force CF_1 peut être transportée en $C'F_2$ et appliquée au point C', suivant lequel elle coupe la force verticale $C'F_3$ qui exprime le poids du voussoir B.

La force $C'F_3$ et la force $C'F_2$ provenant de la pression des voussoirs supérieurs se composeront en une seule force $C'F_4$ Or la courbe d'extrados du berceau restant toujours à la disposition du constructeur, on peut, en augmentant ou en diminuant l'épaisseur, et par conséquent, le poids des voussoirs, faire varier le rapport des deux forces $C'F_2$ et $C'F_3$ de manière que leur résultante $C'F_4$ soit perpendiculaire au plan de joint P_1 Supposons pour un instant que l'on soit parvenu à remplir cette condition, et voyons ce qu'il va en résulter.

La force $C'F_4$ qui exprime la pression exercée sur le plan de joint P_1 pourra être transportée en $C''F_5$ et appliquée au point C'' situé sur la verticale qui contient le centre de gravité de la pile D ou pied-droit de la voûte, et si nous exprimons le poids de cette partie du monument par $C''F_6$ cette dernière force et $C''F_5$ donneront $C''F_7$ pour résultante finale.

Si les forces CF $C'F_3$ et $C''F_6$ étaient exactement dans les rapports que nous avons supposés sur la figure, il est évident que la construction ne tiendrait pas, parce que la résultante $C''F_7$ ne traverse pas le polygone KH, qui forme la base de la pile; ce qui donnerait lieu à un couple de rotation dont l'énergie serait égale à la force $C''F_7$ multipliée par la distance HU, et dont l'effet serait de renverser la pile en la faisant tourner autour de l'arête horizontale du point H.

Or, si l'on décompose la résultante $C''F_7$ suivant les côtés du rectangle $C''F_9F_7F_8$ on obtiendra les composantes $C''F_8$ et $C''F_9$ la première exprime la pression exercée sur le sol par le poids du monument et la seconde composante $C''F_9$ exprime la poussée horizontale qui tend à renverser la pile ou pied-droit. C'est, comme nous l'avons déjà dit, ce que l'on appelle *poussée au vide*. Le moment de cette force, par rapport au point H, est égal au produit de $C''F_9$ par HI, quantité plus petite que le couple $C''F_7 \times HU$, dont l'énergie est diminuée par le couple $C''F_8 \times HO$, qui a pour effet de ramener la masse à droite du point H, en la faisant tourner autour de l'arête horizontale qui contient ce point, de sorte que la poussée au vide $C''F_9 \times HI$ est égale à $C''F_7 \times HU - C''F_8 \times HO$.

282. Les moyens que l'on emploie ordinairement pour empêcher le renversement de la pile sont connus depuis longtemps et peuvent se résumer ainsi :

1° On peut appuyer la pile contre des constructions adjacentes ou contre une masse de terre, de telle sorte qu'elle forme culée.

2° On peut la fortifier par des contre-forts M, qui augmentent la largeur KS de la base, de manière que la résultante $C''F_7$ passe entre les points K et S.

3° On peut encore élargir cette base en augmentant l'épaisseur de la pile et par conséquent son poids, ce qui, en allongeant la composante $C''F_6$ diminuera l'angle $F_7 C''F_8$ et ramènera le point x de la résultante $C''F_7$ entre les points K et H.

4° Enfin, on peut encore augmenter la composante verticale $C''F_6$ et diminuer par conséquent l'angle $F_7 C''F_8$ en chargeant la pile par des constructions supérieures, telles que N.

On se réglera dans chaque cas suivant les circonstances, et si nous admettons que cette partie de la question soit résolue, il ne restera plus qu'à étudier les effets produits par la pression des voussoirs sur les surfaces de joint.

283. Il serait à désirer que la résultante des pressions qui agissent sur un voussoir fût toujours perpendiculaire à la surface de son lit ; et l'on comprend que, si l'on pouvait partout satisfaire à cette condition, aucune pierre ne tendrait à glisser. Mais, dans une construction aussi composée que celle qui nous occupe, il sera souvent très-difficile d'obtenir partout ce résultat; dans tous les cas, il peut être utile de connaître dans quel sens les voussoirs tendent à glisser. Or, il est évident que pour apprécier le sens et la direction de ce mouvement, il faut connaître l'inclinaison de la surface sur laquelle est placé le voussoir.

284. Inclinaison des joints continus. — Si le lit de pose est une surface courbe, on supposera que la pression agit sur un plan tangent à cette surface, au point où elle serait percée par la résultante des forces qui sollicitent les assises supérieures. Ainsi, pour étudier les effets de la poussée sur le joint hélicoïdal OAB d'un pont biais, **fig. 7**, nous supposerons que toutes les pressions provenant des assises supérieures agissent suivant les différents points de l'hélice 0-8 qui le partagerait en deux parties égales; et pour simplifier la question, nous remplacerons la surface par le plan qui lui est tangent au point suivant lequel agit la force que nous voulons apprécier.

285. Supposons, par exemple, **fig. 7**, que nous voulons déterminer les effets de la pression au point 5 du joint hélicoïdal AOB qui appartient à un pont dont la section droite demi-circulaire est rabattue, **fig. 6** : nous commencerons par construire le plan tangent au point dont il s'agit. Ce plan sera déterminé par la normale génératrice du joint hélicoïdal, et par la tangente au point 5 de l'hélice 0-8. Ainsi :

1° La droite 5'-v' tangente au point 5' de la section droite, **fig. 6**, sera la projection verticale de la tangente au point 5 de l'hélice 0-8.

2° On portera de 5' en u' les parties de l'arc de cercle 0-5' dont on obtiendra ainsi la longueur rectifiée.

3° La perpendiculaire $u'u$ déterminera, **fig. 7**, le point u, que l'on joindra avec 5, ce qui déterminera la projection horizontale 5-u de la tangente au point 5 de l'hélice 0-8.

4° La normale 5-n, 5'-n' génératrice du joint réglé hélicoïdal pourra être considérée comme une deuxième tangente au point 5, 5' de cette surface, et le plan tangent au même point, sera par conséquent déterminé par les deux tangentes 5-u et 5-n, dont on construira les traces horizontales n, v, et par suite la trace vn du plan P_5 tangent au point 5 de l'hélice 0-8.

La droite 5-m, perpendiculaire sur la trace vn du plan tangent P_5 sera la ligne de plus grande pente de ce plan, et représente par conséquent la direction suivant laquelle le voussoir tend à glisser sur son lit.

286. Si l'on connaissait la quantité et la direction exacte de la pression qui agit au point 5, on pourrait déterminer par le calcul, et même par une construction graphique, l'énergie de la force qui tend à entraîner le voussoir. Mais l'impossibilité dans laquelle on se trouve de déterminer exactement les résistances qui résultent pour un point donné, du frottement, de la courbure du lit, de l'adhérence des mortiers, et de l'enchevêtrement des voussoirs, rend ces recherches plus curieuses que véritablement utiles pour la pratique; et dans tous les cas, elles détourneraient l'attention du lecteur de la question qui nous occupe, et qui dépend plus de la direction, que de l'intensité des forces agissantes.

287. En opérant comme nous l'avons dit au n° **285**, on obtiendra la direction de la plus grande pente du plan tangent, non-seulement pour chaque point de l'hélice 0-8, mais encore, si l'on veut, pour un point quelconque du lit. La figure **7** contient les traces horizontales des plans tangents aux points 0, 1, 2, 3, 4, 5, etc., du joint hélicoïdal 0-8; cela nous suffit pour expliquer ce qu'il est essentiel de bien comprendre dans la question actuelle. Chaque flèche indique la direction de la ligne de plus grande pente pour le plan tangent correspondant. Cette direction change à mesure que l'on s'élève en suivant l'hélice 0-8, ce qui a conduit plusieurs ingénieurs à faire une observation très-importante.

288. Supposons, par exemple, qu'une partie du berceau circulaire, projeté sur les figures **6** et **7**, forme la voûte d'un pont biais dont le plan de tête An', parallèle à CD, serait, comme nous l'avons dit bien des fois, perpendiculaire ou à peu près, à la tangente horizontale OL de l'hélice d'intrados 0-8. On remarquera que depuis la flèche 0 jusqu'à celle qui correspond au point x, les lignes de pente des plans tangents sont dirigées du côté du plan de tête où existe le vide; tandis que, depuis la flèche x jusqu'au point qui est le plus élevé de la voûte, ces flèches sont dirigées du côté où la masse de la maçonnerie oppose une résistance suffisante. D'où il résulte que si l'on supprimait toute la partie de voûte qui est au-dessous de la génératrice horizontale qui contient le point x de l'hélice 0-8, on aurait retranché tous les voussoirs qui tendent à se détacher de la masse.

Les voûtes biaises projetées sur les figures **14** et **21** feront comprendre l'application du principe que nous venons d'exposer, et l'on conçoit alors combien il devient intéressant de connaître exactement la hauteur de la génératrice horizontale au-dessous de laquelle les voussoirs tendent à être entraînés dans le vide. M. Buck, dans l'ouvrage que nous avons plusieurs fois cité; M. de Gayffier, dans l'une des notes du manuel, et M. de la Gournerie dans son Mémoire (*Annales des Ponts*), ont employé le calcul pour déterminer la position du point dont il s'agit. Nous n'emploierons ici que la géométrie descriptive qui nous donnera une exactitude suffisante pour la pratique.

289. Supposons que le point O de l'hélice O-8, se mette en mouvement sur cette courbe, en entraînant avec lui le plan tangent à la surface réglée hélicoïdale qui forme le joint continu ABO. Ce plan changera de direction pour chaque position du point mobile, et la question revient à déterminer quelle doit être la position de ce point, pour que le plan tangent correspondant soit perpendiculaire au plan An' de la tête, ou, ce qui est la même chose, parallèle à une droite ON qui serait perpendiculaire au plan vertical An'. Le problème à résoudre peut donc s'énoncer ainsi : *construire un plan tangent à une surface réglée hélicoïdale, parallèlement à une droite donnée.* Cette question que nous avons déjà rencontrée au n° 380 du *Traité des Ombres*, peut être résolue de la manière suivante :

Le plan tangent au joint réglé hélicoïdal, en un point quelconque de l'hélice O-8, sera déterminé par la tangente à cette courbe, et par la normale génératrice de la surface du joint. Ces deux lignes perpendiculaires l'une à l'autre, coupent la génératrice du cylindre d'intrados, suivant des *angles constants*; d'où il suit que les plans tangents aux différents points de l'hélice O-8, feront tous le même angle avec l'axe du cylindre, et par conséquent seront tous également inclinés sur le plan de section droite $n'v'$ ou IN. Cette inclinaison sera exprimée par l'angle ALO, parce qu'au point 8 de l'hélice O-8, le plan tangent devient vertical, puisqu'il contient évidemment la verticale projetante du point O.

Or, si nous faisons tourner autour de l'axe de la voûte le plan vertical tangent au point 8 du joint réglé hélicoïdal ABO, la droite horizontale OL engendrera le cône circulaire LOI, et tous les plans tangents à ce cône couperont le plan de section droite IL suivant l'angle constant ALO. Mais parmi tous les plans tangents au cône dont nous venons de parler, il y en aura un parallèle au plan demandé, et pour obtenir *sa direction* dans l'espace, il suffira de construire un plan tangent au cône LOI perpendiculairement au plan An' de la tête. Pour cela, on tracera :

1° La projection horizontale d'une droite ON passant par le sommet O du cône, et perpendiculaire au plan An' de la tête.

2° La projection verticale O'N' de cette droite sera parallèle au plan horizontal et par conséquent à la droite $n'v'$.

3° Le cercle de rayon O'L', **fig. 6**, sera la section du cône LOI par le plan IL perpendiculaire sur son axe.

4° On déterminera le point N' suivant lequel la droite ON perce le plan vertical qui contient la base IL du cône.

5° La droite N'K' tangente au cercle de rayon O'L' pourra être considérée comme la trace verticale du plan tangent vertical OL que l'on aurait fait tourner autour du cône auxiliaire, jusqu'à ce qu'il contienne la droite ON, et qu'il soit par conséquent perpendiculaire au plan An' de la tête.

6° Le rayon $n'k'$ parallèle à la trace K'N' du plan tangent déterminera la projection x' du point cherché sur le plan de section droite $n'v'$, et par suite la projection horizontale x du même point sur l'hélice d'intrados 0-8, **fig. 7**.

Le plan tangent au point xx' contiendra la droite $x'r'$, xr, tangente au point x de l'hélice 0-8 et la normale xe génératrice du joint continu AOB, **fig. 7**. Si l'on a bien opéré, la trace er de ce plan sera perpendiculaire au plan An' de la tête, et sa ligne de plus grande pente xy sera par conséquent parallèle aux têtes.

290. La droite N'H' tangente au cercle de rayon O'L' et la droite $n'h'$ parallèle à N'H' détermineront le point z', situé sur la figure **6**, à la même hauteur que le point x', et le point zz' jouira encore de cette propriété que, le plan tangent au joint continu CEn' sera perpendiculaire aux têtes.

291. Pour mieux faire comprendre l'explication précédente, nous avons pris le point OO' de l'hélice 0-8 pour sommet du cône auxiliaire ; mais, pour dégager l'épure, on pourra transporter ce cône à telle place que l'on voudra. Ainsi, par exemple, après avoir pris, **fig. 1**, un point quelconque OO' de l'espace, on tracera :

1° La droite OI parallèle au développement BO''' de l'hélice 0-8, **fig. 17** ; le triangle isocèle LOI, **fig. 1**, sera la projection horizontale du cône auxiliaire.

2° Le cercle de rayon O'L' sera la section de ce cône par le plan de section droite NI.

3° La droite ON perpendiculaire sur An', **fig. 7**, sera l'intersection des deux plans tangents perpendiculaires au plan de tête ; les deux tangentes NK' et N'H', **fig. 1**, détermineront les directions des rayons $n'k'$ et $n'h'$, **fig. 6**, et par suite les points demandés x' et z'.

292. Si l'on projette les deux hélices AO, BO d'intrados et d'extrados sur un plan parallèle aux têtes, **fig. 8**, les projections A''A'' et B''B'' de ces deux courbes seront coupées par la projection $o''O''o''$ de l'hélice 0-8 en deux points b et d. La partie bd de la projection 0''-8'' se confondra d'une manière sensible avec la projection verticale commune aux deux droites ex et rx, **fig. 7**, de sorte que la droite bdr'', **fig. 8**, sera l'intersection du plan vertical C''D'' et du plan tangent au point $xx'x''$ du joint hélicoïdal, ce qui doit être, puisque ce plan tangent est perpendiculaire aux plans de tête, et par conséquent au plan de la figure 8. Le point x'', suivant lequel le point x se projette sur la figure 8, sera compris entre b et d, et situé à peu près à égale distance de ces deux points.

293. Inclinaison des joints continus. — Les flèches dessinées sur la figure 7 indiquent seulement la direction de la ligne de plus grande pente du lit de pose, pour chaque point de l'hélice 0-8 ; il est évident que ces flèches ne peuvent pas exprimer la résultante de la pression, dont l'intensité dépend d'un trop grand nombre de conditions pour qu'elle puisse être apprécíée avec quelque apparence d'exactitude. Mais si l'on ne peut pas déterminer l'intensité de la force qui agit sur chaque point du lit, il est facile de connaître l'inclinaison ou la pente du plan qui touche la surface en ce point.

294. Ainsi, par exemple, si l'on veut connaître l'angle que fait avec l'horizon le plan qui touche le joint réglé hélicoïdal au point 5 de l'hélice 0-8, on fera tourner le plan 5-m de cet angle autour de la verticale projetante du point 5. Par suite de ce mouvement, le sommet m de l'angle cherché décrira l'arc de cercle horizontal mm', et lorsque le point m sera parvenu en m' on le projettera en m'' sur la figure 6. La droite 5'-m'' sera la ligne de plus grande pente du plan tangent P_5 et l'angle 5'-m''-5" exprimera son inclinaison.

La figure 15 représente le plan de section droite sur lequel tous les angles d'inclinaison rabattus auraient été projetés, en opérant comme nous venons de le faire pour l'angle 5'-m''-5". Le demi-cercle 0-8-0 est la projection de l'hélice 0-8, et les hypoténuses des triangles rectangles désignés par des hachures sont les lignes de pente des plans tangents aux points correspondants de l'hélice 0-8.

295. Inclinaison des joints transversaux. — Les ingénieurs qui ont écrit sur la construction des ponts biais se sont principalement occupés des pressions qui ont lieu sur les joints continus; mais ils ont presque entièrement négligé l'étude des effets produits sur les joints transversaux. Or, quoique les pressions qui agissent sur les petites surfaces obliques qui forment les joints de tête des moellons, des briques ou des voussoirs en pierres taillées d'une voûte biaise, soient détruites en grande partie par la courbure des lits et par la liaison des matériaux, il n'en existe pas moins un nombre considérable de petites résultantes, dont les inclinaisons en sens contraire tendent à produire un mouvement de torsion autour de la verticale qui contient le centre de la voûte, lorsqu'au moment du décintrement les mortiers n'ont pas acquis une consistance suffisante. Je crois donc que l'on a eu tort de négliger ce côté de la question, et je vais essayer de combler en partie cette lacune.

296. Pour plus de simplicité, nous supposerons que les assises de rang pair glissent sur leurs lits jusqu'à ce que leurs joints transversaux soient venus se placer dans le prolongement des joints des assises impaires, de manière à former une surface normale continue ayant pour directrice l'ellipse CD qui provient de la section du berceau par un plan vertical parallèle aux têtes. Cette hypothèse, qui ne change rien à la direction ni à l'intensité des forces qui agissent sur l'ensemble des joints transversaux, nous permettra d'en étudier plus facilement les effets. Enfin, nous rappellerons (53) que dans le cas d'un berceau circulaire, comme celui qui fait le sujet de cette étude, l'arête d'extrados de la surface réglée qui forme le joint transversal est une ellipse projetée sur le plan horizontal par la droite EF et sur le plan de section droite, **fig. 6**, par la demi-circonférence E'F'.

Le plan tangent à la surface du joint en un point quelconque 4 de l'ellipse moyenne 0-8-0, sera déterminé par la normale 4-s, génératrice de la surface du joint, et par la tangente au point 4 de l'ellipse 0-8-0. Cette tangente, dont la projection horizontale 4-c se confond avec celle de la courbe 0-8-0, aura pour projection verticale la droite 4'-c' perpendiculaire au rayon s'-4 du demi-cercle 0-8, suivant lequel se projette l'ellipse 0-8-0, **fig. 6**.

Les points c, s, traces horizontales des deux droites 4-c, 4-s, détermineront la trace horizontale cs du plan tangent au point 4 de la surface réglée qui forme le joint transversal FDO, et la flèche 4 perpendiculaire sur cs sera la direction de la ligne de plus grande pente du plan tangent au point 4 de cette surface. Les mêmes opérations répétées feront connaître les lignes de pentes de tous les plans tangents aux différents points de l'ellipse 0-8-0 ; les directions de ces lignes sont indiquées par les flèches correspondantes.

297. Pour obtenir l'inclinaison du plan tangent en un point quelconque 3 du joint transversal ECO, on agira comme nous l'avons fait au numéro 294. Ainsi on fera tourner le plan vertical 3-a, qui contient l'angle demandé autour de la verticale projetante du point 3 ; par ce mouvement, le point a, sommet de l'angle cherché, décrira l'arc horizontal aa', et lorsque ce point sera parvenu en a', on le projettera en a'', et l'angle $3''$-a'-$3'$ exprimera l'inclinaison du plan tangent au point 3. Si l'on rabat de la même manière les angles d'inclinaison des plans tangents aux points qui divisent le quart d'ellipse 0-8 en parties égales, on obtiendra la figure **16**.

298. En comparant les figures **15** et **16**, on pourra facilement apprécier la loi suivant laquelle varient les inclinaisons des plans tangents à mesure que le point de tangence se déplace sur l'hélice moyenne 0-8 du joint continu AOB, ou sur l'ellipse moyenne 0-8-0 du joint transversal ECDFO. Ainsi on reconnaîtra, en regardant la figure **15**, que l'inclinaison du plan tangent au joint réglé hélicoïdal est égal à l'angle intradossal, lorsque le point de tangence o est situé dans le plan de naissance; mais, à mesure que ce point s'élève sur l'hélice moyenne 0-8, le plan tangent se redresse et devient vertical lorsque le point de tangence 8 arrive au point le plus élevé de la voûte, tandis que pour le joint transversal, **fig. 16**, le plan tangent vertical au point 8 et à la naissance s'incline beaucoup moins entre ces deux limites que les plans tangents au joint continu, et resterait constamment vertical si le pont n'était pas oblique. Nous verrons plus tard quels sont les effets produits par ces différences d'inclinaison.

299. *Poussée.* Nous avons dit (280) que la force CF, qui agit obliquement sur un plan P, **fig. 13**, se décomposait en trois forces CF_3 CF_1 CF_4 la première verticale, la seconde parallèle au plan, et la troisième horizontale. La première CF_3 de ces forces sera détruite par le sol, qui oppose toujours une résistance suffisante, pourvu toutefois que les fondations soient assises sur des lits parfaitement horizontaux et que les matériaux employés pour la construction des piles soient de nature à supporter sans écrasement tout le poids de la masse supérieure. La force CF_1 parallèle au plan sera détruite par la résistance des pierres adjacentes et remplacée par les pressions qui agissent sur les lits de pose de ces pierres.

Quant à la force CF_4 qui, comme nous l'avons déjà dit, exprime la *poussée au vide*, elle doit attirer toute notre attention. En effet, si les assises du massif de maçonnerie sur lequel agit la poussée ne sont pas bien liées entre elles, elles glisseront sur leur lit et prendront un mouvement horizontal ; mais si l'on est parvenu, par l'emploi de bons mortiers et par un appareil étudié avec soin, à relier toutes les parties de la construction, de manière qu'elles ne puissent pas être séparées, il ne restera plus qu'à empêcher le renversement de la pile, en détruisant la poussée CF_4 ou bien en détournant la direction de cette force vers les points où elle rencontrerait une résistance insurmontable, et l'on comprendra facilement que c'est en cela que consiste la partie essentielle du problème à résoudre ; car, si la poussée horizontale pouvait agir, les points d'appui céderaient à la pression des constructions supérieures, et toutes les précautions que l'on aurait prises pour empêcher le glissement des voussoirs deviendraient complétement inutiles. Or, pour détruire la poussée au vide, il faut en connaître la direction, et c'est vers ce but que nous allons diriger nos recherches.

300. Pour mieux faire comprendre ce que nous allons dire, nous désignerons sur la figure **20** et sur les figures suivantes la poussée horizontale CF par une flèche tracée en noir, et la force inclinée, parallèle au lit de pose, par une flèche ponctuée CF_1

301. Si nous examinons, **fig. 11**, les effets qui résultent de la pression sur un joint réglé hélicoïdal, que nous supposerons d'abord complet, c'est-à-dire d'une naissance à l'autre, nous voyons que les pressions verticales ou inclinées, qui agissent sur toute l'étendue du lit, pourront être réduites à quatre forces CF CF CF_1 CF_1. Les deux premières, qui tendent à entraîner les voussoirs sur leur lit, seront détruites par la résistance des pierres adjacentes et sont, pour cette raison, exprimées sur la figure par des flèches ponctuées (300), tandis que les forces F_1 F_1 expriment les poussées horizontales qui tendent à faire reculer la masse qui contient le lit de pose dans le sens indiqué par chacune des deux flèches tracées en noir sur la figure.

Il est donc évident qu'il y aura ici un effet de torsion analogue à celui qui est produit par le vent sur les paraboloïdes hyperboliques, inclinées en sens contraire, qui forment les deux ailes opposées d'un moulin. Ainsi, les deux résultantes principales F_1 F_1 des poussées qui agissent sur le joint réglé hélicoïdal, qui est projeté figure **11**, produiront un couple M dont l'effet sera de faire tourner la voûte autour de la verticale du point O, dans le sens indiqué par les flèches m.

302. Si actuellement nous examinons la figure **2**, sur laquelle on a projeté l'une des surfaces réglées parallèles aux joints de tête ou discontinus des voussoirs, on voit que les résultantes F_2 F_2 des poussées horizontales, qui agissent sur ces joints, formeront un couple N, qui aura pour effet de faire tourner la voûte autour de la verticale du point O, dans le sens indiqué par les flèches n.

303. Or, si nous supposons actuellement que les deux surfaces projetées sur les figures **11** et **2** soient réunies, comme on le voit figure **10**, il est évident que les deux couples M et N se composeront en un seul, dont le sens et l'énergie dépendront de l'énergie et du sens des deux couples composants.

Supposons, par exemple, que les poussées qui agissent sur le joint réglé hélicoïdal soient exprimées pour leurs grandeurs et pour leurs directions par les forces F_1 F_1 et que les poussées sur le joint transversal soient représentées par les forces F_2 F_2 ces quatre forces se composeront en deux résultantes F_3 F_3 égales et parallèles, qui formeront un couple R dont l'effet sera de faire tourner dans le sens indiqué par les flèches r.

304. On remarquera que les deux couples composants, étant de sens contraires, se détruiront en partie, ce qui diminue l'énergie de la force qui produit la torsion lorsqu'au moment du décintrement, les mortiers ne sont pas bien pris. Mais on reconnaît en même temps que pour réduire à *zéro* le couple résultant, il faudrait que les deux forces F_3 rencontrassent la droite verticale suivant laquelle se coupent les deux surfaces de joint, ce qui exigerait un concours de circonstances que l'on peut désirer, mais que l'on obtiendra très-rarement. En effet, on remarquera :

1° Que dans l'application, **fig.** 18, les joints transversaux sont toujours complets, tandis que les joints longitudinaux, **fig.** 19, ne le sont pas, puisque beaucoup d'entre eux sont tronqués par les plans des têtes;

2° Que les joints longitudinaux sont plus longs que les joints transversaux, d'où il résulte qu'ils auront à supporter une plus forte masse de maçonnerie;

3° Que cette différence sera en partie compensée par cela, que les plans tangents aux différents points du joint continu ont moins de pente que les plans qui sont tangents aux points situés à la même hauteur sur le joint transversal, comme on peut s'en assurer en comparant les inclinaisons de ces plans sur les figures 15 et 16;

4° Qu'enfin tous les voussoirs qui forment l'une des assises hélicoïdales de la voûte pourraient glisser ensemble sur le joint de lit correspondant en entraînant avec eux les assises supérieures, tandis que la liaison des pierres ne leur permet pas de glisser sur leurs joints de tête.

Il est donc évident que les conditions d'équilibre ne sont pas les mêmes pour les deux sortes de surfaces de joint; que par conséquent, à moins de circonstances exceptionnelles, les deux résultantes F_3 F_3, **fig.** 10, ne passeront pas par le centre de la voûte, et le couple résultant ne sera pas nul.

305. Mais quand même le couple résultant formé par les deux forces F_3 serait nul, cela n'empêcherait pas les poussées particulières produites par chacun des couples composants, et si au moment du décintrement les mortiers n'ont pas acquis une résistance suffisante, les voussoirs glissant sur leurs lits agiront comme des coins, et l'action des résultantes n'étant plus détruite par la liaison des matériaux, ces forces pousseront les piles et tendront à les renverser.

306. Pour expliquer plus facilement tout ce qui précède, nous avons supposé qu'il n'y avait que deux surfaces de joint, savoir, **fig. 10** :

1° Le joint hélicoïdal ou lit de pose HH ;
2° Le joint transversal TT.

Mais cela ne se passe pas ainsi dans l'application. Ainsi, par exemple, **fig. 19**, concevons un pont oblique dans lequel il y aurait un joint complet hélicoïdal HH, et six joints incomplets hh, $h'h'$, $h''h''$. Les résultantes de toutes les poussées seront exprimées par dix forces dont cinq agiront pour renverser la pile A, tandis que les cinq autres pousseront la pile B. Les cinq forces qui agissent sur la pile A auront une résultante égale et parallèle à celle qui serait produite par les forces qui agissent sur la pile B; de sorte que le tout se réduira encore à un seul couple M tendant à produire un mouvement de rotation autour du centre, dans le sens indiqué par les flèches m. Il en sera de même de toutes les forces qui agissent sur les joints transversaux projetés sur la figure **18**, de sorte que si l'on superpose les deux figures, on aura encore deux couples, M et N, qui se composeront en un seul comme nous l'avons indiqué, **fig. 10**.

Par des motifs qui seront exposés dans le chapitre suivant, nous avons supposé que le joint transversal avait pour arête d'intrados une ellipse parallèle à l'arc de tête. Mais, si cette arête était une hélice perpendiculaire aux arêtes des joints continus, cela ne changerait rien aux considérations générales que nous avons développées.

CHAPITRE IV.

Joints - plans.

307. Joints transversaux. — On sait que pour obtenir les conditions d'équilibre auxquelles doit satisfaire une bonne construction, il faut détruire non-seulement la résultante et le couple résultant qui proviennent de l'ensemble des pressions, mais encore les couples et les résultantes partielles qui agissent sur les parties de l'édifice qui ne seraient pas suffisamment reliées avec la masse principale. Nous n'essayerons pas de déterminer le couple résultant, dont le sens et l'énergie dépendent, comme nous l'avons dit plus haut, de la taille plus ou moins parfaite des voussoirs, de la qualité des mortiers, du soin que l'on aura mis dans la pose, des frottements, de la courbure plus ou moins grande des joints et des surfaces de pose, enfin de l'enchevêtrement et de la liaison des briques, moellons ou pierres taillées qui composent la voûte.

308. Mais s'il est à peu près impossible de déterminer le couple et les résultantes de toutes les pressions obliques qui agissent sur une voûte biaise, on peut essayer de détruire *séparément* les couples composants, et d'arriver par ce moyen aux meilleures conditions de stabilité.

Nous avons déjà fait remarquer qu'en réduisant le berceau à la partie qui est au-dessus des horizontales projetantes des points x' et z', **fig. 6**, on supprimerait tous les voussoirs qui tendent à glisser vers le vide, comme cela est indiqué par la direction des flèches 0, 1, 2 et 3, **fig. 7**. Lorsqu'on arrive au point xx' la ligne de pente devient parallèle au plan de la tête, et au-dessus de ce point, les forces étant à peu près parallèles, agissent dans un sens où la masse des piles ou des culées oppose à la poussée une résistance suffisante. Ce sont les considérations précédentes qui ont engagé quelques ingénieurs à élever les piles jusqu'à la hauteur des points x' et z' de la figure **6**, ce qui réduit l'arc de tête, **fig. 14**, à la courbe zox, au lieu de la demi-ellipse aoc que l'on aurait obtenue si l'on avait conservé pour section droite la demi-circonférence entière, **fig. 6**.

On remplace quelquefois l'arc d'ellipse zox de la figure **14** par un arc de cercle $z'o'x'$, **fig. 21**, dont le centre est placé assez bas pour que les points de naissance z' et x' satisfassent aux conditions que nous avons énoncées au n° 288.

309. Il est à peu près inutile de ramener les pressions qui agissent sur les joints de lit, dans des directions parallèles aux têtes, si l'on conserve des surfaces normales pour joints transversaux. En effet, on remarquera, **fig. 7** et **19**, que les joints continus hélicoïdaux combinés deux à deux sont presque vis-à-vis l'un de l'autre, d'où il résulte que les poussées en sens contraires qui agissent sur ces joints se détruisent en partie, tandis que pour les joints transversaux, **fig. 18**, les forces qui poussent dans un sens ne seront pas détruites par les poussées qui agissent en sens contraire ; et le couple résultant de toutes ces forces aura d'autant plus d'énergie que les plans tangents sont presque verticaux, **fig. 16**, d'où il résulte que la pression exercée par les voussoirs sur leurs joints de tête est analogue à l'action produite sur les faces presque verticales d'un coin très-aigu.

310. Or cette dernière circonstance porte avec elle son remède. En effet, de ce que les surfaces de joints transversaux sont presque verticales, il s'ensuit que l'on peut les remplacer sans inconvénient par des plans verticaux, ce qui ne diminue pas la solidité de la voûte dont les voussoirs seront suffisamment soutenus sur leurs lits par la pression des assises adjacentes. Ainsi, on détruira *complétement* la torsion produite par le poids des voussoirs sur les joints transversaux en remplaçant chacun de ces joints par un plan parallèle à la tête du pont.

311. On conçoit que l'on pourrait hésiter à prendre ce parti s'il s'agissait d'un berceau en plein cintre, ayant pour section droite une demi-circonférence, **fig. 6**; mais dès que l'on supprime les parties de voûtes situées au-dessous du plan horizontal qui contient les points x' et z', les inconvénients ne sont plus les mêmes. En effet, dans toute la partie conservée du berceau, **fig. 6**, la surface de douelle ZX est presque horizontale, et la section par des plans parallèles aux têtes se fera suivant des angles qui, étant droits à la hauteur du point Q, **fig. 6**, diminuent depuis ce point jusqu'à la hauteur des lignes de naissance Z et X.

312. Il peut être utile de savoir si le plus petit de tous ces angles n'excède pas la limite au delà de laquelle il serait imprudent de se confier, et, pour cela, on cherchera l'angle que le plan de tête, ou tout autre plan qui lui serait parallèle, fait avec le plan tangent au cylindre d'intrados, suivant l'une des lignes de naissance Z ou X. Or, si nous employons le plan de la fig. 6 comme plan vertical de projection, le plan P tangent au cylindre d'intrados, suivant la génératrice horizontale Z, aura sa trace horizontale parallèle à l'axe On' du cylindre et sa trace verticale perpendiculaire au rayon $n'z'$.

Le plan P_1 coïncidant avec l'une des têtes An' du pont, aura sa trace verticale $n'P_1$ perpendiculaire à E'F'. Les traces verticales des deux plans tangents P et P_1 se couperont au point V. Les traces horizontales PG et $P_1 n'$ des mêmes plans se rencontreront au point U; de sorte qu'en faisant GU' égal à GU, la droite U'V sera l'intersection de ces deux plans, rabattue sur la figure 6; la droite ZS, perpendiculaire sur l'intersection rabattue U'V, déterminera en S le sommet de l'angle cherché, que l'on rabattra en ZS'n', en le faisant tourner autour de n'Z (*Géométrie descriptive*).

313. L'opération précédente sera plus simple encore si l'on prend le plan vertical de projection P_2, **fig. 8**, parallèle aux têtes du pont. Dans ce cas, le plan P tangent au cylindre d'intrados, en un point X" de la ligne de naissance X, aura sa trace horizontale RP parallèle à la direction du berceau. L'angle cherché aura son sommet en X" et sera situé dans le plan P_3 perpendiculaire en même temps au plan tangent P et au plan P_2 de la tête; de sorte qu'en faisant tourner le plan P_3 autour de sa trace horizontale MU, on obtiendra MX'''U pour l'angle formé par la douelle et par le plan P_2 de la tête, à la hauteur des génératrices X et Z, **fig. 6**. Si l'on a bien opéré, l'angle MX'''U de la fig. 8 doit être égal à l'angle ZS'n' de la figure 6.

Ces angles seront moins aigus que ceux qui ont lieu à la naissance de l'arête de tête lorsque l'on emploie une section droite demi-circulaire et que l'on ne fait pas de corne de vache. Dans tous les cas, on pourrait adopter des plans normaux pour les joints discontinus des premières assises et des plans verticaux pour les joints les plus rapprochés de la clef. Mais je crois que l'avantage d'éviter les mouvements de torsion produits par l'emploi des joints normaux discontinus, **fig. 18**, compense l'inconvénient qui résulte de quelques angles aigus dans le voisinage des naissances, d'autant plus que ces angles, n'étant pas isolés, seront, comme nous l'avons déjà dit (273), à l'abri des causes extérieures de destruction; qu'en outre, ces joints *verticaux* n'auront à supporter aucun poids, **fig. 4**. Or il est évident qu'un angle aigu, *qui ne porte rien*, durera plus longtemps qu'un angle droit et même obtus, qui devrait résister à une grande pression.

314. Tout ce que nous avons dit sur l'inconvénient des surfaces normales employées pour joints transversaux s'applique à plus forte raison aux joints postérieurs des voussoirs de tête. En effet, les voussoirs courants, enclavés dans la masse, sont retenus par les pressions qui agissent sur eux dans tous les sens; et s'ils sont poussés par les pierres qui sont derrière eux, ils sont arrêtés par celles qui les précèdent; mais il n'en est pas de même des claveaux qui forment l'arc de tête.

Nous avons déjà parlé des effets qui résultent de l'inclinaison en sens contraire des surfaces d'extrados (264), et nous avons indiqué les moyens de combattre ces mouvements. Mais la presque verticalité des joints postérieurs sera ici d'autant plus dangereuse que rien ne s'oppose aux pressions qui seraient de nature à chasser les voussoirs dans le vide. Or, si l'on jette un coup d'œil sur la figure 5, on reconnaîtra facilement que la partie A de la tête sera *poussée* dans le vide par la pression de la maçonnerie M de la voûte sur le joint incliné COE, tandis que la partie B de la tête prendra le même chemin en *glissant* sur le joint DOF de la partie N de la voûte; c'est pourquoi il faut couper les voussoirs de la tête par un plan vertical parallèle au parement extérieur qui forme cette face.

315. Ainsi, en résumant ce qui précède, nous arrivons aux conclusions suivantes, **fig. 4** :

1° On élèvera les piles jusqu'à la hauteur des points Z et X, afin de supprimer les parties de joints hélicoïdaux dont la pente est dirigée vers le vide.

2° Les joints postérieurs des voussoirs de tête seront formés par des plans parallèles aux têtes, afin d'éviter les glissements vers le vide dont nous venons de parler dans l'article qui précède.

3° Les joints transversaux seront également formés par des plans parallèles aux têtes pour éviter le mouvement de torsion qui a lieu pendant le décintrement, lorsque les mortiers n'ont pas acquis une résistance suffisante.

Ces dispositions d'appareil sont indiquées sur la figure 4, qui contient les deux projections d'un pont circulaire. Sur le plan horizontal, les arêtes des joints continus sont projetées par des courbes que l'on obtiendra en construisant le développement qui n'a pas été conservé sur l'épure, et les arêtes des joints transversaux ont pour projections des droites parallèles au plan P de la tête.

316. Berceau circulaire. Joints plans. — Ce qui augmente beaucoup les difficultés que l'on rencontre dans la construction des ponts biais, c'est *l'incompatibilité* qui existe entre les conditions auxquelles on doit chercher à satisfaire pour résoudre convenablement la question proposée. Ces conditions peuvent être classées de la manière suivante :
1° *Considérations géométriques.*
2° *Considérations mécaniques.*
3° *Considérations pratiques.*

317. Si l'on veut satisfaire aux conditions géométriques, il faut éviter partout les angles aigus ; alors on a des arêtes de joints à double courbure, des joints normaux, réglés et gauches, difficiles à bien tailler et dont les inclinaisons en sens contraires produisent des mouvements de rotation et des poussées au vide dangereuses.

318. Si au contraire on veut satisfaire aux meilleures conditions de stabilité, il faut accepter des angles aigus souvent moins à craindre que l'on ne le pense, lorsqu'ils n'ont rien à supporter.

319. Enfin, si l'on veut satisfaire aux conditions pratiques, il faut remplacer les surfaces quelquefois trop compliquées, indiquées par la théorie, par d'autres qui s'en rapprochent autant que possible, mais dont la simplicité géométrique permet d'obtenir dans la taille et dans la pose une précision qui remplace, presque toujours avec un très-grand avantage, une exactitude théorique qu'il serait souvent très-difficile d'obtenir en exécution.

320. Dans le premier chapitre, que l'on peut regarder comme une étude des *joints normaux*, nous avons cherché principalement à satisfaire aux conditions géométriques en évitant les angles aigus. Ainsi, les hélices perpendiculaires ou à peu près à la corde de la sinussoïde, suivant laquelle se développe l'arc de tête, rencontreront cette courbe suivant des angles qui différeront peu de l'angle droit. Les arêtes des joints transversaux, étant perpendiculaires aux hélices qui forment les arêtes des joints continus, partagent la douelle du berceau en quadrilatères rectangles. Les surfaces réglées hélicoïdales qui forment les joints continus et transversaux, se coupent à angles droits et sont partout normales au cylindre d'intrados ; enfin, la corne de vache, employée sur la planche 7, fait disparaître les angles aigus qui auraient lieu si la douelle et les joints continus étaient prolongés jusqu'au plan de tête.

Mais on ne peut satisfaire à ces conditions que par des opérations nombreuses et délicates, qui exigent des ouvriers habiles et augmentent la dépense d'une manière sensible. L'usage des beuveaux abrége, il est vrai, la taille des voussoirs, mais c'est presque toujours aux dépens de l'exactitude, et l'on perd alors, par l'imperfection du travail, ce que l'on a voulu gagner en vitesse.

321. Nous avons vu, dans le chapitre précédent, que l'emploi des surfaces normales donnait lieu à des mouvements de rotation que l'on doit surtout chercher à combattre, et c'est pour atteindre ce but que nous avons remplacé par des plans verticaux les surfaces réglées des joints discontinus.

322. Lorsque la voûte entière sera en pierre de taille, on devra conserver les surfaces réglées hélicoïdales qui forment les joints de lit; mais, si le pont est en maçonnerie et que l'arc de tête seulement soit en pierres appareillées, on pourra, *sans aucun inconvénient*, employer des plans pour les faces latérales des voussoirs de tête. La simplicité, et par suite l'exactitude que l'on obtiendra dans la taille de ces voussoirs, compenseront avec un très-grand avantage l'irrégularité *insensible* que l'on croirait pouvoir reprocher à cette méthode sous le rapport de la théorie.

323. Si l'on remplace les joints réglés hélicoïdaux par des plans, les coupes de joint sur la tête, **fig. 7, pl. 12**, seront des lignes droites que l'on fera normales à l'arc de tête. Chaque plan de joint sera déterminé par l'une de ces normales et par la corde de l'arc d'hélice correspondante.

324. Si, comme nous le supposerons dans l'exemple actuel, la section droite du berceau est un arc de cercle rabattu, **fig. 13**, l'arc de tête sera un arc d'ellipse X'Z', et les normales à cette courbe seront tangentes à sa développée GK. Or, si nous avions conservé les joints réglés hélicoïdaux et si nous avions remplacé les coupes de joint sur la tête par leurs tangentes, il aurait fallu diriger ces lignes, **fig. 7**, vers le foyer O' (105). Mais il suffit de regarder la figure pour reconnaître que les droites qui remplaceraient alors les coupes de joint sur le plan de tête, différeraient très-peu des normales à l'arc d'ellipse X'Z'; d'où il résulte qu'en prenant ces normales pour arêtes de joint, on sera très-près de satisfaire à la *condition géométrique*.

Dans ce cas, le *joint plan* différant très-peu du *joint réglé*, et par conséquent de son plan tangent, l'arc **elliptique**, suivant lequel le cylindre d'intrados sera coupé par le joint, différera très-peu de l'arc d'**hélice** que l'on aurait obtenu si l'on avait conservé les surfaces réglées hélicoïdales (236). Ce que nous venons de dire étant bien compris, nous allons passer à l'étude des opérations graphiques.

325. Épure. — La section droite $X''I''$ rabattue, **fig. 13**, est une partie de la circonférence d'un cercle $E_4 I''$ dont le centre est projeté au point C. Pour satisfaire aux considérations que nous avons développées aux numéros 288 et 308, on a supprimé toute la partie du cylindre qui aurait pour directrice l'arc de section droite $E^{iv}X''$. L'arc conservé $X''I''$, **fig. 13**, étant partagé en parties égales, on tracera les génératrices correspondantes sur le développement, **fig. 15**, et sur les projections, **fig. 8** et **7**. On déterminera la direction des hélices développées sur la figure 15 et l'on projettera ces courbes sur les figures 8 et 7, puis on étudiera l'appareil de tête sur ces deux figures.

Les faces postérieures des voussoirs de têtes seront projetées sur la figure 8 par des droites parallèles au plan P de la tête. Ces droites sont par conséquent les projections horizontales des deux ellipses, suivant lesquelles le cylindre circulaire qui forme l'intrados du berceau est coupé par les plans verticaux P_2 et P_3 parallèles aux têtes. Les arcs d'ellipse $M_2 M_2$ et $M_3 M_3$ **fig. 7** et 8, seront égaux, parallèles à l'arc de tête $X'Z'$, et se développeront sur la figure 15 suivant les deux sinussoïdes $M_2 M_2$ et $M_3 M_3$ égales et parallèles à la sinussoïde $X'''Z'''$. Les joints de coupe sur la tête seront formés par des normales à l'arc d'ellipse $X'Z'$, et tangentes par conséquent à la développée GK.

326. Pour construire ces normales on peut opérer de plusieurs manières que je crois utiles de rappeler.

Première méthode, **fig. 17** : On déterminera les foyers F et F', et l'on tracera les deux rayons vecteurs FM et F'M ; ce qui donnera l'angle FMF' dont la bissextrice NMU sera la normale demandée.

Deuxième méthode, **fig. 12** : On tracera l'arc de cercle OK de rayon CO et l'ordonnée MP du point par lequel on veut construire la normale. La droite UD, tangente au cercle, déterminera le point D par lequel on tracera DM tangente à l'ellipse.

Enfin, la ligne NM, perpendiculaire sur DM, sera la normale demandée.

327. Développée. — Si l'on construit avec beaucoup de soin un nombre suffisant de normales, **fig. 5**, elles formeront elles-mêmes la développée GDK; mais on peut déterminer et par conséquent vérifier les différents points de cette ligne, en opérant de la manière suivante :

1° On construira, **fig. 3**, le rectangle ECBS sur les deux rayons principaux CE et CB de l'ellipse.

2° On tracera la diagonale EB et la droite SK perpendiculaires sur EB.

On obtiendra de cette manière le point G et le point K, ce qui déterminera d'un seul coup le plus petit et le plus grand rayon de courbure de l'ellipse. Ainsi GE sera le rayon de courbure au point E, et KB sera le rayon du cercle osculateur au point B. Pour obtenir les points intermédiaires de la courbe GH, on agira ainsi :

1° En un point M de l'ellipse, **fig. 4**, on construira la tangente DH, sur laquelle on portera MD égal au plus petit rayon de courbure GE.

2° On fera MN égal à la partie MU de la normale comprise entre l'ellipse et son plus grand diamètre EE.

3° On joindra le point D avec N, et l'on tracera successivement NH perpendiculaire sur DN, puis HV perpendiculaire sur NH. Le point V, intersection de HV, avec la normale NU, sera situé sur la développée GK, et la distance VM sera le rayon de courbure au point M de l'ellipse. (*Supplément au Traité de Géométrie descriptive*, n° 115.)

328. Le foyer O' de la figure **7** ne sert ici qu'à faire comprendre combien les joints plans que nous adoptons diffèrent peu des joints réglés hélicoïdaux indiqués par la théorie. Pour obtenir ce point, dans le cas actuel, on tracera :

1° La droite Ee, ce qui détermine le point e, **fig. 14**.

2° La droite eO parallèle aux hélices développées de la figure **15** déterminera le point O sur la trace horizontale du plan de section droite CC".

3° On portera la distance e'''O de la figure **14**, de C' en O', **fig. 7**.

Cette opération est la conséquence de ce que nous avons dit au n° 108.

329. Pour déterminer le point suivant lequel le plan tangent au joint réglé hélicoïdal serait perpendiculaire au plan de tête, on emploiera la méthode indiquée au n° 291 ; ainsi :

1° La droite eO, **fig. 14**, sera considérée comme génératrice du cône auxiliaire dont une partie de la base est rabattue en eU.

2° On tracera la droite OS perpendiculaire au plan P de la tête, et l'on construira SH tangente à l'arc de cercle eU.

3° Le rayon Cx'' de la figure **13**, parallèle à la tangente SH de la figure **14**, déterminera le point x'' sur l'arc de section droite X"I".

330. Dans l'exemple actuel le point x'' est un peu au-dessus du plan de naissance X"Z" de la voûte ; si l'on avait élevé ce plan jusqu'au point x'', cela aurait diminué la distance comprise entre les piles ; mais le peu de différence qui existe entre les hauteurs des deux points X" et x'', **fig. 13**, rend insignifiante pour la pratique l'erreur théorique que l'on pourrait reprocher à cette disposition.

Le point x'', d'ailleurs, dépend de la direction des hélices et, par conséquent, de la corde X"'Z"' de la sinussoïde développée figure **15**. Or cette dernière ligne dépend de la hauteur adoptée pour la naissance X"Z", **fig. 13** ; d'où il résulte que l'on ne peut pas placer exactement la ligne de naissance à la hauteur du point x'', puisque l'on ne peut déterminer la hauteur de ce point qu'après avoir choisi le point de naissance X".

On pourrait bien relever après coup la ligne de naissance lorsque l'on aurait déterminé le point x'' ; mais cela changerait la direction de la corde X"'Z"', **fig. 15**, celle des hélices développées, et par suite la hauteur du point x'' lui-même, que l'on ne pourrait par conséquent faire coïncider avec la ligne de naissance, que par une suite d'essais dont l'importance *pratique* n'est pas assez grande pour qu'il soit nécessaire de s'y arrêter.

331. Pour que la maçonnerie du mur soit plus solidement assise, nous extradosserons les voussoirs de l'arc de tête par des plans horizontaux ; et, pour éviter la confusion, nous reporterons sur la figure 2 les quadrilatères qui forment les faces supérieures de ces voussoirs; de sorte que la figure 8 est la projection horizontale de la douelle, tandis que la figure 2 est la projection de l'extrados. Tous les quadrilatères de la figure 2 sont rectilignes et peuvent être facilement déduits de la projection, **fig.** 7, qu'il faut d'abord construire.

332. Pour y parvenir, on tracera sur la figure 7 les trois ellipses égales, X'Z', $M_1 M_1$ et $M_3 M_3$ qui proviennent de la section du cylindre d'intrados, par les plans verticaux PP_1 et P_3 de la figure 8 ; puis on relèvera sur ces courbes les points suivant lesquels les trois droites parallèles XZ, $M_1 M_1$ et $M_3 M_3$ de la figure 8 sont coupées par les projections horizontales des hélices qui forment les arêtes des joints continus. Ainsi les points S et V de la droite $M_3 M_3$ **fig.** 8, se projetteront sur l'ellipse $M_3 M_3$ de la figure 7, et les points N et E de $M_1 M_1$ **fig.** 8, se projetteront sur l'ellipse $M_1 M_1$ de la figure 7, etc.

Les droites Vv et Nn, parallèles à la normale Aa, et les droites Ss et Er, parallèles à la normale Dd, compléteront la projection verticale de la pierre. En opérant de la même manière, on obtiendra les projections verticales de tous les voussoirs de tête.

333. Lorsque l'on aura complété la projection verticale de la tête, on construira la figure 2, en opérant de la manière suivante : On reportera sur cette figure les traces horizontales des trois plans verticaux PP_2 et P_3 de la figure 8, en espaçant ces plans de la même quantité sur les deux figures. Puis les sommets des quadrilatères de la figure 2 seront facilement déterminés par les perpendiculaires abaissées des points correspondants de la figure 7. Je n'ai conservé les opérations que pour la face supérieure du voussoir VII, **fig.** 8, 7 et 2.

334. Pour obtenir les faces des joints latéraux on peut opérer de deux manières.

Première méthode : Supposons que les deux projections de la pierre VII soient transportées, **fig. 1** et **11** ; et pour éviter la confusion des lettres nous augmenterons les dimensions du voussoir. Les deux panneaux des joints latéraux pourront être rabattus en vraie grandeur, **fig. 11**, en K' et en H', le premier sur le plan horizontal P_5 **fig. 1**, en tournant autour de l'arête d'extrados av, et le second sur le plan P_6. Pour obtenir le premier de ces deux panneaux rabattus, **fig. 11**, on tracera :

1° La droite VV' perpendiculaire sur l'arête av, autour de laquelle se fait le rabattement.

2° Du point v, comme centre, on décrira l'arc de cercle lq, avec un rayon égal au côté vV du quadrilatère AavV, **fig. 1** ; l'intersection de la ligne VV', **fig. 11**, par l'arc lq, déterminera le point V', que l'on joindra avec le point v, et l'on obtiendra par ce moyen le côté vV, rabattu en vV'.

Avant d'aller plus loin, il est très-essentiel de remarquer que l'angle V'va n'est pas droit, puisque le côté vV' est l'hypoténuse du triangle vmV' rectangle en m.

Les droites aA, nN, uU et vV sont les intersections de la face de joint AavV par les quatre plans parallèles P P_1 P_2 et P_3 de la figure 8. Il résulte de là que ces quatre droites, parallèles dans l'espace, seront encore parallèles sur le panneau rabattu en K'. De plus, ces droites parallèles au plan vertical de projection seront projetées sur la figure **1**, suivant leur véritable grandeur ; de sorte qu'après avoir tracé, **fig. 11**, des parallèles au côté vV', par les points u, n, a du côté va, il ne restera plus qu'à porter sur chacune de ces droites la longueur de sa projection verticale, **fig. 1**. On obtiendra ainsi le côté aA' et la courbe V'U'N'A'.

Les droites UU', NN' et AA' seront perpendiculaires à la charnière de rabattement ma. Enfin on peut vérifier le résultat de la manière suivante :

1° Si l'on fait tourner le point A, **fig. 1**, autour de l'horizontale projetante du point v, il décrira un arc de cercle AA" parallèle au plan vertical de projection, et lorsqu'il sera parvenu dans le plan horizontal P_5 **fig. 1**, il se projettera en A''' sur la figure **11**.

2° La droite $v\text{-}A'''$, **fig. 11**, sera la diagonale qui joint les sommets v et A' du panneau K', et l'arc de cercle $A'''A'$, décrit du point v comme centre, avec un rayon égal à vA''', doit passer par le sommet A' du panneau K'.

335. Les trois points V', N' et A' sont suffisants pour déterminer la courbure du côté $V'A'$, et le point U' semble d'abord inutile; mais, en regardant la projection, **fig. 8**, on voit que les deux voussoirs adjacents, VII et VI, ont une face en partie commune; c'est-à-dire que le joint AU du voussoir VI n'est qu'une partie du joint AV, dont on aurait retranché toute la partie comprise entre les deux plans verticaux P_2 et P_3. D'où il résulte que le panneau K' de la figure **10** pourra servir à tailler la pierre VII et celle qui lui est adjacente, suivant la face commune AUua. C'est pour cela que sur le panneau rabattu K' on a désigné par une teinte la partie commune aux deux voussoirs.

En recommençant les opérations précédentes, on a obtenu le panneau rabattu en H'; mais, pour éviter la confusion qui aurait eu lieu si l'on avait fait tourner ce panneau autour de l'arête horizontale ds, nous supposerons ici qu'avant d'effectuer le rabattement on a fait avancer le plan de joint parallèlement à lui-même jusqu'à ce que la droite ds soit venue se placer en $d's'$, puis on a opéré absolument comme pour le panneau K'. La construction de la diagonale n'a pas été conservée.

336. Pour tailler la douelle il faut établir sur les côtés courbes des panneaux, les points de repère qui doivent déterminer les diverses positions de la règle génératrice. La première idée qui se présente alors, c'est de choisir les points suivant lesquels les quatre arêtes courbes qui forment le contour de la douelle sont coupées par les génératrices qui ont servi pour construire le développement, **fig. 15**, et les deux projections, **fig. 8** et **7**. Mais, pour diminuer le nombre des points à rabattre, il vaut mieux employer les génératrices qui contiennent les points précédemment rabattus.

Ainsi on tracera sur la figure **11** ou **8** les génératrices qui contiennent les points E, N; puis on déterminera le point 8 sur la courbe AD, **fig. 1** ou **7**, et le point 7 sur la courbe VS; de sorte qu'au moment de la taille l'une des génératrices sera déterminée par le point E' du panneau H' rabattu, **fig. 11**, et par le point 8 du panneau de tête, **fig. 1**; tandis que la seconde génératrice sera déterminée par le point N' du panneau rabattu K', **fig. 11**, et par le point 7, situé sur le côté VS du panneau postérieur, **fig. 1**.

337. *Deuxième méthode :* Au lieu de rabattre les panneaux de joint du voussoir VII sur les plans horizontaux P_5 et P_6 **fig. 1**, on peut rabattre l'un d'eux en K″ sur le plan P de la tête, **fig. 8**, et le second en H″ sur le plan P_3 qui contient la face postérieure du voussoir.

Pour obtenir le panneau K″, on tracera la droite vv'' perpendiculaire sur le côté aA que l'on prend ici pour charnière de rabattement; puis on tracera l'arc de cercle yz, décrit du point a comme centre avec un rayon égal à la droite va, qui est projetée en vraie grandeur sur la figure **11**. Cette opération déterminera le point v'' et par suite le côté av'', qui n'est autre chose que la droite av rabattue. Je rappellerai encore que l'angle $v''aA$ n'est pas droit puisque la droite av'' est l'hypoténuse du triangle $v''ax$ rectangle en x.

On prendra sur la figure **11** les distances des points n et u au point v ou au point a, et l'on portera ces distances sur le côté av'' du panneau rabattu K″, **fig. 1**. On obtiendra ainsi les points n'' et u'', puis on tracera les droites n''N″, u''U″, v''V″ parallèles à l'arête aA. Les points V″, U″ et N″ de la courbe V″A seront déterminés par les perpendiculaires abaissées des points V, U et N sur la charnière de rabattement ac. Enfin, on pourra vérifier le tout en construisant une diagonale comme nous l'avons fait au n° 334.

Le panneau DSsd est rabattu en H″, en tournant autour de l'arête Ss. Quand on aura tracé la droite dd'' perpendiculaire sur sS, le point d'' sera déterminé, en faisant la distance sd'' de la figure **1**, égale à l'arête sd de la figure **11**. Les points r et e

de cette arête étant portés, **fig. 1**, en r'' et e'', on tracera, par les points r'', e'', d'', des parallèles à sS, et les points D'', E'' et R'' seront déterminés sur ces lignes par les droites DD'', EE'' et RR'' perpendiculaires sur sS. Cette dernière méthode est celle que l'on a employée pour construire les figures 6 et 9, qui contiennent tous les panneaux de joint nécessaires à la construction de la voûte.

La figure 6 contient tous les panneaux depuis le point de naissance X' jusqu'à la clef, **fig. 7**, et la figure 9 contient les panneaux depuis la clef jusqu'au point de naissance Z'. Tous ces panneaux sont rabattus sur le plan P_3 qui contient les faces postérieures des grands voussoirs de la tête, **fig. 8**. On suppose ici que chaque panneau s'est avancé, parallèlement à lui-même, jusqu'à la place où le rabattement a pu être effectué sans confusion.

La trace des opérations n'a été conservée que pour le panneau K du voussoir VII, **fig. 7**. Ce panneau est semblable à celui que nous avons obtenu en K', **fig. 11**, et en K'', **fig. 1**. Il n'en diffère que par le sens du rabattement et par les dimensions qui résultent de la différence d'échelle des deux figures.

338. Taille des voussoirs. — Cette opération ne présentera aucune difficulté. En effet, après avoir équarri le parallélipipède rectangle qui doit contenir le voussoir projeté, **fig. 1** et **11**, on taillera :

1° Le plan horizontal P_6 qui doit former la face supérieure bs, **fig. 1**.

2° On appliquera sur cette face le panneau horizontal $avsd$, **fig. 11**, ou $bhsd$, **fig. 2**.

3° On appliquera le panneau $AabdD$, des figures 1 ou 7, sur le plan de tête, et le panneau $VvhsS$ sur la face postérieure du voussoir, en faisant coïncider les points b, d, h et s de ces panneaux avec les points correspondants du panneau horizontal $bdhs$, **fig. 2**.

4° On taillera la face verticale $avhb$, sur laquelle on tracera la droite horizontale av.

5° On taillera les deux plans de joint sur lesquels on appliquera les panneaux K', H' ou K″, H″ rabattus, **fig. 11** et **1**.

6° Enfin, on taillera la douelle comme on le voit, **fig. 10**, en faisant glisser une règle dont la position horizontale sera déterminée par les points de repère N, 7, 8 et E, marqués sur les côtés courbes des panneaux de joint, de tête et postérieur du voussoir (336).

339. Corne de vache. On peut abattre l'angle aigu en opérant comme nous l'avons dit au n° 273. Ainsi, **fig. 8** :

1° La droite FL, perpendiculaire au plan P de la tête, exprimera la largeur de la corne de vache.

2° On fera XQ égal à ZL et l'on tracera la droite TF parallèle au plan P.

3° On fera $X^{IV}Q^{IV}$ de la figure **7** égal à XQ de la figure **8**, et l'on tracera l'ellipse $Q^{IV}R$ semblable à l'ellipse X'Z', ce qui déterminera la quantité Y, dont il faut raccourcir les panneaux de tête.

4° Enfin, on tracera, **fig. 15**, le développement $T'''F'''$ de l'ellipse TF, et l'espace compris entre les deux sinusoïdes $T'''F'''$ et $X'''Z'''$, exprimera la quantité dont il faut raccourcir les panneaux de douelle.

Cela étant fait, et le voussoir III, **fig. 7** et **10**, étant taillé, en opérant comme nous l'avons dit au n° 338, on appliquera sur la douelle le panneau raccourci III, **fig. 15**, et l'on tracera l'arc *ac*, **fig. 15** et **16**. On appliquera également sur la tête le panneau raccourci III, **fig. 7**, et l'on tracera *vu*, puis on taillera la douelle comme on le voit sur la figure **16**.

340. Berceau elliptique. *Joints plans.* — Jusqu'ici nous n'avons pris que des berceaux circulaires pour sujets de nos études ; c'est le cas que l'on préfère dans la pratique, parce que dans un berceau circulaire les surfaces de douelle, les surfaces de joint, les hélices qui forment les arêtes d'intrados et d'extrados ont partout la même courbure ; d'où il résulte qu'en décomposant la voûte en voussoirs de même longueur (65), tous les claveaux courants sont identiques, et les panneaux, les cerces, les beuveaux ou les *gabarits* (233) qui auront servi pour tailler l'un d'eux, suffiront pour tracer et tailler tous les autres : ce qui simplifiera considérablement la main-d'œuvre. Ainsi, *lorsqu'on veut employer pour joints des surfaces réglées hélicoïdales, il faut* TOUJOURS *construire un berceau circulaire.*

M. Buck, dans son *Traité des ponts biais,* rejette entièrement les voûtes à section droite elliptique, auxquelles il reproche, sans dire pourquoi, de manquer de stabilité et d'être en outre plus difficiles à construire; ce qui, par conséquent, augmente beaucoup la dépense. Il ne pense pas, d'ailleurs, qu'il *puisse jamais se présenter un concours de circonstances qui forcent un ingénieur à construire une voûte elliptique.*

Je suis de l'avis de M. Buck, quant à la difficulté d'exécution, lorsqu'il s'agit d'une voûte entièrement formée de pierres taillées; mais je ne crois pas, comme lui, qu'une voûte elliptique en maçonnerie coûte beaucoup plus qu'une voûte circulaire; et, dans tous les cas, cela ne serait qu'une considération secondaire s'il devait en résulter une plus grande solidité : ce qui a lieu quelquefois.

Il peut d'ailleurs arriver, comme nous le supposerons dans l'exemple qui fait le sujet de la planche 13, que des motifs de décoration architecturale déterminent à employer la courbure circulaire pour les arcs de tête, ce qui conduirait nécessairement à donner à la voûte une section droite elliptique. Je crois donc utile de donner ici un exemple de ce genre de pont.

341. Les données de la question à résoudre sont, comme toujours, l'écartement des piles, l'angle qui exprime le biais, et la hauteur de la clef.

Pour satisfaire aux conditions d'équilibre que nous avons exposées au n° 288, nous adopterons pour la tête un arc de cercle X'Z', au lieu d'une demi-circonférence E'X'Z'E', et pour éviter les angles aigus suivant lesquels les joints continus rencontreraient le plan de tête, nous briserons les joints des voussoirs, de manière qu'une partie de chaque joint soit perpendiculaire au plan de tête; car les voussures que l'on obtient en abattant les angles, après la taille des claveaux, ne sont que des *imitations* de corne de vache qui ne changent rien aux angles aigus produits par l'obliquité des joints continus par rapport au plan de tête. D'ailleurs cette brisure des joints contribue à la solidité en s'opposant au glissement des voussoirs.

Nous adopterons pour la corne de vache la forme que nous avons employée sur la planche **7**, parce que cette voussure nous paraît beaucoup plus gracieuse qu'aucune de celles que nous avons eu l'occasion d'examiner. Ainsi, la largeur CU de la voussure étant choisie à volonté, **fig. 9**, on tracera la droite XZ parallèle au plan de tête, et l'on fera l'angle ZQL égal à XLQ. De sorte que la projection horizontale de la corne de vache sera le trapèze isocèle LXZQ.

Les droites XZ et LQ seront les projections de deux arcs de cercle concentriques X'Z' et L'Q', **fig. 8**. Le premier X'O'Z' de ces arcs de cercle est déterminé par les trois points X', O', Z'. Le point O' est donné par la question et dépend de la hauteur que doit avoir la voûte. Les points de naissance X' et Z' doivent être situés, autant que possible, à peu de distance du point suivant lequel le plan tangent au joint hélicoïdal serait perpendiculaire à la tête. Nous avons vu au n° 330 pourquoi ce point ne peut pas être déterminé avant l'exécution d'une partie de l'épure; mais on peut se contenter pour la pratique d'une appréciation approximative.

342. Dès que l'on se décide à faire une corne de vache, il faut étudier l'appareil comme si la surface de douelle était limitée, **fig. 9**, par l'arc de cercle XZ, qui, pour un moment, va remplacer l'arc de tête. La surface de douelle, dans le cas actuel, est une partie de cylindre elliptique qui a pour directrice circulaire la demi-circonférence E'O'E', dont le centre C' sera facilement déterminé par les trois points X', O' et Z' de la figure **8**. La projection horizontale C du centre CC', sera située sur la droite XZ, **fig. 9**.

L'arc de cercle X'Z' étant la courbe directrice du cylindre d'intrados, on prendra sur cette ligne, **fig. 8**, un nombre suffisant de points, que l'on projettera sur la droite XZ de la fig. **9**. Chacun de ces points déterminera une génératrice du cylindre

PL. 13. JOINTS — PLANS. 177

de douelle. Ces lignes n'ont pas été conservées sur la figure **8**.

Si l'on coupe le berceau par un plan P_4 perpendiculaire à sa direction, on obtiendra la section droite dont la moitié seulement a été conservée sur l'épure et rabattue en Z″O″, **fig. 10**. Les hauteurs des points 0, 1, 2, 3, etc., au-dessus de la ligne de naissance Z″V″, sont déduites de leurs projections sur le plan de tête, **fig. 8**; de manière, par exemple, que la hauteur $m\text{-}2$ du point 2, **fig. 10**, soit égale à la hauteur $m\text{-}2$ du point 2 de la figure **8**, et ainsi de suite.

343. On peut facilement construire par ses axes l'ellipse à laquelle appartient l'arc Z″O″ de la section droite rabattue, **fig. 10**. Pour cela, on prolongera l'arc de tête X′O′Z′, **fig. 8**, jusqu'à la droite horizontale E′E′, qui en contient le centre C′. Le point E′ de la demi-circonférence E′O′E′, **fig. 8**, se projettera sur le plan horizontal en E. Or, si nous supposons que l'arc de section droite Z″O″ soit rabattu autour de l'horizontale Z″V″, qui contient le point de naissance Z″, le point E viendra se projeter en E″ sur la droite C″E″, que l'on obtiendra en faisant V″C″ égal à la distance V′C′ du centre C′ au plan de naissance X′Z′, **fig. 8**. Enfin, si l'on fait V″O″ de la figure **10** égal à V′O′ de la figure **8**, on aura déterminé le centre C″ et les deux extrémités E″ et O″ des axes de l'ellipse E″O″E″. Ce qui suffit pour construire cette courbe.

344. Lorsque la section droite elliptique Z″O″ sera construite avec soin, et bien vérifiée, on pourra, si on le préfère, prendre cette courbe pour directrice du cylindre d'intrados. On partagerait alors, **fig. 10**, l'arc Z″O″ en parties égales par des points dont on reporterait les ordonnées sur la figure **8**; et, dans ce cas, les distances des points obtenus sur l'arc de cercle Z′O′ ne seront plus égales puisque les projections des mêmes points sont également espacées sur la courbe elliptique Z″O″, **fig. 10**. Nous verrons bientôt pourquoi cette dernière méthode est préférable.

Ces dispositions étant admises, il ne nous restera plus que peu de chose à dire pour expliquer l'épure actuelle, qui ne diffère de la précédente que par la forme elliptique du berceau et par l'addition de la corne de vache. Ainsi, on portera les parties *égales* de l'ellipse Z″O″, **fig. 10**, sur la trace du plan P, ce qui donnera, **fig. 1**, la ligne Z‴O‴ pour la section droite rectifiée. Par chaque point de division de la ligne Z‴O‴ ainsi obtenue on tracera l'une des génératrices du cylindre d'intrados, et ramenant sur chacune de ces lignes le point correspondant de la droite ZX, **fig. 9**, on obtiendra la sinussoïde Z′ᴵᵛX′ᴵᵛ pour développement de l'arc de cercle ZN, Z′X′, **fig. 9 et 8**.

345. On peut rectifier l'arc elliptique Z″O″ par la méthode que j'ai donnée au n° 30 ; ainsi :

1° Quand on aura déterminé et vérifié bien exactement la normale du point Z″, on fera, **fig. 7**, un angle OSZ égal et parallèle à l'angle O″SZ″ de la figure 10.

2° On partagera l'angle OSZ de la figure 7 en quatre parties égales par les rayons SB, SH et SD, et si on exprime par α chacun des quatre angles ainsi obtenus, on aura $\alpha = \dfrac{OSZ}{4}$.

3° Dans le cas actuel, l'angle OSZ, mesuré avec un bon rapporteur, est égal à 46°-30′, et par conséquent égal à $\dfrac{93}{2}$. Ce qui donnera

$$\alpha = \frac{93}{2} : 4 = \frac{93}{8} = 11°\text{-}37'\text{-}30'',$$

d'où
$$\frac{\alpha}{2} = 5°\text{-}48'\text{-}45'',$$

et la formule (3) du n° 32 deviendra

$$\frac{\pi\alpha}{360 \sin.\frac{\alpha}{2}} = \frac{\frac{93}{8}\pi}{360 \sin.(5°\text{-}48'\text{-}45'')} =$$

$$= \frac{93\pi}{2880 \sin.(5°\text{-}48'\text{-}45'')} = 1,0017.$$

Par conséquent, si l'on construit sur la figure 10 les normales parallèles aux rayons SB, SH et SD de la figure 7, l'arc d'ellipse Z"O" sera remplacé par quatre arcs de cercle de 11°-37'-30" chacun. On fera la somme des quatre cordes, et l'on multipliera cette somme par 1,0017.

On pourrait craindre que la substitution de quatre arcs de cercle aux arcs d'ellipse correspondant Z"B, BH, HD et DO", ne donnât lieu à une erreur sensible; mais si l'on remarque que la différence entre la somme des arcs de cercle et la somme de leurs cordes n'est égale qu'à $\frac{17}{10000}$ ou $\frac{1}{588}$ de cette somme, on comprendra combien doit être faible la différence entre les quatre arcs d'ellipse et les arcs de cercle, à très-peu de chose près *osculateurs*, par lesquels on les a remplacés.

346. La différence entre la somme des quatre arcs de cercle et la somme de leurs cordes est si faible que, dans la pratique, on pourra négliger la multiplication par le facteur $\frac{\pi a}{360 \sin.\frac{a}{2}}$, et se contenter de rectifier le contour du polygone formé par les cordes. En effet, si l'on suppose que la largeur d'un voussoir soit à peu près égale à *trois décimètres*, l'erreur que l'on fera en remplaçant l'arc correspondant de section droite par sa corde sera, pour chaque voussoir, inférieure à 0,3×0,0017=0,00051, ou à peu près *un demi-millimètre*, quantité tout à fait insignifiante si on la compare à l'épaisseur de la couche de mortier qui doit garnir le joint.

Pour décomposer l'arc d'ellipse Z"O" en quatre arcs de cercle semblables entre eux, on construira la développée GK, en opérant comme nous l'avons dit au n° 327, puis on tracera les normales parallèles aux rayons SB, SH et SD de la figure 7. On obtiendra ainsi, **fig. 10**, les trois points B, H, D, que l'on peut d'ailleurs vérifier de la manière suivante : on tracera la corde O"F perpendiculaire au rayon SD de la figure 7, on determinera le milieu I de la corde O"F, et l'on joindra le point I avec le centre C" de l'ellipse par un rayon, dont l'extrémité D sera le point demandé. On opérera de même pour obtenir ou pour vérifier les points H et B.

Quand l'arc de section droite Z'''O''' sera rectifié, **fig. 1**, on y placera les pieds des génératrices en vérifiant bien exactement sur la figure **10** la longueur de l'arc d'ellipse compris entre chacun de ces points et celui des points Z'', B, D, H et O'' qui en est le plus rapproché.

347. On pourra, si l'on veut, commencer, **fig. 10**, par construire l'ellipse E''O''Z'' au moyen de ses axes; puis on rectifiera l'arc de section droite Z''O'', en opérant comme nous venons de le dire. On divisera la droite Z'''O''', **fig. 1**, en parties égales, ce qui donnera les pieds des génératrices, que l'on reportera successivement sur l'arc d'ellipse Z''O'', **fig. 10**, sur la droite XZ, **fig. 9**, et de là, **fig. 8**, sur l'arc de tête Z'X' qui, dans ce cas, sera partagé par ces points en parties inégales.

Si l'on avait établi les pieds des génératrices à des distances égales sur l'arc de tête X'Z', **fig. 8**, les projections de ces points seraient inégalement espacées sur la section droite Z''O'', **fig. 10**, et sur le développement **fig. 1**. Or, cette dernière figure étant la plus importante, il vaut mieux que les distances des génératrices soient égales sur la section droite rectifiée X'''Z''', **fig. 1**, et par conséquent sur l'arc d'ellipse Z''O'', **fig. 10**.

Au surplus, quel que soit l'ordre suivant lequel on croira devoir exécuter ces diverses opérations, il faut vérifier avec beaucoup d'attention les points suivants lesquels les génératrices du cylindre rencontrent l'arc de cercle X'Z', **fig. 8**, l'arc d'ellipse Z''O'', **fig. 10**, et le développement Z'''O''' de cette dernière courbe, **fig. 1**.

348. Quand on aura établi les génératrices du cylindre sur le développement, **fig. 1**, on divisera la corde Z'ᵛX'ᵛ en autant de parties égales que l'on voudra obtenir de voussoirs sur l'arc de tête. On déterminera la direction des hélices développées en opérant comme au n° 57, et l'on construira les projections de ces hélices sur les figures **9** et **8** (66 et 67).

349. Je crois devoir rappeler ici que l'on donne le nom d'hélice à la courbe qui, sur un cylindre, coupe toutes les génératrices suivant un angle constant ; d'où résulte nécessairement, pour cette courbe, la propriété de se transformer en ligne droite sur le développement du cylindre. La seule différence, c'est que les courbes développées, **fig. 1**, et projetées sur les figures **9** et **8**, sont des hélices à *base elliptique*, tandis que toutes les hélices qui nous ont occupé jusqu'à présent étaient à *base circulaire*.

Quoique les hélices de l'exemple actuel ne soient pas à base circulaire et qu'elles n'aient pas la même courbure dans toute leur étendue, elles n'en sont pas moins identiques ; car on pourrait les considérer comme les différentes positions qui seraient successivement occupées par l'une d'elles si on la faisait glisser sur la surface du cylindre d'intrados, de manière que chaque point se meuve toujours sur la même génératrice. C'est pourquoi on pourra construire leurs projections sur les figures **9** et **8**, avec des patrons ou pistolets, dont l'un, découpé sur la projection, **fig. 9**, servira pour construire toutes les projections horizontales ; tandis qu'un second patron suffira pour tracer toutes les projections verticales, **fig. 8**.

350. Les deux plans verticaux P_2 et P_3 parallèles au plan P de la tête, détermineront les faces postérieures des voussoirs ; et les arêtes de ces joints, projetées, **fig. 8**, feront partie des deux arcs de cercle M_2M_2 et M_3M_3 égaux à l'arc $X'Z'$. Les centres A_2 et A_3 de ces deux arcs seront déterminés par les points a_2 et a_3 suivant lesquels l'axe de la voûte est coupé par les deux plans verticaux P_2 et P_3. Les deux arcs de cercle M_2M_2 et M_3M_3 de la figure 8 remplacent les arcs d'ellipse M_2M_2 et M_3M_3 de la planche précédente, **fig. 7**.

Les arcs de cercle M_2M_2 et M_3M_3 **fig. 8**, coupent les projections verticales des hélices d'intrados, suivant des points S,R et V,N, par chacun desquels on tracera une droite parallèle à la coupe de joint correspondante Dd ou Aa, ce qui complétera les projections verticales des joints latéraux.

351. Ces joints ne seront pas continus comme dans l'exemple précédent. Pour éviter les angles aigus avec le plan de tête, on brisera le joint latéral comme nous l'avons fait pour le pont que nous avons étudié sur la planche 7. C'est-à-dire que pour la partie comprise entre les deux plans LQ et XZ, le joint sera perpendiculaire au plan de tête et sera déterminé par la normale à l'arc X'Z', tandis que, pour la voûte, le joint contiendra cette normale et la corde de l'arc d'hélice correspondante. L'arête d'intrados sera par conséquent une ligne brisée, formée en partie par la droite génératrice de la voussure qui doit former la corne de vache, et par l'arc *d'ellipse* provenant de la section de la voûte par le plan de joint correspondant.

Ces joints brisés augmentent, il est vrai, les difficultés de la pose; mais, d'un autre côté, ils contribuent à l'enchevêtrement des voussoirs et s'opposent, par conséquent, à leur glissement sur les lits. C'est un nouvel exemple de ce que j'ai dit tant de fois que, dans une construction oblique, on ne peut presque jamais éviter un inconvénient que par un autre; mais je crois que, dans les circonstance actuelles, les joints brisés sont préférables aux angles aigus qui auraient lieu si les joints latéraux des voussoirs étaient prolongés jusqu'au plan de tête

352. Corne de vache. — Les raisons qui nous ont empêché (191) d'employer une surface conique pour douelle de la corne de vache que nous avons étudiée sur la planche 7, n'existent plus ici, et nous pouvons sans inconvénient, dans le cas actuel, adopter pour cette voussure un cône circulaire dont le sommet sera projeté en C' sur le plan vertical de la figure 8. Dans ce cas, les projections verticales des génératrices du cône se confondront avec les normales formées par le prolongement des rayons de l'arc X'Z'.

Les perpendiculaires abaissées par les points suivant lesquels ces rayons coupent les deux cercles concentriques X'Z' et L'Q' de la figure 8, détermineront les projections horizontales des points correspondants sur les deux droites parallèles XZ et LQ, **fig. 9**, et par suite les projections horizontales des droites génératrices du cône qui forme la douelle de la corne de vache. Si l'on a bien opéré, toutes ces génératrices du cône doivent concourir vers le sommet, dont la projection horizontale serait située au-dessus du cadre et sur le prolongement de la droite UG, suivant laquelle se projette l'axe de la surface conique.

La droite LX, **fig.** 9, n'est pas située sur la surface du cône dont nous venons de parler. En théorie, cette droite devrait être remplacée par la portion de courbe X-28, qui fait partie de l'hyperbole 31-30-29 suivant laquelle la voussure conique est coupée par le plan horizontal de naissance L'Q'. Mais la différence qui existe entre la courbe X-28 et la droite XL est si faible, que l'on peut, sans inconvénient, remplacer la première de ces deux lignes par la seconde, et l'on évitera ainsi de briser la face verticale de la pile, suivant l'angle M_3-X-28. La petite partie de surface conique 7-X-28 serait alors remplacée par un cône, qui aurait pour sommet le point X, pour directrice l'arc de cercle 7-L, 7-L', et qui se raccorderait avec le grand cône de la voussure, puisque ces deux surfaces auraient le même plan tangent dans toute l'étendue de la génératrice commune 7-X.

353. Lorsque toutes les lignes d'appareil de la voûte, de la tête et de la corne de vache seront tracées sur les figures 8 et 9, on construira la figure 2, qui contient les faces supérieures de tous les voussoirs. Tous les points de cette figure se déduiront de leurs projections sur la figure 8, en opérant comme nous l'avons dit au n° 333.

354. Enfin, on rabattra tous les panneaux de joints comme on le voit sur les figures 6 et 11. Ces rabattements sur le plan P_3 qui contient les faces postérieurs des voussoirs ont été obtenus par la méthode exposée au n° 337. On n'a pas rabattu les faces de joint de la corne de vache, parce que cela n'est pas nécessaire.

355. **Taille des voussoirs.** — Supposons qu'il s'agit de la pierre désignée par le n° VII, sur les figures 8, 9 et 2. On taillera :

1° Figure 4, le prisme Usb-U'$s'b'$T', dont la base U'$s'b'$T' est égale au parallélogramme UsbT qui enveloppe entièrement la projection verticale de la pierre VII, **fig. 8**, et dont la longueur UU', **fig. 4**, est égale à la distance du plan de tête LQ, **fig. 9**, au plan vertical P_3 qui contient les faces postérieures des voussoirs de tête.

2° On appliquera le panneau VII de la figure **2** sur la face horizontale sbb's' du prisme, **fig. 4**.

3° On appliquera le panneau DdbaA de la figure **8** sur le plan vertical U's'b'T' de la figure **4**, et le panneau SshvV de la figure **8** sur la face Usb de la figure **4**.

4° Cela étant fait, on taillera les deux plans M'd'dM et MdsU, qui forment les deux faces du joint brisé à droite du voussoir.

5° On abattra tout ce qui est indiqué sur la figure par une teinte de points, de manière à former d'abord les deux plans verticaux a'c'ca et achv, sur lesquels on tracera les droites horizontales aa' et av; puis on taillera les deux plans inclinés a'K'Ka et aKVv, qui forment les faces du joint inférieur ou lit de pose du voussoir.

6° On tracera l'arc A'D' du panneau VII, puis les droites D'D et A'A; la première D'D dans le plan d'M'Md, et la seconde A'A sur la face a'K'Ka.

7° En abattant toute la partie de pierre comprise entre les deux figures A'K'M'D' et AKMD, on découvrira cette dernière face, et la pierre aura la forme qui est indiquée sur la figure **5**.

8° On tracera l'arc 13-14 sur le plan de tête, **fig. 5**; puis, en faisant glisser une règle sur cette courbe et sur l'arc AD, on taillera la surface conique A-13-14-D, qui doit former la douelle de la corne de vache, **fig. 12**.

9° Enfin, en détruisant la masse AKMD-VUS, on taillera la douelle ADSV du berceau, **fig. 13**, en faisant mouvoir une règle dont les positions successives seront déterminées par les points de repère, marqués, comme nous l'avons dit au numéro 336, sur les côtés courbes des panneaux de tête et de joints, **fig. 9, 8** et **6**.

356. Il n'est pas nécessaire, pour construire un pont biais en maçonnerie, de déterminer sur l'épure les projections des surfaces normales, qui seront naturellement formées par les faces de têtes et de joints des briques ou moellons rectangulaires qui seront employés dans la construction de la voûte. Il suffira, comme on le voit, **fig.** 5, de tracer sur le cintre des hélices destinées à régler la direction des lits, puis de gauchir un peu, pour chaque moellon, la face qui doit coïncider avec l'intrados de la voûte. Cette opération n'exige pas d'épure et se fait sur place en posant d'abord la pierre, afin de voir ce qu'on doit lui enlever pour que les quatre angles du voussoir coïncident avec la douelle, et dans les grands berceaux on peut souvent négliger cette opération.

La figure 5 est une perspective du pont vu en dessus. L'une des deux arches A ne contient encore que les voussoirs de tête et une partie M de la voûte, tandis que la voûte de la seconde arche B est entièrement terminée. Les voussoirs du côté de l'angle obtus H s'élèvent un peu au-dessus de l'extrados, tandis que, du côté de l'angle aigu K, ils sont en partie noyés dans la maçonnerie.

357. J'ai dit dans le chapitre précédent que c'est principalement aux inclinaisons en sens contraire des surfaces normales qu'il faut attribuer la torsion que l'on observe quelquefois au moment du décintrement des ponts biais. On peut détruire en partie les causes de ce mouvement (310) en prenant pour joints transversaux des plans parallèles aux têtes du pont. Mais, pour une voûte en moellons ou en briques, cela augmenterait considérablement la main-d'œuvre, et par conséquent la dépense. Or la déformation de la voûte ne pouvant être produite que par le glissement des voussoirs sur leurs joints de pose, il sera très-essentiel d'attendre pour décintrer que les mortiers aient acquis une consistance suffisante.

CHAPITRE V.

Appareil orthogonal.

358. Arêtes de joint. — Lorsque l'on étudie l'appareil d'une voûte il y a deux choses essentielles à considérer, savoir :

1° *Les arêtes de joint;*
2° *Les surfaces de joint.*

S'il s'agissait d'un berceau droit ordinaire, dont les têtes seraient formées par des plans perpendiculaires à la direction du cylindre qui forme l'intrados de la voûte, il est évident que les arêtes de joint les plus convenables seraient les génératrices du cylindre et les sections droites. Ces lignes se couperaient partout suivant des angles droits, et la surface de la douelle serait par conséquent décomposée en quadrilatères rectangles. Ensuite, les surfaces normales qui auraient ces lignes pour directrices seraient partout des plans ; c'est-à-dire que les joints continus seraient des plans contenant les génératrices du cylindre d'intrados et les joints transversaux seraient formés par les plans de sections droites de la voûte. Mais nous avons dit au n° 2, pourquoi ces dernières surfaces ne pouvaient pas être employées comme joints dans la construction des ponts biais.

Dans l'appareil hélicoïdal les arêtes des joints continus sont formées par des hélices, perpendiculaires *à peu près* à la corde de la sinussoïde, suivant laquelle se développe l'arc de tête, et les hélices qui forment les arêtes de joints transversaux étant perpendiculaires sur les arêtes de joints continus, sont *à peu près parallèles* à la corde de la sinussoïde et, par conséquent, ne sont pas parallèles à l'arc de tête. Or, par les motifs que nous avons exposés au n° 310, on peut désirer de satisfaire à cette dernière condition, et si l'on veut que les arêtes de joint se rencontrent partout suivant des angles droits, il faut opérer de la manière suivante :

359. Nous supposerons, dans l'étude actuelle, **fig. 5**, **pl. 14**, que l'arc de tête est une demi-circonférence ; ce qui, par conséquent, donnera pour le berceau une section droite elliptique, **fig. 7**. Cette condition ne diminuera en rien la solidité de la voûte, et facilitera la construction graphique des lignes d'appareil.

360. **Arêtes de joints transversaux.** — Ces lignes, devant être parallèles à l'arc de tête, seront, comme cette courbe, des demi-circonférences égales entre elles, dont les centres seront déterminés sur l'axe du berceau par les plans verticaux parallèles au plan de la tête. Ce premier système d'arêtes étant adopté pour les joints transversaux, il s'agit d'obtenir les arêtes de joints continus.

361. **Trajectoire.** — Concevons l'arc de tête partagé en autant de parties égales que l'on veut avoir de voussoirs, et supposons que tous les points de division se mettent en mouvement sur la surface du cylindre de manière que la courbe décrite par chacun d'eux rencontre partout, à angle droit, les arêtes des joints transversaux. On obtiendra, par ce moyen, un second système de lignes, qui, avec le premier, remplira les conditions les plus favorables pour former les arêtes d'intrados, puisque, comme les lignes de plus grande et de plus petite courbure, elles partageront toute la surface de la voûte en quadrilatères rectangles. C'est en cela surtout que consiste le système que l'on nomme **appareil orthogonal.**

362. La construction des arêtes des joints continus est fort simple et dépend de ce principe de géométrie descriptive : Que *la projection d'un angle droit, est un angle droit, lorsque l'un des côtés de cet angle est parallèle au plan de projection.*

Or la courbe cherchée, à laquelle on donne le nom de *trajectoire*, devant couper à angle droit toutes les sections parallèles aux têtes, doit par conséquent être partout perpendiculaire à la tangente au point de rencontre des deux courbes, et si l'on prend, **fig. 2**, un plan de projection parallèle à l'une des arêtes *vu*, des joints transversaux, la projection verticale *ab* de la trajectoire devra être perpendiculaire à la projection *mn* de la tangente, qui passe par le point de rencontre des deux lignes de joint. Nous pouvons donc adopter la construction suivante :

363. Concevons, **fig. 1**, un cylindre horizontal, incliné comme on voudra par rapport au plan vertical de projection, et supposons que les sections par les plans parallèles aux têtes soient des cercles ou des arcs de cercles qui auraient pour centres les points 0, 1, 2, 3, etc., il s'agit de construire par le point *a*, la courbe qui couperait tous ces cercles à angle droit. On tracera successivement les rayons *a*-0, *c*-1, *e*-2, *u*-3, et l'on ne conservera de ces rayons que les parties *ac*, *ce*, *eu*, ce qui donnera pour résultat la courbe *aceu*.....*x*.

Il résulte évidemment de cette opération que *ac* sera perpendiculaire sur la circonférence qui a son centre au point *o*; *ce* sera perpendiculaire à celle qui a son centre au point 1, etc., de sorte que la courbe composée de toutes ces petites droites, sera sensiblement perpendiculaire à tous les cercles donnés.

364. La construction précédente n'est pas d'une exactitude absolue. En effet, dans toute solution graphique, comme dans le calcul, on admet une certaine limite en deçà de laquelle les erreurs d'approximation sont insignifiantes et peuvent être négligées sans inconvénient; mais il faut éviter, autant que possible, que ces erreurs soient dans le même sens, et surtout qu'elles soient de nature à s'ajouter. Or c'est précisément ce qui a lieu ici.

En effet, la partie *ac* ne doit pas être une droite, mais une portion de courbe qui coupe à angle droit, non-seulement le premier cercle, mais encore le second, d'où il résulte que le point c est un peu trop bas. Or l'erreur qui existe dans la position du point c, se combinera avec l'erreur dans le même sens qui résulte de que ce est une droite perpendiculaire seulement au second cercle, au lieu d'être une partie de courbe perpendiculaire en même temps au deuxième et au troisième. Enfin, ces deux erreurs se combineront avec la troisième, et ainsi de suite, de sorte que la position du dernier point dépendra de la combinaison de toutes les erreurs précédentes.

365. Les erreurs dont nous venons de parler peuvent être réduites autant que l'on voudra, de plusieurs manières. En effet, nous venons de voir que les points c, e, u, sont tous un peu trop bas. Or, si l'on traçait successivement $a\text{-}1$, $c'\text{-}2$, $e'\text{-}3$, etc., on obtiendrait une seconde courbe $ac'e'u'\ldots x'$, dans laquelle les points c', e', u', x' seraient un peu trop haut. De sorte qu'une courbe qui, partant du point a, passerait par les milieux des petits arcs cc', ee', uu', xx', etc., serait très-près de satisfaire aux conditions demandées.

366. Il est d'ailleurs évident que la courbe cherchée est la limite avec laquelle doivent coïncider les polygones ax, ax', lorsque le nombre de leurs côtés devient infini; d'où il résulte qu'en augmentant le nombre des cercles donnés, on approchera de l'exactitude autant que l'on voudra. Ainsi, par exemple, les arcs cc', ee', etc., étant toujours plus grands que les erreurs commises dans la position des points de la courbe cherchée, on pourra, en augmentant le nombre des cercles donnés, réduire ces erreurs au-dessous de telle quantité que l'on voudra. Enfin, on peut opérer de la manière suivante : on tracera successivement $a''\text{-}6$, $c''\text{-}7$, $e''\text{-}8$, etc.; les points 6, 7, 8 étant pris à égale distance des points 0, 1, 2, 3, 4.

367. Si l'on pensait qu'il fût nécessaire de pousser l'exactitude au delà de ce que l'on peut obtenir par une construction graphique exécutée avec soin, il faudrait avoir recours au calcul, et, dans ce cas, je renverrais au mémoire dans lequel M. Lefort a donné l'équation de la trajectoire demandée (*Annales des ponts et chaussées*, mai et juin 1839).

368. La première publication de cette méthode est donc due à cet ingénieur, et voici dans quelles circonstances je fus conduit à m'occuper de la même question. Quelques-uns des appareilleurs employés à la construction des ponts biais du chemin de fer de Versailles vinrent me trouver, pensant que je pourrais leur donner quelques explications sur le travail dont ils étaient chargés et qu'ils ne comprenaient pas bien.

Je n'avais pas l'honneur de connaître M. Lefort, et j'aurais craint de commettre une indiscrétion en lui demandant une solution qui était sa propriété. Ensuite, quand j'aurais connu alors le mémoire inséré en 1839 dans les *Annales des ponts*, je n'aurais pas pu le faire comprendre à des ouvriers entièrement étrangers au langage algébrique. J'ai donc dû chercher à résoudre la même question par la géométrie descriptive. Je ne crois pas d'ailleurs qu'il soit bien nécessaire d'employer l'algèbre supérieure pour construire une courbe que l'on peut obtenir si facilement avec le compas, et de calculer à moins d'un *millimètre* des ordonnées que, dans la pratique, on est souvent obligé d'augmenter ou de raccourcir de plusieurs *décimètres*, si l'on veut raccorder la courbe avec les joints des voussoirs des têtes. L'exactitude extrême que l'on cherche à obtenir par le calcul est d'ailleurs inutile dans le cas actuel, car la solidité d'une voûte dépend moins du tracé rigoureusement théorique des lignes d'appareil que du choix des surfaces de joint sur lesquelles agissent les pressions, et c'est précisément la partie du problème qui ne me paraît pas encore suffisamment étudiée.

369. Il résulte des opérations par lesquelles nous avons obtenu la trajectoire, **fig. 1, 5** et **6**, que toutes les trajectoires sont identiques. De sorte que l'une d'elles étant obtenue, il suffira de la faire avancer ou reculer pour avoir toutes les autres. Ainsi, par exemple, quand on aura construit la trajectoire ax, **fig. 5**, il suffira de faire avancer chaque point d'une quantité aa', pour obtenir la trajectoire $a'x'$.

370. Si l'on veut obtenir une tangente en un point e de la courbe, il suffit de prolonger le rayon te de la demi-circonférence qui contient ce point.

371. Constructions des surfaces normales. — La droite qui touche en u le cercle *cao*, **fig** 5, est parallèle au plan vertical de projection et sera par conséquent parallèle à la trace verticale du plan tangent, d'où il résulte que le rayon *vu* sera la projection verticale de la normale au point u. La projection horizontale *vu* de cette même normale, **fig.** 6, sera perpendilaire à la droite *hk* qui est évidemment parallèle à la trace horizontale du plan tangent. Il sera donc facile de construire autant de normales que l'on voudra par tous les points des deux courbes *cao*, *xaz*.

Ces normales étant projetées, **fig.** 7, sur le plan de la section droite, on les prolongera jusqu'à la courbe *psq*, qui est la trace du cylindre formant l'extrados de la voûte. Ainsi, le point n'' projeté en n, **fig.** 6 et 5, appartient à la courbe *ysg*, suivant laquelle le cylindre d'extrados est rencontré par la surface normale qui a pour directrice le demi-cercle *cao*. On construira de la même manière tous les points de la courbe *msr*, provenant de l'intersection de l'extrados par la surface normale, qui a pour directrice la trajectoire *xaz*.

372. On remarquera que les deux points u, u', **fig.** 5 et 6, étant à la même hauteur, les normales passant par ces points auront une projection commune sur la figure 7, de sorte que les points n, n' étant aussi à la même hauteur, ils pourront être déterminés par une seule opération, ce qui permettra de construire en même temps les deux courbes *ysg*, *msr*.

373. La projection verticale de la courbe *msr* fait un anneau, tandis que la projection de la trajectoire *xaz* peut avoir un point de rebroussement en a (87).

374. La figure 8 contient les développements des deux cylindres d'intrados et d'extrados. La courbe $a'''z''$ est le développement de la trajectoire. Il sera nécessaire que ce développement soit construit avec exactitude, et pour cela on devra s'assurer que tous les points projetés sur le plan de la section droite, **fig.** 7, sont bien à la même hauteur que les projections des mêmes points sur la figure 5.

375. Applications. — Nous n'essayerons pas d'appliquer les principes précédents à la construction d'un pont dont la voûte serait construite entièrement en pierres d'appareil. En effet, par suite de la forme elliptique du berceau, les courbures de la douelle, des arêtes et des surfaces de joint seraient variables, non-seulement d'une pierre à l'autre, mais encore dans l'étendue d'une même pierre ; ce qui exigerait une épure particulière pour chacune d'elles, sans compter les difficultés que l'on éprouverait pour donner à la taille et à la pose une précision convenable.

C'est pourquoi, pour une voûte en pierres taillées, il vaut mieux, comme nous l'avons dit au n° 340, faire un *berceau circulaire* et employer l'appareil hélicoïdal. Mais, lorsqu'il s'agit d'un pont dont la voûte est en maçonnerie et dont la tête seule est en pierres de taille, l'appareil orthogonal peut quelquefois être employé avec avantage. Nous allons étudier un exemple de ce genre de pont.

376. Pont en maçonnerie. — *Appareil orthogonal.* Pour tailler les voussoirs de tête d'une voûte en maçonnerie, **fig. 2, pl. 15,** M. Lefort conseille « d'employer une équerre à trois » branches, formant un angle trièdre, dans lequel un des côtés » en ligne droite répondra à la direction des génératrices du » cylindre ; un autre, formé d'une portion d'arc du cercle de » tête, *fera avec le premier un angle égal au biais du pont*, et le » troisième sera perpendiculaire aux deux autres. »

M. Lefort dit bien que *l'on pourra employer* le beuveau ou équerre dont il donne la description, mais il ne dit pas qu'il en ait fait usage. Or il est évident qu'il n'aurait pas pu employer un pareil beuveau, parce que l'angle que la génératrice fait avec l'arc de tête n'est pas constant comme cet ingénieur l'a supposé, mais que cet angle n'est égal au biais du pont que pour le point le plus élevé de l'arc de tête et qu'il augmente depuis ce point jusqu'à la naissance, où il devient un angle droit, puisqu'à ce point, la génératrice *horizontale* du cylindre est perpendiculaire à l'arête *verticale* de la pile, et par conséquent à l'arc de tête.

377. Joints plans. — On peut facilement remarquer, en

examinant la figure **2**, qu'au point x de l'arc de tête la normale à cette courbe et la tangente à la trajectoire correspondante ont la même projection verticale, d'où il résulte que la partie de surface normale déterminée par le petit arc de trajectoire qui forme l'arête de joint du voussoir, diffère très-peu d'un plan qui serait perpendiculaire à l'arc de tête, et par conséquent au plan qui contient cet arc. On en conclura de suite qu'il est inutile d'employer des surfaces réglées pour les joints des voussoirs de tête et que le peu d'étendue de ces surfaces permettra de les remplacer par des faces planes perpendiculaires au plan de tête, en ajoutant cette condition, que les plans de joint de la tête A, **fig. 6,** contiendront le centre du cercle co, et seront par conséquent perpendiculaires à cette arête, tandis que les joints de la tête A' devront contenir le centre du cercle $c'o'$. Cela revient à considérer les deux têtes comme deux petits berceaux indépendants l'un de l'autre et appareillés suivant le principe du n° 6.

378. L'inclinaison plus sensible des hélices sur l'arc de tête ne permet pas d'employer cette solution dans l'appareil hélicoïdal (316 et 340).

379. Taille des voussoirs de tête. — Si l'on taille la face postérieure du voussoir suivant un plan parallèle à la face de tête (314), le reste ne présentera aucune difficulté. En effet,

1° On appliquera le panneau $acvu$ de la figure **2** sur le plan de tête et sur le plan de la face postérieure, et l'on taillera la pierre, **fig. 1,** en opérant comme s'il s'agissait d'une voûte droite.

2° On découpera sur la figure **2** le panneau $aczx$, que l'on reportera sur le plan de tête; ce qui déterminera les deux points z et x, que l'on joindra avec les points u et v par des droites zu et xv, tracées sur les plans de joint taillés précédemment.

3° On taillera la surface cylindrique de la douelle, **fig. 5,** en faisant glisser une règle sur les courbes zx, vu, et sur les droites zu et xv, qui remplacent ici les arcs correspondants de la trajectoire.

On pourrait remplacer les deux droites zu et xv par les arcs d'ellipse suivant lesquels le cylindre de douelle est coupé par les plans de joint; mais, dans l'étendue d'un voussoir, la courbure de ces lignes est insensible et peut souvent être négligée sans inconvénient.

580. Pour construire la partie du berceau qui est en maçonnerie, on couvrira les couchis du cintre, **fig. 7**, par une aire en plâtre sur laquelle on tracera toutes les trajectoires. Ces courbes serviront à régler la pose des moellons dont il faudra faire varier l'épaisseur proportionnellement à l'écartement des lignes de joints. Tous ces moellons, taillés d'avance, porteront une lettre indiquant l'assise et un numéro désignant la place de chacun suivant son rang.

581. La différence d'épaisseur entre les deux têtes de chaque moellon étant peu sensible, on pourra leur conserver la forme du parallélipipède rectangle, ce qui diminuera beaucoup la main-d'œuvre.

582. Pour tracer les trajectoires sur le cintre on emploiera les panneaux de développement de la figure **3**. On n'a pas développé toutes les trajectoires, parce que ces courbes étant identiques, il suffit d'en avoir une seule. Mais pour obtenir toutes les parties nécessaires au tracé de la voûte, il a fallu développer une trajectoire depuis le point où elle coupe la génératrice la plus élevée du berceau jusqu'à l'extrémité de la ligne de joint, qui approche le plus du plan de naissance. Ce développement se compose de quatre parties ab, $b'c$, $c'd$, $d'e$, qui, placées à la suite les unes des autres, formeraient la courbe entière.

Pour construire toutes ces parties de la trajectoire, il a suffi, dans l'exemple qui nous occupe, de développer, en partant des naissances, les première, deuxième, cinquième et douzième lignes de joint. En général, dans la construction de ces développements, il faudra que le point le plus bas de chaque partie de courbe soit à la même hauteur que le point le plus élevé de la courbe précédente; ainsi, par exemple, les points b et b',

fig. 3, doivent être situés sur la même génératrice du berceau. Il en est de même des points c et c', d et d'. Il est inutile d'ajouter que ces développements serviront pour les deux côtés de la voûte et qu'il suffira de les retourner.

Pour tracer ces courbes sur le cintre, il sera nécessaire d'y établir d'abord les génératrices du cylindre et de numéroter les points de repère sur ces lignes et sur les panneaux de la figure 3 ; au moyen de cette précaution la courbe ab pourra servir à tracer toutes les portions de trajectoires comprises entre les génératrices aa' et bb'. Il suffira, pour passer d'une trajectoire à l'autre, de faire glisser le patron horizontalement d'une quantité égale à la distance 1-1, qui représente la portion de génératrice comprise entre deux trajectoires consécutives. Ainsi, par exemple, **fig. 3**, le même arc 2-3 servira pour tracer tous les arcs 2'-3', 2"-3", etc., compris entre les mêmes génératrices 2-2, 3-3. La courbe b'-c servira pour tracer toutes les parties de trajectoires comprises entre les génératrices b-b', c-c', et ainsi de suite jusqu'aux naissances.

383. Berceau circulaire. — Dans les exemples qui précèdent, les sections de la voûte par des plans parallèles aux têtes, étaient des cercles. Mais dans le cas d'un berceau circulaire, ces courbes seront des ellipses, et la seule différence qui en résultera c'est que la normale mn, **fig. 1, pl. 16**, au lieu d'être dirigée vers le centre de chaque section, devra partager en deux parties égales l'angle FaF' formé par les rayons vecteurs.

384. Si le premier système des lignes de joint se composait de courbes non définies, mais cependant parallèles à un même plan, on pourrait obtenir la trajectoire en opérant de la manière suivante. On admettrait d'abord que si les points c, o, **fig. 10**, sont situés à égale distance du point a, la droite mn, menée par ce dernier point perpendiculairement à la corde co, pourra sans inconvénient être considérée comme une normale à la courbe cao.

385. D'après cela, étant données, **fig. 4**, les courbes 1,2,3,4, que nous supposons toutes parallèles au plan vertical de projection, on tracera successivement les droites *a-c* perpendiculaires sur la corde *mn*, et par conséquent sur la première courbe; *c-e* perpendiculaire sur la deuxième courbe; *e-u* perpendiculaire sur la troisième, et ainsi de suite, ce qui donnera le polygone *aceu* pour la projection verticale de la courbe cherchée. En effet, les droites *ae, ce, eu*, peuvent être considérées comme les traces verticales d'un plan mobile qui serait successivement perpendiculaire aux courbes 1,2,3,4, sans cesser d'être perpendiculaire au plan vertical de projection; de sorte que chacune des droites *ac, ce, eu*, sera la projection d'une petite partie de la trajectoire.

Il résulte évidemment de la construction précédente que les points *c, e, u*, sont tous un peu trop bas (364); et si l'on veut obtenir plus d'exactitude, on n'admettra la courbe *acu* que comme une première approximation, et l'on tracera successivement la droite *a-c'* perpendiculaire sur la corde *m'n'*, et par conséquent sur la deuxième courbe; *c'-e'* perpendiculaire sur la troisième courbe; *e'-u'* sur la quatrième, ce qui donnera une seconde courbe d'approximation *ac'e'u'*, dans laquelle les points *c', e', u'* seront un peu trop élevés. Or les deux polygones *aceu, ac'e'u'*, pouvant être considérés comme des limites entre lesquelles la courbe cherchée doit être nécessairement comprise, il est évident que l'on pourra s'approcher de cette ligne autant que l'on voudra : 1° en augmentant le nombre des courbes qui doivent être coupées à l'angle droit par la trajectoire; 2° en prenant pour résultat la courbe qui passerait par les milieux des arcs *cc', ee', uu'*.

386. Appareil orthogonal convergent. — Nous avons supposé jusqu'ici que toutes les lignes de joint du premier système étaient parallèles à un même plan. Mais la nature de la question proposée peut engager à introduire des dispositions différentes. Supposons, en effet, que l'on ait un berceau d'une grande longueur terminé par des têtes biaises. Si l'on adoptait pour toute la longueur du berceau des joints transversaux parallèles aux têtes, et si l'on faisait passer les trajectoires par les points qui diviseraient en parties égales la section faite à égale distance des deux extrémités du berceau, il y aurait trop d'inégalité entre les hauteurs des assises qui seraient voisines des plans de tête.

587. On évitera cet inconvénient en partageant la voûte en trois parties par les deux plans verticaux *voc*, *v'c'o'*, **fig. 3, 8, 2** et 7. La partie du milieu serait appareillée comme un berceau ordinaire, et dans les autres parties on prendrait pour arêtes des joints discontinus, les sections de la voûte par les plans qui contiennnent les deux verticales projetées en *c* et *c'*, et qui résultent de l'intersection des plans des têtes par les deux plans verticaux *co*, *c'o'*. Les trajectoires, dans ce cas, seront un peu plus difficiles à obtenir, et le travail sera augmenté, surtout par cette circonstance que ces courbes ne sont pas identiques comme celles du n° 369 ; de sorte que les opérations qui auront été faites pour déterminer l'une d'elles devront être recommencées pour chacune des autres.

388. **Construction des trajectoires.** — Je rappellerai d'abord que si une ellipse *o'a'c'*, **fig. 16**, est inclinée par rapport au plan vertical de manière que sa projection sur ce plan soit un cercle *cao*, la tangente à l'ellipse se projettera par une tangente au cercle ; de sorte que si par le point *a* on construit un plan perpendiculaire à la courbe, la trace horizontale *pq* sera perpendiculaire sur la projection *c'o'* de l'ellipse, tandis que la trace verticale *qv* sera parallèle au rayon *an*. Il est essentiel de remarquer que le point *n'* de la trace horizontale du plan *pqv* doit toujours se trouver sur la droite *nn'*, quelles que soient l'inclinaison de l'ellipse *c'o'* et la position du point *aa'* sur cette ellipse.

389. Supposons actuellement, **fig. 13**, que les droites c'-1, c''-2, c'''-3, soient les projections horizontales de plusieurs ellipses situées sur la surface d'un cylindre perpendiculaire au plan vertical de projection, et qui aurait pour section droite la demi-circonférence $ca^{\text{iv}}o$. La construction d'une trajectoire revient à faire mouvoir un plan de manière qu'il coupe successivement à

angles droits toutes les ellipses dont nous venons de parler ; or le plan qui passera par le point a et qui sera perpendiculaire au cercle $c\text{-}o$, aura pour traces les deux droites an, nn, et coupera l'ellipse $c'\text{-}1$ en un point dont les projections seront a', a'. Si nous concevons par ce point un plan perpendiculaire à la tangente $a't'$, et par conséquent à l'ellipse $c'\text{-}1$, il aura pour trace horizontale la droite $p'q'$, et sa trace verticale sera parallèle au rayon an. Cette trace n'a pas été conservée parce qu'elle n'est pas nécessaire pour les opérations suivantes.

L'horizontale menée par le point a' dans le plan $p'q'$ perce le plan vertical $c''\text{-}2$ en un point u'. De plus le point s', intersection des traces horizontales $p'q'$, $c''\text{-}2$, étant projeté sur la droite co, on tracera $s'u'$, qui est l'intersection des deux plans $p'q'$, $c''\text{-}2$; cette opération déterminera le point a'' suivant lequel l'ellipse $c''\text{-}2$ est coupée par le plan $p'q'$ mené par le point a' perpendiculairement à l'ellipse $c'\text{-}1$. Le plan $p''q''$ mené par a'' perpendiculairement à l'ellipse $c''\text{-}2$ coupera le plan de l'ellipse $c'''\text{-}3$ suivant la droite $s''\text{-}u''$ qui détermine le point a''' par lequel on mènera le plan $p'''q'''$ perpendiculaire à l'ellipse $c'''\text{-}3$, etc. Ainsi :

1° Le plan ann, mené par le point a perpendiculairement au cercle co, coupera l'ellipse $c'a'$ au point a' ;

2° Le plan $p'q'$, mené par a' perpendiculairement à l'ellipse $c'\text{-}1$, coupera l'ellipse $c'\text{-}2$ en a'' ;

3° Le plan $p''q''$, mené par a'' perpendiculairement à l'ellipse $c''\text{-}2$, coupera l'ellipse $c'''\text{-}3$ en a''' ;

4° Le plan $a'''p'''q'''$, perpendiculaire à l'ellipse $c'''\text{-}3$, coupera l'ellipse $c'''\text{-}4$ en a^{iv}, et ainsi de suite jusqu'à ce que l'on ait obtenu tous les points de la courbe $aa'a''a'''a^{\text{iv}}$, dont la projection verticale se confond avec la circonférence $oa^{\text{iv}}c$.

390. Au lieu de chercher les deux projections de la trajectoire, il sera plus simple de commencer par construire cette courbe sur le développement du cylindre. Il suffit d'admettre comme évident que toutes les lignes qui se coupent à angle droit sur la surface du cylindre doivent aussi se couper à angle droit dans le développement.

Ainsi on construira, **fig. 17**, le développement de la partie biaise du berceau, et l'on tracera en même temps, avec beaucoup de soin, le développement des ellipses c'-1, c''-2, c'''-3. Cela étant fait, si l'on veut obtenir sur le développement la trajectoire qui contient le point a, on pourra opérer comme nous allons le dire. La droite aa', perpendiculaire sur co, sera prise pour une première partie de la trajectoire et déterminera le point a', que l'on projettera sur les deux figures **12** et **13**.

On tracera ensuite sur la figure **12** la projection verticale de la tangente $a't'$, et l'on construira cette tangente sur le développement, **fig. 17**, en observant qu'elle doit être l'hypoténuse d'un triangle rectangle $a't'm'$, dans lequel un des côtés $a'm'$ serait égal à la projection verticale de la tangente, **fig. 12**, tandis que $t'm'$, le second côté de l'angle droit, est égal à $t'm'$, différence des distances des points t' et m' au plan de la section droite co, **fig. 13**.

La tangente $t'a'$ étant construite sur la figure **17**, la droite $a'a''$, perpendiculaire à cette tangente, sera la deuxième partie de la trajectoire, ce qui déterminera le point a'' que l'on projettera sur les figures **12** et **13**. Ensuite on tracera :

1° La projection verticale de la tangente $a''t''$, **fig. 12**.

2° Cette même tangente, dans le développement, **fig. 17**, en faisant

$$a''m'', \textbf{fig. 17}, = a''t'', \textbf{fig. 12},$$

et

$$t''m'', \textbf{fig. 17}, = t''m'', \textbf{fig. 13};$$

3° La droite $a''a'''$ perpendiculaire sur $a''t''$ déterminera a''', que l'on reportera sur les figures **12** et **13**; ainsi de suite pour tous les autres points.

Je n'ai pas besoin de rappeler qu'on obtiendra plus d'exactitude en augmentant le nombre des courbes qui doivent être traversées à angle droit par la trajectoire ; et si dans les figures **13** et **17** on a laissé beaucoup d'espace entre ces lignes, c'était uniquement pour éviter la confusion et rendre plus claire la démonstration du principe.

La position des points t', t'', t''', **fig. 12**, étant arbitraire, si on les prend de préférence sur la développante du cercle $ca^{\text{iv}}o$, il en résultera que dans le développement, **fig. 17**, ces mêmes points seront sur une droite tt''' perpendiculaire à co. On remarquera encore que les arcs aa'', aa''', aa^{iv}, **fig. 12**, doivent être égaux, dans le développement, aux droites aa'', aa''', aa^{iv}, **fig. 17**. Enfin, on pourrait encore tracer très-promptement les trajectoires sur le développement du cylindre, en opérant comme nous l'avons dit au n° 385, ce qui donnera en pratique une exactitude suffisante.

391. On a vu (380) que pour construire un berceau en moellons, il n'est pas nécessaire d'avoir la projection de la trajectoire sur le plan des têtes, et qu'il suffit de construire, **fig. 14 et 15**, les développements de ces courbes. Quant aux têtes du berceau, on les rabattra comme nous l'avons fait, **fig. 6 et 9**. On pourra aussi les appareiller comme nous l'avons dit au n° 377, et sans avoir égard à la longueur de la voûte. La figure 5 indique le raccordement d'un berceau annulaire terminé par deux parties de berceau à tête biaise.

392. Si l'on jette un coup d'œil sur la figure **2**, planche **15**, et sur les figures **2** et **6**, planche **16**, on remarquera que les trajectoires ne viennent pas aboutir exactement aux angles des voussoirs de tête ; de sorte que les joints de ces voussoirs et les joints de la voûte ne formeront pas des surfaces continues. Cette irrégularité est inévitable dans le système d'appareil que nous venons d'exposer, et l'on conçoit facilement qu'il n'en peut résulter aucune diminution dans la solidité de la voûte.

Les crochets dont nous venons de parler n'existent pas lorsque l'on emploie l'appareil hélicoïdal, parce que, dans ce système, les hélices développées sont parallèles et équidistantes ; ce qui permet de les faire coïncider avec les arêtes de joint des voussoirs de tête. Dans tous les cas, il est très-probable que parmi les nombreux voyageurs qui parcourent un chemin de fer, il ne s'en trouvera pas un qui remarquera le petit ressaut que l'arête du joint longitudinal fait avec l'arête de douelle du voussoir de tête.

Cependant, pour satisfaire les esprits difficiles, qui s'attachent plus aux détails, souvent insignifiants, qu'aux conditions essentielles, quelques ingénieurs croient devoir modifier les trajectoires, afin de les faire aboutir aux angles des voussoirs de tête. Mais il est évident que ce déplacement de la courbe altère d'une manière très-sensible les ordonnées que l'on compte ordinairement à partir de l'arc de tête, et que, par conséquent, il n'est pas absolument nécessaire, comme je l'ai déjà dit, de calculer ces ordonnées avec un degré d'exactitude que l'on néglige ainsi dans l'application.

393. Parmi les modifications que l'on peut faire subir aux trajectoires, il en est une qui ne peut manquer d'être inspirée par la simple vue de ces courbes sur le développement du cylindre d'intrados, **fig. 14** ou **17**; elle consiste à considérer comme droites les arêtes de douelle des voussoirs de tête et à remplacer les trajectoires qui résultent de la théorie précédente par des courbes tangentes aux droites qui forment ces arêtes.

Ainsi, par exemple, supposons que les courbes AB, A'B', **fig. 11**, soient les deux sinusoïdes suivant lesquelles se développent les arcs de tête d'un pont biais; il s'agit de remplacer la trajectoire théorique du point C par une ligne CU qui en diffère le moins possible et qui coïncide en U avec l'arête de l'un des voussoirs de la tête A'B'. On tracera CN et UN perpendiculaires sur les courbes AB et A'B', et la question sera réduite à trouver une courbe tangente aux points C et U des droites CN et NU.

394. On peut obtenir ce résultat par une courbe *à deux centres*, que l'on construira comme nous l'avons dit au n° 483 du Traité de la Coupe des pierres, ou par une courbe du *second degré*, dont on déterminera le centre et les axes, en opérant comme au n° 484. Ainsi, **fig. 11**, on tracera :

1° UO perpendiculaire sur UN;
2° CP perpendiculaire sur UO;
3° NQ perpendiculaire sur CP;
4° QV parallèle à CN;

5° On joindra le point V avec P ;

6° Enfin, NO parallèle à VP déterminera le centre O et l'un des axes OU de la courbe du second degré, qui satisfait aux conditions demandées.

Connaissant le centre, l'un des axes OU et un point C de la courbe, il est facile de la construire. J'ai fait voir, au n° 484, que si on a CQ < QP on obtiendra un arc d'ellipse ; lorsque CQ sera plus grand que QP on obtiendra un arc d'hyperbole ; et lorsque CQ = QP on a un arc de parabole ; enfin, dans certains cas, on pourra obtenir un arc de cercle.

Sur la figure 17, la trajectoire théorique sera remplacée par une courbe du second degré, tangente aux points a^{IV} et a des droites KH et DH perpendiculaires sur la sinusoïde c^{IV}-A et sur la section droite co du cylindre ; en supposant, bien entendu, que le point a^{IV} est l'angle de l'un des voussoirs de tête, et que le point a appartient à l'arête de joint longitudinal, la plus proche de la trajectoire que l'on veut modifier.

395. M. Graeft, dans le 4° cahier des *Annales des ponts et chaussées*, 1852, a cru devoir consacrer une très-grande partie de son mémoire à la solution de la difficulté précédente. Mais je crois que cet ingénieur s'est beaucoup exagéré l'importance de la question. Les crochets insignifiants, qu'il a voulu éviter, n'offrent aucun inconvénient pour la solidité de l'édifice et ne peuvent tarder à disparaître sous la couche de fumée produite par le passage des nombreuses locomotives ; tandis que, si l'on adoptait les solutions proposées par M. Graeft, il faudrait renoncer à l'identité des trajectoires, ce qui est une des garanties les plus essentielles pour l'exactitude de l'épure, de la taille et de la pose des voussoirs.

Il est d'ailleurs évident que pour faire coïncider ainsi les trajectoires avec les arêtes des voussoirs de la tête, il faudra relever un peu quelques courbes tandis que d'autres seront abaissées ; ce qui détruirait la variation progressive de leur écartement ; d'où il résulte que l'on n'aura fait que remplacer une irrégularité presque insensible d'appareil par une autre beaucoup plus évidente. Je n'hésiterai donc pas à conserver les crochets dont nous venons de parler, ce qui, à mon avis, est préférable à l'altération des trajectoires.

396. Séparation de la voûte en zones indépendantes.
— En donnant aux pieds-droits une résistance suffisante et supposant une exactitude de taille à laquelle il est impossible d'arriver dans les applications, une voûte pourrait, à la rigueur, être étudiée théoriquement, de manière à résister aux forces constantes qui doivent agir sur elle. Mais l'équilibre que l'on serait parvenu à établir dans cette hypothèse serait immédiatement détruit par la force nouvelle, résultant du passage d'une voiture ou d'un train au-dessus de la voûte. Il faut donc tâcher de combattre toutes les causes de rupture ou de déformation qui pourraient provenir, non-seulement du poids des matériaux qui composent la voûte, mais encore des fardeaux ou des chocs qu'elle est destinée à supporter.

Il faut encore ajouter le poids, quelquefois considérable, des terres dont la voûte est chargée. En effet, on doit distinguer le cas où un tunnel est percé dans un terrain dur et solide, de celui où la voûte est couverte par un remblai très-élevé. Il est certain que, dans cette dernière circonstance, la pression produite par le tassement des terres fraîchement remuées doit s'ajouter au poids des matériaux qui composent la voûte. Enfin, on doit encore prévoir les effets en sens contraire produits par le passage des trains s'il s'agit d'un chemin de fer, ou par celui des voitures si la voûte est construite au-dessous d'une route ordinaire.

Ainsi le tassement des terres, le passage des voitures ou la présence des fardeaux qui pourraient momentanément stationner au-dessus d'une voûte, changeront à chaque instant le rapport et la direction des forces qui agissent sur les diverses parties qui la composent, et tandis que quelques-unes de ces parties, pressées dans un sens, tendent à descendre, d'autres parties, repoussées en sens contraire, pourront remonter sur leurs lits.

Il est donc indispensable, lorsqu'une voûte est exposée à des pressions ou à des chocs dont la direction et l'intensité sont très-variables, que toutes ses parties soient liées entre elles assez solidement pour que le changement de direction dans les forces qui agissent sur elles ne puisse jamais faire glisser les pierres sur leurs joints ni les faire tourner autour des arêtes. Il faut enfin que l'on soit en droit de considérer la voûte comme ne formant qu'une seule pièce. Or, ce résultat ne peut être obtenu que par des mortiers ou armatures destinés à lier entre elles toutes les parties, ce qui nous conduit à étudier la question d'équilibre sous un autre point de vue.

397. Si le mortier pouvait acquérir de suite une consistance égale à celle des pierres, le choix de l'appareil deviendrait indifférent; et considérant la voûte comme formée d'un seul morceau, il suffirait de lui donner l'épaisseur convenable pour qu'elle puisse, sans se rompre, résister au maximum des pressions qui doivent agir sur elle. Mais il n'en est pas ainsi; au moment du décintrement, quelques joints se resserrent par en bas, tandis que d'autres, au contraire, se resserrent par en haut, et la voûte prend une forme un peu différente de celle qui lui était destinée par le tracé de l'épure.

Or, tant que la résultante qui exprime la pression de chaque pierre sur son lit de pose ne sortira pas des limites de ce joint, la pierre ne pourra pas tourner autour de ses arêtes, et la résistance du mortier suffisant pour s'opposer au glissement, il n'y aura pas rupture, mais seulement une déformation du cintre primitif. Cette compression des mortiers formant en quelque sorte une infinité de petits ressorts, il en résulte une espèce d'élasticité par suite de laquelle on peut comparer la voûte à une lame plus ou moins épaisse de matière flexible à laquelle on aurait donné la forme d'un berceau.

398. Pour reconnaître les effets produits par la compression des mortiers au moment du décintrement, on trace sur les têtes une droite ou une courbe qui se déforme lorsque la voûte est abandonnée à son propre poids, de sorte qu'en comparant les ordonnées de la courbe qui résulte du décintrement avec celles de la droite ou de la courbe qui avait été tracée sur les têtes, on reconnaît de combien chaque point s'est écarté de sa position primitive. Toutes les expériences ont conduit à des résultats ayant plus ou moins d'analogie avec la courbe *cao*, **fig. 15, pl. 17**.

On reconnaît par cette figure, dans laquelle nous avions supposé que le cintre primitif *cuo* était un demi-cercle, que les joints du milieu se sont ouverts par en bas, tandis qu'au contraire ceux qui sont plus près des naissances se sont ouverts par en haut, de sorte que la clef et les voussoirs adjacents tendent à descendre, en repoussant au contraire par en haut les points *m, m*, que l'on nomme joints de rupture, parce que c'est à la hauteur de ces points que la voûte se briserait si la pression était assez grande. Dans une voûte en plein cintre, les joints de rupture sont à peu près à 30° de hauteur.

399. Supposons actuellement, **fig. 12**, une voûte en moellons ou petits matériaux assez bien liés pour que l'on puisse faire abstraction de la forme de l'appareil ou de la direction des joints. Supposons que par le point *a*, placé au centre de la voûte, on fasse passer un certain nombre de plans verticaux. On obtiendra une suite de sections elliptiques, ayant toutes même hauteur et ne différant que par leur axe horizontal. Or, après le décintrement, la plus grande déformation aura lieu dans le plan vertical *pq*, qui joint les deux angles aigus du quadrilatère *mnvu*. C'est à ce résultat que M. Lefort a été conduit par *l'analyse algébrique*, dans le mémoire que j'ai cité plus haut. Il faut ajouter que si le berceau était assez long pour que l'on pût y tracer la section droite $p'q'$, le maximum de contraction aurait lieu suivant cette courbe.

400. Dès qu'il fut reconnu que c'est dans le plan *pq* que se produit le maximum d'effet, on fut naturellement conduit à chercher les moyens de ramener ce plan dans une position parallèle aux têtes. MM. les ingénieurs du chemin de fer de Versailles ont pensé qu'ils satisferaient à cette condition en remplaçant, **fig. 11**, la partie du berceau qui est au-dessus des joints de rupture par une suite de zones, parallèles aux têtes, et indépendantes les unes des autres, de sorte que dans chaque zone le maximum d'effet aurait lieu dans le plan diagonal *co*, et, par conséquent, dans un plan qui se rapprocherait de la direction du chemin et qui se confondrait entièrement avec cette direction, si l'on pouvait partager la voûte en zones infiniment étroites.

401. Si l'on croyait devoir adopter cette combinaison dans un berceau en pierres de taille, on pourrait opérer, comme on le voit par la figure **14**, c'est-à-dire que, jusqu'à la hauteur des joints de rupture, les arêtes d'intrados longitudinales seront continues et les joints montants disposés en liaison, tandis qu'au-dessus des joints de rupture les joints transversaux seront continus et les arêtes longitudinales en liaison. Enfin, on pourrait, au-dessus des joints de rupture, composer la partie supérieure de la voûte avec des arcs parallèles en retraite, **fig. 4**.

402. J'ai dû exposer un principe dont l'application a été faite avec succès par les habiles ingénieurs que j'ai cités plus haut. Cependant, je ne suis nullement convaincu de l'avantage résultant de la séparation de la voûte en zones indépendantes. En isolant ainsi les zones, on les affaiblit et l'on augmente par conséquent l'intensité de la contraction, surtout pour les zones qui sont au-dessous du passage des voitures. Il serait alors nécessaire de les fortifier par des arcs doubleaux ou par des chaînes en pierre de taille.

Ensuite, lorsque la voûte sera chargée par un remblai très-élevé, la poussée, provenant du tassement des terres, tendra nécessairement à écarter les têtes et à faire fendre la voûte suivant le joint qui sépare les deux zones adjacentes. Il est vrai qu'après le décintrement, on a rattaché les zones entre elles, en remplissant les vides momentanément laissés pendant la construction; mais alors l'isolement des zones n'aura eu d'autre résultat que de les affaiblir et, par conséquent, d'augmenter la contraction pour chacune d'elles. D'ailleurs, si pendant le tassement produit par la compression des mortiers la contraction n'est pas identiquement la même pour toutes les zones, il en résultera, dans la surface de la douelle, une solution de continuité qui produira l'effet le plus disgracieux; et si, au contraire, comme cela paraît avoir eu lieu au chemin de fer de Versailles, la contraction se fait également, il devient inutile de séparer les zones et de perdre, par leur isolement, la résistance que chacune d'elles oppose à la contraction de celles qui lui sont adjacentes.

Cette opinion, que j'avais énoncée dans la troisième édition de l'ouvrage actuel, paraît avoir été justifiée par l'expérience. M. l'ingénieur Graeft a remarqué que, dans plusieurs ponts, la division de la voûte en zones indépendantes offrait l'inconvénient de faire éclater les voussoirs sur les lignes séparatives de ces zones, et de produire, par l'inégalité du tassement d'une zone à l'autre, des ressauts et jarrets dans les lignes d'assises.

403. Cette méthode de séparation d'une voûte en zones indépendantes, provient d'une erreur émise par M. Lefort : que les mouvements observés pendant et après la construction des ponts biais sont indépendants du système d'appareil adopté.

Cet ingénieur, à la page 286 de son *Mémoire*, dit que « la » poussée au vide résulte de la forme même de la voûte et de » l'élasticité des matériaux qui la composent; *elle est indépen-* » *dante de l'appareil employé.* »

Dans un autre article des *Annales* (juillet et août 1854, p. 88), répondant à une note de M. de la Gournerie, il ajoute que, dans son opinion, « la poussée au vide est une résultante de forces ; » il est bien clair dès lors qu'elle est *indépendante de l'appareil* » *employé*, car, en mécanique, la force élémentaire, considérée » à son point de vue général, se réduit à la réaction entre deux » molécules matérielles. Les surfaces géométriques terminales » des corps, quelle que soit leur direction, ne pouvant donner » naissance à des forces, nous n'avons pas dû tenir compte de » l'appareil pour montrer la cause de la poussée au vide dans » les arches biaises. »

404. Mais si la forme des corps ne peut donner naissance à des forces nouvelles, il me semble évident qu'elle peut détourner l'action des forces existantes, et changer, par conséquent, la direction de ces forces. Puis, en supposant, ce que je suis loin d'admettre, que la contraction ne provient que de l'élasticité des matériaux et qu'elle est indépendante de l'appareil, il resterait encore à démontrer comment la séparation en zones indépendantes peut changer le plan qui contient la résultante des contractions.

La réaction mécanique qui agit entre deux molécules dépend de leur position relative, et cette position n'étant pas modifiée par la division en zones, on ne comprend pas comment cette opération peut changer les effets produits par la compression des mortiers. Pour que la proposition de M. Lefort fût vraie, il faudrait admettre que la voûte est homogène et que la contraction des pierres est absolument la même que la compression des mortiers : ce qui est loin d'être démontré.

La division en zones serait d'ailleurs une disposition d'appareil, et M. Lefort est alors en contradiction avec lui-même lorsqu'il dit que l'appareil est indifférent. Si l'effet produit par une force ne dépendait pas de la direction des surfaces qui reçoivent son impulsion, l'action d'un boulet sur un mur perpendiculaire à la trajectoire serait la même que sur un mur incliné par rapport à cette ligne ; or, j'avoue que, pour mon compte, je n'assisterais pas avec la même sécurité à la seconde expérience si l'angle de réflexion était dirigé de manière à renvoyer le boulet de mon côté.

Si la force pouvait être détruite avant son action sur les corps qui lui opposent de la résistance, je concevrais que l'on dise qu'elle est indépendante de l'inclinaison de la surface de ces corps ; mais il n'en est pas ainsi dans l'application, on ne peut pas empêcher la pression des voussoirs d'agir sur leurs lits, et puisque l'on ne peut pas détruire la cause, on doit au moins chercher à en neutraliser les effets.

Enfin, si l'on pouvait ainsi faire abstraction de la forme des corps exposés à l'action des chocs ou des pressions extérieures, je ne vois pas pourquoi on prendrait tant de soins pour façonner les matériaux. Il suffirait de les entasser au hasard, sans tenir aucun compte des lois de la pesanteur et des frottements.

405. J'aurais voulu pouvoir admettre sans réserve toutes les

conséquences que M. Lefort a déduit de sa théorie, mais, quelque disposé que je sois à tenir compte et à profiter des idées de cet habile ingénieur, il m'est impossible de les accepter sans discussion.

Ainsi, je lui reprocherai une seconde erreur beaucoup plus grave, et qui n'a pu être répétée que par distraction par M. Graeft, à la page 4 de son *Mémoire*, et par M. l'ingénieur Hachette, aux pages 161 et 175 des *Annales des ponts* (mars et avril 1834).

C'est **QU'UNE VOUTE BIAISE, INFINIMENT COURTE, POUVAIT ÊTRE ASSIMILÉE A UNE VOUTE DROITE**.

« Cette proposition, dit M. Lefort, à la page 292 du *Mémoire*
» déjà cité, serait absolument vraie si l'épaisseur des zones était
» infiniment petite, et alors, en appliquant les principes établis,
» on devrait avoir pour lignes de joints, d'une part, des courbes
» parallèles aux têtes; d'autre part, des courbes qui couperaient
» celles-ci à angles droits. »

Mais, il est évident que cette zone infiniment mince ne peut jamais être assimilée à une voûte droite, puisque la génératrice, quoique *infiniment* courte, n'en fait pas moins *un angle oblique* avec le plan de tête, cet angle étant une quantité *constante* et **INDÉPENDANTE** de la longueur du berceau. Plus loin il ajoute, pour le cas d'une zone infiniment mince :

« *Les surfaces de joints formées par les normales à la voûte,*
» *seraient* **PLANES** *pour l'une des séries*, et de la nature de celles
» dites surfaces gauches pour l'autre; ces dernières seraient
» encore des surfaces réglées, mais non plus des surfaces déve-
» loppables. » Il y a ici une troisième erreur, car les surfaces normales qui ont pour directrices les sections d'un berceau oblique par des plans parallèles aux têtes, sont toutes **IDENTIQUES**, *quelle que soit la position de la section directrice*, et ces surfaces ne changeront pas de nature lorsque cette directrice sera l'arête d'une zone *infiniment mince;* elles ne peuvent donc pas être **PLANES**.

CHAPITRE VI.

Joints cylindriques.

406. Joints continus. — A l'exception de M. de la Gournerie, les ingénieurs qui ont écrit sur la construction des ponts biais se sont presque exclusivement occupés de la disposition plus ou moins rectangulaire des arêtes de douelles; mais la nature des lignes de joint n'a ici qu'une importance secondaire; ce qui était beaucoup plus essentiel, c'était de ramener la résultante des pressions dans un plan parallèle aux têtes du berceau, afin d'éviter toute espèce de poussée au vide. Pour résoudre cette partie de la question, nous allons retourner, pour un instant, à la planche **14**, afin de rappeler au lecteur quelques-unes des idées précédentes.

407. Si l'on employait pour surfaces de joints, **fig. 3**, des plans normaux passant par les génératrices du cylindre, les pressions de toutes les parties de la voûte sur ces plans se composeraient, **fig. 4**, suivant deux résultantes F,F, perpendiculaires à la direction du berceau, et qui tendraient évidemment à renverser les angles aigus A et B des pieds-droits; or c'est précisément cette *poussée au vide* qu'il faut tâcher d'éviter. L'appareil hélicoïdal et les modifications que nous lui avons fait subir dans les chapitres précédents font disparaître une partie de cette poussée, mais la question est encore loin d'être résolue d'une manière complète.

Je rappellerai d'abord, **fig. 13**, que les mouvements de rotation que l'on a souvent remarqués au moment du décintrement, sont dus principalement, **fig. 14**, à l'inclinaison en sens contraire des surfaces réglées normales formées par les joints des moellons, briques ou pierres appareillées qui composent la voûte, et nous avons dû en conclure (310) que cette cause de torsion serait annulée en partie, si l'on prenait pour joints transversaux des plans parallèles aux têtes ; de sorte qu'il ne restera plus qu'à détruire le couple de rotation provenant de l'inclinaison en sens contraire des surfaces réglées qui forment les joints continus. Nous allons voir comment on peut atteindre ce but.

408. Joints cylindriques. — On remarquera que la projection $v'u'n'$ de la normale sur le plan de la figure 5 se confond avec celle du rayon $m'u'$, tangent à la projection de la trajectoire. En effet, soit, **fig. 11**, cao, $c'o'$, les projections de la section circulaire parallèle aux têtes du berceau ; la droite tu, $t'u''$, tangente à cette courbe sera parallèle au plan vertical de projection, et, par conséquent, à la trace verticale du plan tangent en u, d'où il résulte que la projection verticale vn de la normale doit se confondre avec le rayon um du cercle cao.

Ainsi, **fig. 5**, les projections verticales des normales à la voûte se confondront avec celles des tangentes à la trajectoire, d'où il résulte que le cylindre horizontal projetant de cette courbe sera tangent à la surface réglée normale dans toute l'étendue de l'arête de joint. De plus, ces deux surfaces différant très-peu l'une de l'autre dans les limites déterminées par l'épaisseur de la voûte, *il sera permis de remplacer la surface normale par le cylindre projetant de la trajectoire.*

409. Cette dernière surface, indépendamment de la simplicité de sa génération, satisfait de la manière la plus complète aux conditions de stabilité ; car il est évident que les forces provenant de la pression exercée sur les joints par le poids des assises supérieures se composeront, dans le cas actuel, comme si elles agissaient sur des plans tangents au cylindre projetant de la courbe ax, **fig. 9** et **12**, et la résultante de toutes les pressions qui ont lieu sur les joints longitudinaux, sera, par conséquent, ramenée dans un plan parallèle aux têtes.

410. M. de la Gournerie, à la page 111 de son beau *Mémoire*, a démontré qu'en chaque point de la trajectoire le plan tangent

à la surface du lit est perpendiculaire au plan de tête, et il ajoute dans une note : « C'est cette propriété qui forme l'avan-
» tage essentiel de l'appareil orthogonal. *Nous n'osons pas la
» présenter comme nouvelle, et cependant nous ne l'avons vue
» explicitement exprimée nulle part.* »

Or, je rappellerai ici que, dès l'année 1840, lorsque je me suis occupé pour la première fois de ponts biais, dans la deuxième édition de ce *Traité de la coupe des pierres*, j'ai appelé l'attention des ingénieurs sur la propriété précédente, qui permet de détruire *complétement* la poussée au vide, en remplaçant les joints normaux continus par les **CYLINDRES PROJETANTS DES TRAJECTOIRES**. M. de la Gournerie est donc arrivé, en 1851, par l'analyse algébrique, au point où j'étais parvenu, en 1840, par des considérations plus élémentaires.

Dominé par cette idée, que les joints d'une voûte doivent être *nécessairement* **NORMAUX** à la douelle, il n'a pas cru devoir entrer dans la voie que j'avais indiquée. Ainsi, après avoir reconnu que les plans tangents à la surface normale, suivant les différents points de la trajectoire, sont perpendiculaires aux plans des têtes, il ajoute, page 111 : « Les plans tangents aux
» autres points d'un *lit* ne sont pas perpendiculaires aux plans
» de têtes. **DANS AUCUN APPAREIL D'ARCHE BIAISE**, cette
» perpendicularité ne peut être établie pour tous les points de la
» surface des *lits :* il faudrait pour cela *que les lits pussent être
» des cylindres perpendiculaires aux têtes, ce qui est* **impossible.** » Il conclut de là que, dans une arche biaise, il y a toujours une poussée au vide *très-faible avec l'appareil orthogonal.*

411. Cette dernière remarque devient évidente si l'on jette un coup d'œil sur la figure 5, où l'on peut facilement reconnaître, comme nous l'avons déjà dit, le peu de différence qui existe entre la surface normale comprise entre les deux courbes az et $n'r$ et le cylindre projetant de la première ; d'où il résulte que *la poussée au vide sera* **COMPLÉTEMENT DÉTRUITE** *si l'on remplace la surface normale par le cylindre projetant de la trajectoire.*

412. Il n'est donc pas exact de dire que, *dans une arche biaise, il est* **IMPOSSIBLE** *que les lits soient des cylindres perpendiculaires aux têtes.*

Sans doute cela serait *impossible* si l'on était absolument forcé d'employer la surface normale comme *lit*. Mais cette obligation n'existe pas : M. de la Gournerie sait très-bien qu'il est non-seulement permis, mais très-souvent utile dans la pratique, de remplacer les surfaces normales indiquées par la théorie par d'autres surfaces qui en diffèrent peu, mais dont la génération moins composée permet d'obtenir plus d'exactitude dans la taille, et d'augmenter, par conséquent, la solidité de la construction. Il est donc évident, que l'impossibilité dont M. de la Gournerie a parlé plus haut doit s'entendre *des surfaces normales, et non des lits* qui, dans les arches biaises, et surtout avec l'appareil orthogonal, peuvent très-bien être des *cylindres perpendiculaires aux têtes.*

413. D'ailleurs le but que l'on se propose principalement dans l'emploi des surfaces normales étant d'éviter les angles aigus formés par la rencontre des joints avec la douelle, il est évident que l'on pourra fort souvent satisfaire à cette condition en remplaçant la surface normale *co*, **fig. 2**, par une autre surface *ab* qui lui serait tangente suivant l'arête d'intrados et lorsque la surface normale est inclinée de manière à diriger la résultante des pressions vers les points où la résistance est insuffisante, il faut nécessairement chercher d'autres moyens de solution. Or, dans la question actuelle, la condition la plus importante est de détruire la poussée au vide et de ramener toutes les pressions dans la direction du chemin, ce qui aura lieu complétement en adoptant :

1° **Pour lignes de joints** *les sections parallèles aux têtes et les courbes qui les rencontrent partout à angles droits;*

2° **Pour surfaces de joints** *les plans verticaux qui contiennent les premières courbes, et les cylindres horizontaux qui projettent les secondes sur un plan parallèle aux têtes.*

414. Ponceau biais en pierres de taille. — Les principes précédents ont été appliqués, **pl. 17**, à la construction d'un ponceau biais en pierre de taille. On a fait passer les trajectoires, **fig. 3** et **5**, par les points qui partagent en parties égales la section *cao*, faite au milieu de la voûte par un plan parallèle aux têtes. La figure **9** est le développement de la douelle et la figure **6** est celui des joints cylindriques. Les figures **7** et **8** représentent les pierres de la clef.

415. Taille. — Supposons que l'on veuille tailler le voussoir A, **fig. 3** et **5**. On préparera la pierre sur le panneau de projection vertical *mnuvrs*, et l'on taillera d'abord les deux joints cylindriques *nu*, *vr*, **fig. 1**. On appliquera ensuite le panneau de tête *mnxzrs* donné par la figure **3**, et l'on tracera sur les surfaces de joints les deux courbes *xu*, *zv*, en prenant sur la figure **5** les ordonnées de ces courbes ou bien en se servant des panneaux de développement, **fig. 6**. Enfin, on taillera la surface cylindrique de la douelle, **fig. 2**, en faisant glisser une règle sur les quatre courbes *xu*, *xz*, *uv*, *zv*, après avoir marqué sur ces courbes les points de repère donnés par les projections **3** et **5**.

Les lignes tracées en points sur la projection horizontale de la pierre A, **fig. 5**, sont les génératrices des surfaces cylindriques de douelle et de joints. Les parallèles au berceau sont les génératrices de la douelle, et les perpendiculaires aux plans de tête sont les génératrices des surfaces de joints.

416. Pose. — Les joints de la clef et des pierres adjacentes sont formés de deux surfaces cylindriques, courbées en sens contraire et qui se touchent suivant l'horizontale projetante qui contient le point le plus élevé de la trajectoire. C'est ce qui produit le point de rebroussement *a* sur la projection verticale de cette courbe, **fig. 5**, **pl. 14**. Cette différence de courbure dans les joints s'opposerait à la pose des voussoirs, si l'on ne prenait pas les précautions que nous allons indiquer :

1° On disposera l'appareil de manière à faire passer un joint transversal par chacun des points *a'*, *a'* qui correspondent au **changement de courbure des joints continus.**

2° On posera les pierres dans l'ordre indiqué par des chiffres sur la projection horizontale, **fig**. 5.

C'est-à-dire qu'après avoir posé toutes les pierres qui ne sont pas numérotées, on posera successivement deux par deux les pierres désignées par les chiffres 1, 2, 3, 4 et 5, en terminant par ces dernières.

Il résulte de ce que nous venons de dire que les pierres 5 devraient être coupées aux points a'' par des joints transversaux; mais comme ces coupes seraient très-près des plans de têtes, on pourra les supprimer, et, dans ce cas, on fera la petite portion de joint $a''w$ verticale, ou bien on prolongera jusqu'aux plans des têtes les joints cylindriques qui ont pour directrices les courbes $a''w'$.

417. Lorsque le berceau aura beaucoup de biais, les plans de joint parallèles aux têtes rencontreront la douelle suivant des angles qui seront très-aigus vers les naissances.

J'ai conservé cette disposition dans l'exemple qui est donné ici comme étude de coupe de pierres, et dans lequel toutes les irrégularités sont exagérées avec intention, par le peu d'étendue de la voûte et par le petit nombre de voussoirs qui la composent; mais, dans la pratique, les angles aigus qui ont lieu vers les naissances pourront toujours être ramenés dans des limites convenables, en remplaçant le cintre demi-circulaire de l'exemple actuel par un arc de cercle ou d'ellipse dont les extrémités s'appuieraient sur des pieds-droits verticaux, comme on peut le voir sur les figures **14** ou **21** de la planche **11**; et d'ailleurs, comme je l'ai fait remarquer au n° 313, les joints discontinus étant verticaux et parallèles à l'inclinaison des lits ne sont soumis à aucune pression latérale, ce qui permet d'employer des angles plus aigus qu'il ne serait permis de le faire dans toute autre circonstance.

418. Quant à la courbure des lignes de joint sur les têtes, elle ne paraît étrange que par défaut d'habitude; car si le berceau de la planche **17** est vu de face et à quelque distance, la symétrie qui existe entre les joints de tête de gauche et les projections des trajectoires de droite, ne produit pas un effet plus désagréable à l'œil que beaucoup d'autres dispositions d'appareils que l'on rencontre à chaque pas dans un grand nombre de voûtes et de voussures des anciens monuments.

Enfin, dans une construction de ce genre les conditions de solidité doivent dominer toute autre considération, et si l'on ne pouvait pas éviter la courbure des lignes de joint sur les têtes, il ne faudrait certainement pas hésiter à sacrifier l'élégance de l'appareil à la sécurité des voyageurs.

419. J'ai fait exécuter avec soin le modèle du ponceau qui fait le sujet de l'étude précédente; puis, après avoir retiré le cintre, j'ai placé sur l'extrados EE' une masse de plomb de 3600 *grammes*, ce qui équivaut à plus de quatre fois le poids du modèle entier, et quoique aucune liaison n'ait été introduite entre les trente-deux voussoirs qui composent la voûte, il ne s'est manifesté aucune torsion, aucune poussée au vide, aucun éclat pendant cette épreuve, que j'ai répétée un très-grand nombre de fois.

420. La théorie et l'expérience s'accordent donc pour démentir cette assertion, avancée par quelques ingénieurs, qu'aucun appareil, quels qu'en soient les artifices, ne peut détruire complétement la poussée au vide. Selon M. Graeft, à la page 6 de son *Mémoire*, « la poussée au vide ne peut être » *annulée par aucune espèce d'appareil,* elle est dans la nature » des choses; mais un bon appareil en diminue les effets. »

J'en demande bien pardon à M. Graeft, mais la poussée au vide n'est pas du tout dans la nature des choses; elle est *tout entière* dans le système d'appareil adopté. Ainsi, la poussée au vide qui serait considérable si l'on appareillait un pont biais comme un berceau droit ordinaire, devient beaucoup plus faible avec l'appareil hélicoïdal; elle diminue encore si l'on adopte l'appareil orthogonal, et devient **ABSOLUMENT NULLE** avec des joints cylindriques; en admettant, cela est bien entendu, que les joints transversaux seront des plans parallèles aux têtes (310); car il est bien évident que, dans ce cas, toutes les pressions dues à la pesanteur, toutes les résultantes provenant de l'inclinaison des lits, tous les petits ressorts qui résultent de l'élasticité des matériaux, toutes les contractions, enfin, qui proviennent de la compression des mortiers, agiront dans des plans parallèles aux têtes. Je craindrais de faire injure à l'intelligence du lecteur si j'employais le *calcul intégral* pour démontrer une vérité aussi élémentaire.

421. Application des principes précédents. — Le seul reproche sérieux que l'on pourrait adresser à la disposition d'appareil adoptée pour l'épure précédente serait la grande différence qui existe entre les largeurs des voussoirs de tête. On pourra facilement faire disparaître cette irrégularité en divisant l'arc de tête en parties égales, comme on le voit sur le pont qui fait le sujet de la planche **18** ; mais alors on retrouvera les crochets dont nous avons déjà parlé au n° 392. Ces crochets qui, dans un pont en petits matériaux, n'auraient à nos yeux qu'une importance très-secondaire, ne peuvent pas être admis dans une voûte qui serait construite entièrement en pierres de taille.

En effet, si le joint mn, **fig. 4**, était prolongé jusqu'à ce qu'il rencontre en x la face postérieure du voussoir H de la tête, les parties v et u des pierres D et K seraient évidemment trop faibles. Il sera facile d'éviter cet inconvénient en reliant les assises de la voûte avec les voussoirs de tête par des pierres que nous nommerons *crochets de raccordement*, et qui sont indiqués sur la figure **9** par une teinte plus foncée, afin que l'on puisse mieux en comprendre la forme. Cette irrégularité, peu apparente, ne diminuera en rien la solidité de la voûte.

422. On pourrait bien faire passer les trajectoires qui forment les arêtes des joints continus par les points qui divisent les arcs de tête en parties égales ; mais alors les lignes de joint qui contiennent les points de division de l'une des têtes ne se raccorderaient pas avec celles qui aboutissent aux points de division de la tête opposée. Dans ce cas, on pourrait, comme l'a proposé M. Graeft, altérer les trajectoires de manière à les raccorder vers le milieu de la voûte ou les faire aboutir à une chaîne de pierre, placée à égale distance, et parallèlement aux arcs de tête.

Ces deux moyens, que j'ai essayés, ne m'ont pas paru produire un bon effet et augmenteraient beaucoup les difficultés de la taille. C'est pourquoi je préfère la disposition que j'ai adoptée et qui, à la grande simplicité d'exécution, réunit l'avantage de ne rien faire perdre à la solidité du monument. On pourra d'ailleurs, si quelques crochets étaient trop saillants, réunir deux pierres en une seule, comme, par exemple, la pierre F avec D, **fig. 13**. Puis on ferait un faux joint *ns* pour rétablir, autant que possible, la régularité de l'appareil.

Cette solution, qui exigerait quelques pierres d'une grosseur exceptionnelle, serait une augmentation de dépense insignifiante, si on la compare à l'importance du travail dont il s'agit. Au surplus, les difficultés que nous venons de rappeler et que nous avions déjà rencontrées au n° 392, sont inévitablement la conséquence des inégalités de largeur des assises de l'appareil orthogonal.

423. Les joints cylindriques adoptés dans le cas actuel n'ont pas seulement l'avantage de détruire complétement la poussée au vide; mais leur position dans l'espace et la simplicité de leur génération, ont pour conséquences nécessaires, l'économie de la pierre, celle de la main-d'œuvre, et, par suite, une exactitude dans la taille, que l'on n'obtiendra jamais avec des joints gauches, quelle que soit du reste la courbe directrice de ces surfaces.

424. Épure. — Malgré l'étendue du cadre de cette épure, il ne m'a été possible d'y mettre que la moitié du plan; mais le lecteur pourra facilement compléter cette projection en employant une feuille plus grande. On pourrait d'ailleurs tailler la voûte entièrement avec les figures qui sont tracées sur la planche actuelle. En effet, si l'on faisait exécuter à la figure 9 une demi-révolution autour de la verticale projetante du point E jusqu'à ce que les deux points M_s aient changé de place entre eux, on obtiendrait ainsi la seconde moitié du plan, dont l'ensemble se composerait alors de la figure **9** actuelle, et de la même figure telle qu'elle serait après la demi-révolution que nous venons de supposer. Cela étant admis, il nous restera très-peu de chose à dire pour expliquer cette grande épure dont la construction est très-simple.

425. Les données de la question étant le plan figure **9**, et l'arc de tête $M_1 O'M_1$ que nous supposerons circulaire, **fig. 7**, on divisera cet arc en parties égales. Il y a ici trente et un voussoirs. On coupera la voûte par une suite de plans parallèles aux têtes, et l'on obtiendra, pour sections, un pareil nombre d'arcs de cercles, que l'on projettera sur la figure **7**. Ces arcs de cercles seront égaux entre eux et à l'arc de tête $M_1 O'M_1$.

On n'a conservé sur l'épure que les arcs provenant de la section de la voûte par les cinq plans $P_1 P_2 P_3 P_4 P_5$. Les centres de ces arcs de cercles sont déterminés par les points $C_1 c_2 c_3 c_4 c_5$ suivant lesquels la projection horizontale de l'axe $C_1 E$, **fig. 9**, est coupée par les traces des cinq plans parallèles $P_1 P_2 P_3 P_4$ et P_5. Les projections verticales de ces points de centre sont situées sur la droite ZZ qui contient le centre C' de l'arc de tête $M_1 O'M_1$.

426. Quand ces dispositions préliminaires seront adoptées, on construira la projection verticale O'G' d'une trajectoire, en opérant comme nous l'avons dit au n° 363 ; puis, en faisant avancer cette courbe horizontalement, on tracera les projections verticales de toutes les arêtes des joints continus. On peut, comme nous l'avons déjà dit, décrire toutes ces courbes avec un seul patron découpé sur la première trajectoire obtenue (369).

Pour tracer les arêtes des voussoirs des têtes, on fera passer les trajectoires par les points qui divisent l'arc $M_1 O'M_1$ en parties égales, et pour les arêtes des joints longitudinaux de la voûte on fera passer les trajectoires par les points qui divisent en parties égales l'arc $M_5 E'M_5$ qui provient de la section du cylindre d'intrados par le plan P_5 parallèle, et à égale distance des deux têtes.

427. Les coupes de joint sur le parement de la tête seront formées par les projections verticales des trajectoires, prolongées jusqu'à ce qu'elles rencontrent les lits de moellons, de briques, ou de pierres appareillées qui doivent former la maçonnerie du mur. A compter du cinquième joint, en partant de la naissance, les trajectoires seront prolongées par leurs tangentes verticales jusqu'au plan horizontal par lequel on veut extradosser les voussoirs correspondants.

428. Lorsque l'appareil de tête sera étudié sur la projection verticale, **fig. 7**, on déterminera, **fig. 9**, les projections horizontales des trajectoires, en abaissant des perpendiculaires par les points suivant lesquels ces courbes rencontrent les arcs de cercle $M_1 M_2 M_3$ etc., provenant de la section du cylindre d'intrados par les plans parallèles $P_1 P_2 P_3$ etc.

Les projections horizontales des trajectoires étant identiques, on pourra les tracer avec un seul patron, que l'on ferait glisser parallèlement à la direction du berceau. Le même patron peut servir pour tracer les joints de la voûte et ceux des voussoirs de tête : il suffit de le faire glisser d'une quantité convenable. Enfin, lorsque toutes les trajectoires seront tracées sur les projections verticale et horizontale, **fig. 7** et **9**, on étudiera la meilleure disposition des coupes transversales, pour les voussoirs de tête, pour les claveaux courants, et pour les pierres que nous avons désignées sous le nom de crochets de raccordement.

429. Cette étude pourrait se faire sur le développement du cylindre d'intrados; mais je n'ai pas cru devoir construire cette figure, qui n'a pas ici la même importance que dans l'appareil hélicoïdal. On pourra se contenter de développer une seule trajectoire OG'', sur laquelle on découpera un patron, suffisant, comme nous l'avons déjà dit, pour tracer sur le cintre toutes les trajectoires qui doivent régler la pose des claveaux. Enfin, l'épure sera complète lorsqu'on aura développé, **fig. 5, 6, 15** et **16**, tous les patrons des joints cylindriques.

430. Ces panneaux ou patrons de développement sont au

nombre de soixante-six, savoir : trente-quatre pour les joints de la voûte et trente-deux pour ceux des voussoirs de tête. Les développements des joints de la voûte sont échelonnés sur les figures **5** et **15**, de manière à éviter la confusion, et les joints des voussoirs de tête sont développés sur les figures **6** et **16**. Tous ces patrons sont numérotés en allant de gauche à droite comme sur les figures **7** et **9**.

Sur la figure **7**, les numéros d'ordre des trente-quatre joints de la voûte sont placés sur l'arc de cercle $M_5 E'M_5$ et les trente-deux joints de la tête sont numérotés sur l'arc de tête $M_1 O'M_1$. Enfin sur la figure **9**, les numéros d'ordre des joints de la voûte sont placés à droite et à gauche sur les lignes de naissance et sur la trace horizontale du plan P_5 tandis que les numéros d'ordre des joints de la tête sont inscrits sur la trace du plan P_1.

451. Les développements des figures **5**, **15**, **6** et **16** sont très-faciles à obtenir. En effet supposons que l'on veut développer le joint cylindrique désigné par le n° 24 sur la figure **5** et sur l'arc $M_5 E'M_5$ de la figure **7**. On remarquera d'abord que, par hasard, ce joint 24 de la voûte coïncide avec le joint 29 de la tête; de sorte que, dans le cas actuel et par exception, les deux surfaces de joint se développeront en une seule, **fig. 5**. Pour obtenir ce développement, on devra opérer de la manière suivante :

1° On tracera, **fig. 6**, une droite K parallèle au plan P_1 de la tête.

Cette ligne K sera la section droite du joint cylindrique 29-24, **fig. 7**.

2° Sur la droite K, **fig. 6**, on portera les parties successives de la courbe 29-24 que l'on veut rectifier, et l'on obtiendra ainsi les points $m_1 m_2 m_3 m_4$ et m_5 suivant lesquels le joint cylindrique correspondant coupe les cercles $M_1 M_2 M_3$ etc., qui résultent de la section du berceau par les plans $P_1 P_2 P_3$ etc.

3° Pour chacun des points $m_1 m_2 m_3$ etc., de la droite K, on élèvera une perpendiculaire à cette ligne, et les points suivant lesquels ces perpendiculaires rencontreront les plans verticaux

$P_1 P_2 P_3$ etc., détermineront les points correspondants de l'arête m_1-m_5 du joint 24, développé, **fig. 5**.

432. Pour obtenir la courbe d'extrados n_1-n_5 on agira de la même manière. Mais il faudra d'abord établir sur la projection verticale, **fig. 7**, les arcs de cercle $N_1 N_2 N_3 N_4$ et N_5 suivant lesquels l'extrados du berceau serait coupé par les cinq plans verticaux $P_1 P_2 P_3 P_4$ et P_5. Le premier de ces arcs de cercle est le seul qui soit tracé entièrement, et l'on n'a conservé des quatre autres que les amorces et les intersections avec le joint cylindrique 29-24, que nous voulons développer. Ainsi,

1° On tracera, **fig. 6**, la droite H, sur laquelle on portera les parties de la courbe 29-24, comprises entre les points $n_1 n_2 n_3 n_4$ et n_5 des cercles d'extrados $N_1 N_2 N_3 N_4$ et N_5, **fig. 7**.

2° Par chacun des points ainsi obtenus sur la droite H, on élèvera une perpendiculaire qui déterminera le point correspondant sur la trace horizontale de l'un des plans $P_1 P_2 P_3$ etc.

La courbe $n_1 n_2 n_3 n_4 n_5$ sera l'intersection de l'extrados du berceau par le joint cylindrique 24-29.

433. On remarquera que les cylindres de douelle et d'extrados ne sont pas concentriques; si l'on avait introduit cette condition, la voûte aurait été plus épaisse à la clef que vers les naissances, car le berceau étant oblique, la section droite rabattue, **fig. 10**, aurait été limitée par deux ellipses *semblables*, et, par conséquent, plus écartée l'une de l'autre à l'extrémité O'' du grand axe qu'à l'extrémité L'' du petit. Pour éviter cela et pour alléger la voûte dans sa partie supérieure, on a pris le point X pour centre de l'arc $N_1 S'N_1$ suivant lequel le cylindre d'extrados pénétrerait, s'il était prolongé, dans le plan P_1 de la tête.

Il résulte de là, comme on peut le voir par le développement du joint cylindrique 24 et par le rabattement de la section droite, **fig. 10**, que la largeur est à peu près la même dans toute l'étendue de la surface de joint d'un voussoir, et comme on ne taille pas ordinairement les extrados, on en conclura que, dans la pratique, on peut se dispenser de développer les arêtes d'extrados que nous n'avons tracées ici que comme exercice graphique. Nous n'avons conservé, sur la figure 5, que la partie de la surface de joint qui appartient à la voûte, parce que le prolongement m_1n_1zx formerait le joint 29, que l'on retrouvera **fig. 16**, parmi les développements de tous les joints de tête.

434. Le moyen qui vient d'être indiqué pour développer le joint 24 de la voûte servira pour construire tous les développements des deux figures 5 et **15**. La trace des opérations n'a été conservée que pour les joints 4, 24 et 30. Enfin on opérera de même, **fig. 6** et **16**, pour construire les développements des joints de tête, qui ne diffèrent des précédents que par la droite horizontale qui forme l'arête d'extrados. La trace des opérations n'a été conservée que pour le trente-deuxième et dernier joint de la tête, **fig. 16** et **7**.

435. Je ferai remarquer encore que les figures 5 et 15 ne contiennent que le développement de la partie de joint comprise entre le plan P_5 et la face postérieure des voussoirs de tête. Mais si l'on plaçait, en lui faisant faire une demi-révolution, le joint 20, **fig. 9** et 5, à la suite du joint 19, on aurait ce joint complet pour toute la longueur de la voûte. Il en serait de même, si l'on réunissait le joint 21 avec 18, ou le joint 22 avec 17, et ainsi de suite.

436. Lorsque l'arête du joint continu coupe la génératrice OE de la voûte, **fig. 9**, il y a une inflexion dans la surface, c'est-à-dire qu'en deçà et au delà de la verticale qui contient le point d'intersection dont nous venons de parler, la courbure du joint est en sens contraire : ce qui est indiqué sur le développement, **fig. 5**. Ainsi, les patrons $19'''$ et 19^{iv}, **fig. 5**, formeront la surface du joint qui coupe la génératrice CE au point $19'$ de la figure 9. Les deux patrons $18'''$ et 18^{iv} forment le développement du joint 18, et les patrons $17'''$ et 17^{iv} forment le développement du joint 17, etc. Il y a également un changement de courbure dans les joints 17, 18 et 19 de la tête, **fig. 9**.

Quant aux joints des pierres que nous avons désignés sous

le nom de crochets de raccordement, ils font implicitement partie des développements précédents. Ainsi, par exemple, le joint 13'-13" de la pierre K, **fig. 9**, est égal à la partie laissée en blanc sur le développement du joint de tête 13, **fig. 6**, et le joint 8'-8" de la même pierre, **fig. 9**, sera compris sur le développement 8, **fig. 5**, entre le plan vertical P_3 et le plan P_7 qui contient les faces postérieures des voussoirs de tête.

457. J'ai cru, dans ce dernier exemple, devoir employer un arc de cercle pour arête de tête, malgré l'opinion de quelques ingénieurs, qui reprochent à cette combinaison de pousser plus que le plein cintre. Cela est parfaitement vrai, mais nous avons fait voir (308) que dans l'appareil hélicoïdal la suppression des assises inférieures tendait à ramener la poussée dans un plan parallèle aux têtes, et, par conséquent, s'il y a plus de poussée sur les piles, il y a *moins de poussée au vide;* ce qui est la condition essentielle pour un pont biais. Il suffira donc, dans ce cas, d'augmenter suffisamment la force des piles.

D'ailleurs, lorsque l'on emploie des joints cylindriques, la *poussée au vide* n'existe pas plus avec un arc de cercle que dans le plein cintre, et si j'ai préféré l'arc de cercle, c'était surtout pour diminuer les angles aigus que les joints plans verticaux feraient avec la douelle à la hauteur des naissances. J'ai déjà fait remarquer (313) que ces angles sont garantis par les voussoirs adjacents et que la pression oblique, qui tendrait à briser les arêtes, disparaît lorsque l'on remplace par des plans verticaux les surfaces normales employées dans d'autres systèmes.

L'emploi des plans verticaux pour joints discontinus est d'ailleurs justifié par l'expérience. Ainsi, dans un pont construit sur l'Orb, par M. l'ingénieur Simon (*Annales*, 1854), les joints discontinus sont des plans parallèles aux têtes. Or, l'appareil étant hélicoïdal, les angles à la naissance sont, dans ce cas, beaucoup plus aigus que ceux qui résultent de l'appareil orthogonal. Enfin, si l'on trouvait que les angles vers les naissances de la voûte sont trop aigus, on pourrait faire des joints normaux pour les premières assises et n'employer les joints verticaux que dans le voisinage de la clef; mais alors on ferait renaître les poussées au vide, et c'est précisément ce qu'il faut éviter.

438. Pour l'angle formé par la douelle et la face de tête, du côté de l'angle aigu, son isolement et son acuité ne permettront pas de le conserver, et l'on pourra le faire disparaître par une voussure semblable à celle que nous avons indiquée au n° 274. Je n'ai projeté sur la figure **7** qu'une partie de cette voussure, dont la projection horizontale est indiquée, **fig. 9**, par une teinte de points.

439. *Taille des voussoirs.* — Cette opération ne présentera aucune difficulté et se fera comme nous l'avons dit au n° 415. Ainsi, par exemple :

Voussoir de tête, désigné par la lettre T, sur les figures **1, 7** et **9**.

1° On taillera le parallélipipède qui a pour base le rectangle *acvu*, circonscrit à la projection verticale z-x-9^{iv}-8^{iv} du voussoir.

La longueur de ce parallélipipède sera déterminée par la projection horizontale de la pierre T, **fig. 9**.

2° On taillera les parties planes z-$8'$ et x-$9'$, et les joints cylindriques $8'$-8^{iv} et $9'$-9^{iv}, **fig. 7** et **1**.

3° Quand ces joints seront taillés, on y appliquera les deux patrons de développement 8 et 9 de la figure **5**, ce qui déterminera le contour de la douelle, que l'on taillera comme à l'ordinaire (415).

4° On tracera ensuite sur la douelle, l'arc de cercle 8^{v}-9^{v} de la figure **9** et sur le plan de tête, l'arc de cercle $8''$-$9''$ de la figure **7** : puis on taillera la corne de vache en opérant comme nous l'avons dit au n° 277.

Claveau courant, désigné par la lettre V, sur les figures **7** et **9**.

1° On tracera les deux arcs de cercle N_3-N_3 et N_4-N_4 suivant lesquels le cylindre d'extrados est coupé par les plans P_3 et P_4 qui contiennent les faces verticales $8'$-$9'$ et $8''$-$9''$ du voussoir,

fig. 9. Les centres x_3 et x_4 de ces deux arcs seront situés sur l'axe $C_1 E$ du cylindre et projetés sur l'horizontale du point X.

2° Cela étant fait, on préparera le voussoir sur la projection verticale $8'-9'-8^{\text{iv}}-9^{\text{iv}}$, **fig. 7**; puis on appliquera le panneau $8''-9''-8^{\text{iv}}-9^{\text{iv}}$ sur la face verticale $8''-9''$, **fig. 9 et 1**, et le panneau $8'-9'-8'''-9'''$ sur la face $8'-9'$, **fig. 9**.

3° On taillera les deux joints cylindriques sur lesquels on appliquera les patrons de développement 8 et 9 de la figure **5**, et toutes les coupes seront tracées.

Si l'on veut éviter l'angle aigu du point 9^{iv}, **fig. 7**, on conservera la partie de pierre $8^{\text{iv}}-e-9^{\text{iv}}$, qui sera noyée dans les matériaux de remplissage par lesquels la voûte doit être couverte.

Crochet de raccordement. — Prenons pour exemple le voussoir désigné par la lettre R sur les projections verticale et horizontale, **fig. 7 et 9**.

1° On tracera, **fig. 7**, les trois arcs de cercles $5'''-6'''$, $1^{\text{iv}}-6^{\text{iv}}$ et $1'''-2'''$, suivant lesquels le cylindre d'extrados est coupé par les plans verticaux $P_6 P_7$ et P_3 qui contiennent les arêtes d'intrados $5'-6'$, $1''-6''$ et $1-2'$, **fig. 9**.

Les centres $c_6 c_7 c_8$ et $x_6 x_7$ et x_3 de tous ces arcs seront déterminés sur l'axe $C_1 E$ du cylindre, par les plans $P_6 P_7$ et P_3.

L'opération précédente déterminera sur la figure 7 le contour de la projection verticale du voussoir, et, par suite, les dimensions du plus petit parallélipipède enveloppe.

2° Lorsque la pierre sera équarrie, on appliquera le panneau $5'-6'-5'''-6'''$ de la figure 7, sur le plan qui contient la face $5'-6'$, **fig. 9**, et le panneau $1'-2'-1'''-2'''$ de la figure 7, sur le plan de la face $1-2'$, **fig. 9**.

3° On taillera les quatre joints cylindriques $1'-1^{\text{iv}}$, $5''-5'''$, $2'-2^{\text{iv}}$ et $6''-6'''$, **fig. 7**, puis on y appliquera les parties correspondantes des figures **5** et **6**, ce qui déterminera tout le contour de la douelle.

Voussoirs de la clef. — Nous désignerons ainsi toutes les pierres dont les arêtes de joints longitudinaux sont coupées par la génératrice qui contient le point O' de la voûte. Nous avons fait remarquer, au n° 436, que ces joints ont une inflexion ou changement de courbure, suivant la verticale qui contient le point le plus élevé de la trajectoire.

Pour tailler l'une de ces pierres, que nous désignerons par la lettre I sur les figures **7** et **9** :

1° On construira sur la figure **7** les projections verticales des deux arcs de cercle 18-19 et 18″-19″, suivant lesquels le cylindre d'intrados est coupé, **fig. 9**, par les deux plans P_4 et P_5 qui contiennent les joints transversaux du voussoir. Les projections de ces deux arcs se confondent presque sur la figure **7**; c'est pourquoi, afin de mieux faire comprendre ce qui nous reste à dire, nous transporterons cette projection, **fig. 11**, en augmentant les dimensions et en exagérant un peu les courbures.

2° Le rectangle circonscrit à la projection, **fig. 7**, déterminera les dimensions du bloc nécessaire pour tailler le claveau.

3° Après avoir appliqué les deux panneaux 18‴-18″-19″-19‴ et 18‴-18-19-19‴, **fig. 7** et **11**, sur les faces opposées et verticales du parallélipipède-enveloppe, on taillera les quatre surfaces cylindriques déterminées par leurs traces 18′-18″, 18′-18, 19′-19″ et 19′-19, **fig. 11**, et lorsque la pierre aura la forme qui est indiquée sur la figure **12**, on appliquera les développements 18 et 19 de la figure **5** sur les surfaces cylindriques que l'on aura taillées, c'est-à-dire le patron 19‴ de la figure **5** sur le cylindre qui a pour trace 19′-19, **fig. 11**, le patron 19^{IV}, **fig. 5**, sur 19′-19″, **fig. 11**; le patron 18‴ sur 18′-18 et 18^{IV} sur 18′-18″.

On obtiendra ainsi le contour 19-19′-19″-18″-18 de la douelle, et le reste n'offrira plus aucune difficulté.

Coussinets. — Par suite de la grande largeur des joints à la naissance de la voûte, il pourra être convenable de faire deux assises pour les coussinets.

La figure **14** contient la perspective d'une partie A de la première assise et d'une pierre B de la seconde.

La forme de ces pierres est déterminée sur la figure **7** par la disposition d'appareil adoptée pour le parement de tête de la pile. Ainsi, les pierres désignées par la lettre A sur les fig. **7, 9** et **14** appartiennent à la première assise des coussinets, et la pierre B fait partie de la deuxième assise. La disposition des lettres sur les pierres A et B de la figure **7**, fera facilement reconnaître les points correspondants sur la projection horizontale, **fig**. **9**, et sur la perspective des mêmes pierres, **fig**. **14**.

Pour tailler la pierre qui est désignée par la lettre A, sur la figure **9**, et qui forme deux coussinets, on prendra :

1° Un parallélipipède capable de contenir la projection horizontale k-h-$2'$-3 de la pierre, puis on taillera les quatre plans verticaux k-a, a-3, h-a et a-$2'$.

2° On construira, **fig**. **7**, le panneau $cusv\mathrm{M}_1$ que l'on appliquera sur les plans verticaux a-3 et a-$2'$, **fig**. **9**, en faisant coïncider le côté us du panneau, **fig**. **7**, avec la verticale du point u, **fig**. **9**.

Cette opération permettra de tracer la projection verticale $c\mathrm{M}_1$ de la trajectoire, **fig**. **7**, sur les deux plans verticaux a-3 et a-$2'$, **fig**. **9**.

La trajectoire tracée dans le plan vertical a-3 sera la directrice du joint cylindrique 3-$3'$-c-c, et la trajectoire tracée dans le plan vertical a-$2'$ sera la directrice du joint 2-$2'$-c-c.

3° On taillera ces deux cylindres perpendiculairement aux plans a-3 et a-$2'$ qui contiennent leurs directrices, et on les terminera tous les deux par le plan vertical u-$3'$ qui formera, **fig**. **14**, la face D du joint transversal situé dans le plan r-$3'$, **fig**. **9**.

4° Quand les deux joints cylindriques 3-$3'$-c-c et 2-$2'$-c-c seront taillés, on y appliquera les patrons de développement 3 et 2 de la figure **5**, ce qui permettra de tracer les parties 3-$3'$ et 2-$2'$ des trajectoires correspondantes, **fig**. **14**.

5° On tracera les arcs 1-$2'$ et 2-$3'$ dans les plans verticaux $3'$-a et $2'$-a, avec une cerce découpée suivant la courbure $c\mathrm{M}_1$ de l'arc de tête, **fig**. **7**.

6° On fera la petite face verticale qui contient la ligne de naissance 1-3, que l'on tracera ; puis on taillera la douelle avec une règle que l'on fera glisser sur les deux courbes 1-$2'$ et 2-$3'$ parallèlement à la ligne 1-3.

Il est très-essentiel de remarquer que les deux points $2'$ et $3'$,

fig. 9 et **14**, ne sont pas à la même hauteur; ce qui provient de ce que les trajectoires ne coupent pas les lignes de naissance en parties égales, comme cela a lieu lorsque l'on emploie l'appareil hélicoïdal.

7° Lorsque l'on aura taillé la douelle et les joints cylindriques, on fera le plan incliné *cu* et le plan horizontal *uv*, **fig. 7**.

Les trajectoires étant moins espacées du côté de l'angle aigu, il pourra quelquefois être convenable de faire trois coussinets avec une seule pierre A'. Dans ce cas, on taillera, comme précédemment, les plans verticaux qui doivent former les joints discontinus, sur lesquels on tracera la courbe cM_1 du panneau $cusvM_1$, **fig. 7**. On aura ainsi les directrices des trois joints cylindriques, que l'on taillera comme précédemment et sur lesquels on appliquera les patrons 30, 31 et 32 de la figure **15**.

Si l'on craignait que l'angle qui a son sommet au point 3 de la pierre A ne soit trop faible, on couperait cette pierre par un plan vertical *a-o*, et la partie triangulaire *a-3-o* ferait partie de la pierre adjacente; mais cette disposition, que je ne crois pas nécessaire, augmenterait sensiblement les difficultés de la taille.

La pierre de seconde assise, désignée par la lettre B sur les figures **7, 9** et **14**, sera encore plus facile à tailler que la précédente. Il ne sera donc pas nécessaire de nous y arrêter.

440. Si l'on a étudié avec soin tous les détails de cette grande épure, on sera sans doute convaincu qu'elle satisfait, autant que possible, aux conditions du problème proposé.

En effet,

1° Le travail graphique en est très-simple et, par suite, très-exact.

2° Les deux projections 7 et 9 déterminent immédiatement les dimensions des plus petits blocs nécessaires, et, par conséquent, la plus petite dépense en matériaux.

3° Les surfaces à tailler ne sont que des plans et des cylindres, c'est-à-dire les plus simples de toutes les surfaces; d'où résultent, non-seulement une grande économie de main-d'œuvre, mais encore, ce qui est beaucoup plus essentiel, une exécution plus parfaite, et par suite, une plus grande solidité pour le monument.

4° Enfin, il y a **SUPPRESSION COMPLÈTE DE LA POUSSÉE AU VIDE**, ce qui était la partie essentielle du problème à résoudre.

Quant aux crochets de raccordement, la différence de teinte qui existe sur l'épure entre ces pierres et celles de la voûte, rend ici l'irrégularité beaucoup plus apparente que cela n'aurait lieu en exécution.

441. Pont biais circulaire. — *Joints cylindriques.* — Tout ce que nous venons de dire sur l'emploi des joints cylindriques s'appliquerait également à un pont circulaire, et même à un pont dont la section droite serait une courbe quelconque. La seule différence consisterait dans le tracé des trajectoires.

Si l'arc de tête est une ellipse, on pourra opérer comme nous l'avons dit aux n°^{os} 383 et 384; mais il sera plus simple d'agir de la manière suivante :

1° On coupera la voûte par une suite de plans parallèles aux têtes, ce qui donnera pour sections les ellipses égales, désignées sur la figure 8 par les lettres e, e', e'', e''', etc.

2° On construira la développée zx de l'une de ces ellipses en opérant comme nous l'avons dit au n° 327.

3° On découpera très-exactement un patron de cette développée, et faisant mouvoir ce patron horizontalement, on tracera la développée de chacune des autres ellipses.

4° Cela étant fait, supposons que l'on veut tracer la trajectoire qui aboutit au point a de la première ellipse, on tracera successivement la droite a-0 tangente à la développée za; cette droite coupera la seconde ellipse en un point a', par lequel on mènera a'-1 tangente à la développée z'-x', ce qui déterminera le point a'' sur la troisième ellipse. Puis on tracera successivement :

$$a''\text{-2 tangente à la développée } z''x'',$$
$$a'''\text{-3 tangente à la développée } z'''x''',$$
$$a^{IV}\text{-4 tangente à } z^{IV}x^{IV},$$

et ainsi de suite.

Si l'on veut obtenir plus d'exactitude, on opérera comme nous l'avons dit aux nos 365 et 366.

5° Lorsque la développée sera tracée, tout le reste se fera comme pour un pont dont l'arc de tête serait circulaire.

CHAPITRE VII.

Arcs droits disposés en retraite.

442. Arcs droits. — J'ai fait remarquer au numéro 316, et l'on a pu voir par tout ce qui précède, combien il est difficile, dans la construction d'un pont biais, de satisfaire en même temps aux conditions mécaniques et aux conditions géométriques déterminées par la question. Ainsi, avec l'appareil d'un berceau droit ordinaire, on éviterait les angles aigus, mais on aurait alors une poussée au vide considérable, et si l'on veut, au contraire, détruire la poussée au vide, il faut, jusqu'à un certain point, accepter les angles aigus. Or, il y a une limite de biais au delà de laquelle aucun des appareils précédents ne pourrait être employé sans produire une trop grande poussée au vide, ou des angles trop aigus, et l'on ne pourra éviter en même temps ces deux inconvénients, qu'en adoptant pour appareil, **pl. 19**, une suite d'arcs droits, disposés en retraite, comme les fermes d'un pont en charpente ou en fer.

Cette solution n'est pas nouvelle ; en effet, la ville d'Amiens a fait démolir, en 1845, un pont biais à 52 *degrés* qui était construit depuis plusieurs siècles, au moyen *d'arcs parallèles accolés, formant ainsi redans les uns sur les autres.* Cet ouvrage, exécuté en grès piqué de petit appareil, était dans un parfait état de conservation. Cet exemple, cité par M. l'ingénieur Boucher, à la page 243 d'un mémoire inséré dans les *Annales des ponts* (mars et avril 1848), m'était entièrement inconnu, lorsque j'ai indiqué la même solution, **pl. 17, fig.** 4, dans la deuxième édition de l'ouvrage actuel.

Ce principe a été appliqué depuis à la construction en *maçonnerie* d'un tunnel dépendant de la gare du chemin de fer de Versailles, rue Saint-Lazare. Enfin, M. Boucher, dans le mémoire que je viens de citer, rend compte de la construction en *pierres de taille* d'un pont biais qu'il a fait exécuter dans la ville de Chartres.

Les figures **5** et **7**, empruntées aux *Annales des ponts*, donneront une idée du caractère architectural de cette construction. Le pont dont il s'agit est composé de six arcs droits disposés en retraite, comme cela est indiqué par la figure **7**, qui est une section horizontale à la hauteur des naissances. Ces arcs sont espacés suivant l'écartement des rails qui forment les voies d'un chemin de fer. Les arcs extrêmes forment les têtes, et les quatre arcs intermédiaires sont placés chacun au-dessous d'une ligne de rail (402).

L'écartement du milieu, déterminé par la largeur de l'entrevoie, est un peu plus grand que les espaces compris entre les autres arcs. Chacun des arceaux a $0^m,80$ d'épaisseur ; et les espaces intermédiaires sont de $0^m,70$, à l'exception de celui du milieu qui est de $1^m,06$. L'ouverture est de $16^m,20$ mesurée dans le plan de tête, et de 9 *mètres* dans le plan de section droite. La hauteur de la clef au-dessus du plan de naissance est égale à 5 *mètres*. Enfin, l'angle que l'axe du pont fait avec le plan de la tête est égal à 36 *degrés*.

443. Les nombres que nous venons de citer suffisent pour donner une idée de l'ensemble du monument ; mais, pour faire comprendre certains détails, j'ai dû en augmenter les dimensions. J'ai changé aussi quelques-unes des données qui ne se prêtaient pas convenablement à la disposition d'épure que j'ai cru devoir adopter. Ainsi j'ai supposé, **fig. 9** et **12**, que le pont se composait de trois arches au lieu d'une, afin d'avoir l'occasion de projeter, **fig. 4** et **6**, les voussoirs destinés à établir la liaison des arcs. J'ai ensuite remplacé par une demi-ellipse la courbe à 5 centres qui forme l'arc de tête du pont construit par M. Boucher, parce que cette dernière courbe n'est pas aussi gracieuse qu'un arc elliptique dont la développée Z"X" permet en outre d'obtenir une plus grande régularité dans les inclinaisons des normales qui doivent former les coupes de joint sur le plan de tête.

444. Ainsi, les projections dessinées sur les figures **12**, **9** et **2**, ne représentent pas d'une manière rigoureuse le pont construit par M. Boucher : c'est une application à un autre exemple, d'une méthode dont cependant il faut attribuer l'initiative à cet habile ingénieur.

Épure. — La figure **9** est une partie du plan qui est projeté entièrement sur la figure **12**; ces deux figures sont entre elles dans le rapport de **1** à **3**. La figure **2** est une projection complète sur le plan de tête, et la figure **13** est la perspective d'une partie des trois premiers arcs. Tous ces arcs seront construits comme des arceaux ordinaires, et la taille des voussoirs qui les composent ne peut offrir aucune difficulté.

445. **Liaison des arcs.** — La partie la plus importante du problème à résoudre consistait dans le choix des moyens à employer pour relier solidement entre eux les six arcs droits qui composent l'édifice. M. Boucher y est parvenu, **fig. 13**, en plaçant, entre les deux arcs qu'il s'agissait de relier, des voussoirs L un peu plus longs que l'espace qui les séparait.

Pour ne pas trop affaiblir les arcs principaux, on n'a fait pénétrer ces voussoirs dans l'épaisseur des arcs que de 4 ou 5 centimètres, ce qui suffisait pour les maintenir pendant la construction; puis, de distance en distance, on a placé des voussoirs plus longs L', **fig. 1** et **3**, qui, pénétrant de 15 ou 20 centimètres dans la maçonnerie, ont relié ces arcs entre eux d'une manière plus intime. Ces derniers voussoirs remplissent évidemment ici les mêmes fonctions que les pièces auxquelles les charpentiers ont donné le nom de *liernes*, et qui ont pour but de relier entre elles les différentes fermes d'un comble.

Dans son projet primitif, M. Boucher ne voulait placer ces pierres de liaison que de cinq en cinq voussoirs, et remplir les espaces intermédiaires par de la maçonnerie ordinaire ; ce qui aurait nécessité la construction d'un cintre pour chacune de ces voûtes; mais les carrières lui ayant fourni des libages d'une longueur suffisante, il a préféré faire chaque assise d'un seul voussoir, ce qui a épargné la dépense des cintres pour les voûtes intermédiaires. En effet, pendant la construction, les cintres soutenaient les arcs saillants qui eux-mêmes servaient de cintres pour les voûtes formées par les voussoirs de liaison ; mais lorsque ces dernières voûtes ont été formées, elles n'ont plus pesé sur les premières que l'on a pu alors décintrer sans craindre aucun accident.

446. Si les arceaux qu'il s'agissait de relier entre eux avaient eu le même axe, et par conséquent le même extrados, la question n'aurait présenté aucune difficulté. Il aurait suffi, dans ce cas, de placer immédiatement les voussoirs de liaisons sur les extrados des deux arcs qu'il s'agissait de relier; mais la position en retraite de chacun de ces arcs, par rapport à celui qui le suit ou qui le précède, rendait la question plus difficile à résoudre.

Supposons, par exemple, **fig. 2**, qu'il s'agit de relier l'arc de tête A avec le second arc B. On tracera les courbes aoc, vou, qui se coupent au point o. On projettera la droite am de la figure **9**, ce qui donnera le point m sur la figure **2**, et l'on fera $am = un$. On portera am sur chacune des normales de l'arc ao, ce qui donnera la courbe mx parallèle à l'arc ao. On portera également $am = un$ sur chacune des normales de l'arc uo. Ce qui donnera la courbe nz parallèle à uo.

On pourrait raccorder les deux courbes mx, nz, par une droite horizontale xz, et la ligne $mxzn$, que l'on obtiendrait alors, serait la section droite de la surface cylindrique formée par les douelles des voussoirs qui relient l'arc de tête A avec l'arc B. Mais, pour éviter la plate-bande, M. Boucher remplace la droite horizontale xz par une courbe rse, tangente aux deux courbes mx, nz, de sorte que la voûte cylindrique comprise entre les deux arcs A et B de la figure **9** aurait pour section droite, **fig. 2**, la courbe *mrsen*.

Après avoir choisi à volonté les deux points de raccordement *r* et *e*, on peut décrire un arc de cercle *rse*, en prenant pour centre le point U suivant lequel se rencontrent les deux normales *r*U et *e*U. La précaution précédente a pour but de donner plus d'inclinaison aux coupes de joint des voussoirs compris entre les points *r* et *e*, afin qu'ils n'agissent pas par leur poids sur les clefs des deux arcs dans l'épaisseur desquels ils sont encastrés.

Pour faire mieux comprendre la position de ces voussoirs, j'ai indiqué par une teinte de points la section que l'on obtiendrait, si la petite voûte C, **fig. 9**, était coupée par le plan P parallèle aux têtes du pont. Les projections, **fig. 4** et **6**, et les perspectives, **fig. 1, 3** et **13**, feront comprendre tous les détails de cette construction. Ainsi, le voussoir de liaison L, **fig. 6** et **13**, est encastré dans l'épaisseur de l'arc de tête A, et s'appuie sur la maçonnerie *m*, qui forme l'extrados de l'arc B ; et le voussoir L' encastré dans l'arc B-*m* s'appuie sur la maçonnerie *m'* qui forme l'extrados de l'arc D ; et ainsi de suite. La figure **1** est la perspective d'une partie de l'arc de tête A et de quelques-uns des voussoirs encastrés dans l'arc suivant, dont le pied B est indiqué seulement par une teinte de points, et la figure **3** est une perspective d'une partie de l'un des autres arcs.

Quand les arceaux saillants et les voûtes intermédiaires seront fermés, on remplira tous les rentrants extérieurs par de la maçonnerie ordinaire, afin de régulariser la surface d'extrados destinée à recevoir la chape qui doit protéger la voûte contre les infiltrations.

447. On remarquera sans doute que ce dernier exemple de pont biais ne contient pas un seul angle aigu ; que toutes les poussées, toutes les contractions de mortiers sont évidemment parallèles aux plans des têtes ; d'où il faut conclure que *c'est la seule solution qui satisfasse en même temps aux conditions mécaniques et géométriques* (316).

M. Boucher ne reproche à cette méthode que la dépense assez forte qui en résulterait pour un grand pont, par suite du prix élevé de la pierre de taille, et de l'étendue des surfaces à tailler, pour les parements plans et cylindriques des arcs. Mais une assez grande partie de cette dépense serait évidemment compensée par la diminution de main-d'œuvre résultant de la simplicité géométrique des surfaces qui forment les parements des voussoirs, par une plus grande exactitude dans le travail graphique et dans la taille, par l'absence complète des angles aigus, puis enfin par l'augmentation de solidité qui sera la conséquence nécessaire de toutes ces conditions réunies.

448. Stabilité. — Il n'est pas sans doute nécessaire de démontrer qu'il n'y a aucune poussée au vide dans le système d'appareil que nous venons d'étudier. Or si l'on regarde la figure **2** en la plaçant à une certaine distance de l'œil, on sera frappé de l'analogie qui existe entre le système général des lignes formées par les coupes de joint sur les faces planes des arcs et le système des trajectoires orthogonales étudiées dans le chapitre précédent, et pour rendre cette analogie encore plus sensible, j'ai tracé d'une manière très-apparente l'une des trajectoires TG obtenue par le moyen que nous avons indiqué au numéro 441.

La remarque que nous venons de faire s'explique facilement par l'identité qui existe entre la méthode par laquelle on obtient la trajectoire et la construction des coupes de joint, qui doivent être normales aux arêtes elliptiques des arcs, et tangentes, par conséquent, aux développées de ces courbes. Or, si l'on augmentait le nombre des arcs jusqu'à l'infini, il est évident que le polygone formé par les coupes de joint consécutives deviendrait une trajectoire ; les plans de joint correspondants pourraient être considérés comme les diverses positions d'un plan mobile qui, dans son mouvement, resterait constamment perpendiculaire au plan de tête, et la surface enveloppe engendrée dans ce cas, ne serait autre chose que le cylindre projetant de la trajectoire. Cela explique pourquoi l'emploi des *joints cylindriques* ou la réunion *d'arcs droits en retraite* sont les seuls sys-

tèmes d'appareils qui, dans un pont biais, **PUISSENT DÉ-
TRUIRE COMPLÉTEMENT LA POUSSÉE AU VIDE.**

449. Remarque. — On pourrait réduire la quantité de parement à tailler, en disposant les arcs comme je l'ai indiqué sur les figures 8 et 11. La figure 8 est la section par le plan de naissance, et la figure 11 est la perspective de la première assise. On voit que les pierres seront disposées en liaison, non-seulement dans le sens horizontal, mais encore suivant les plans des joints transversaux.

Cette disposition d'appareil ne pourrait pas être continuée dans toute la hauteur de la voûte, parce que les deux arcs ao et vo, **fig. 2**, se rapprochant dans le voisinage de la clef, il y a un moment où les voussoirs n'auraient plus assez d'épaisseur pour que l'on puisse, comme on le voit sur la figure 11, placer le voussoir B sur l'extrados du voussoir A. Dans ce cas, on disposera ces voussoirs l'un devant l'autre en les accouplant, comme on le voit sur la figure 10, de manière, par exemple, que le voussoir C d'un arc et le voussoir D de l'arc suivant ne feront qu'une seule pierre CD, tandis que la pierre D' du second arc et le voussoir C' du premier feront également une seule pierre C'D' qui s'ajustera parfaitement avec la première lorsque ces deux pierres seront rapprochées. Il est d'ailleurs évident qu'il suffira de disposer ainsi quelques pierres jumelles de distance en distance, et pour le reste on se contentera d'encastrer les voussoirs simples d'un arc dans l'épaisseur de l'arc qui le précède. Dans ce cas, il faudrait commencer par construire l'arc qui correspond à l'angle aigu du pont.

450. Conclusion. — En comparant les différents systèmes d'appareils que nous avons successivement étudiés, nous reconnaîtrons :

1° Que le système des joints cylindriques et celui des arcs droits disposés en retraite sont *les seuls qui détruisent complétement la poussée au vide.*

2° Que l'on ne pourra diminuer cette poussée qu'en se rapprochant le plus possible de l'un ou de l'autre de ces deux systèmes.

3° Que l'appareil orthogonal est celui qui s'en approche le plus en théorie, et qui, par cette raison, paraît le mieux atteindre le but ; mais que la variation d'épaisseur des moellons d'une même assise augmente considérablement la dépense et les difficultés d'une bonne exécution, d'où résulte, par conséquent, moins de solidité dans la voûte.

4° Enfin, que l'appareil hélicoïdal, quoique moins convenable sous le rapport de la stabilité, en ce que la poussée au vide est plus grande que par l'appareil orthogonal, convient cependant mieux dans la pratique ; d'abord, parce qu'il coûte moins cher, mais surtout parce que l'égalité des moellons ou briques employés pour la construction des assises permet de mieux lier et enchevêtrer toutes les parties de la voûte, qui alors peut être considérée comme ne formant qu'une seule pièce.

451. Par conséquent, si j'avais à construire un pont biais dont la voûte serait en maçonnerie, j'adopterais l'appareil hélicoïdal avec des joints plans pour les voussoirs de la tête, comme je l'ai indiqué sur les planches **12** et **13**.

Si je construisais un pont en maçonnerie, avec l'appareil orthogonal, je ferais les joints des voussoirs de tête perpendiculaires au parement extérieur (377).

S'il s'agissait d'un pont dont la voûte serait tout entière en pierres de taille, je n'hésiterais pas à employer les *joints cylindriques* et la disposition d'appareil que nous avons étudié sur la planche **18**.

Enfin, si le biais était considérable, j'emploierais des arcs droits disposés en retraite, comme on le voit sur la planche **19**.

452. Je terminerai ici l'exposé des principes sur lesquels reposent la construction des ponts biais en maçonnerie. Dans ces nouvelles études de coupe des pierres, j'ai tâché d'examiner la question sous toutes ses faces. Si je n'ai pas toujours rencontré la véritable solution, je puis affirmer que je l'ai consciencieusement cherchée, et j'espère que l'on me tiendra compte des difficultés nombreuses qui se rencontrent dans le problème à résoudre.

En effet, si l'on avait proposé pour sujet de concours, de réunir dans une même construction toutes les difficultés de la coupe des pierres, je crois qu'il serait impossible de trouver un exemple qui remplisse aussi complétement les conditions du programme.

Mais, par cela même que la question réunit le plus grand nombre de difficultés pratiques, elle devient un excellent sujet d'études pour les constructeurs qui veulent devenir habiles dans leur profession.

453. Je suis loin de m'attribuer la plupart des solutions que j'ai cru devoir exposer dans les chapitres précédents ; je n'ai fait que rassembler, dans l'ordre qui m'a paru le plus méthodique, les travaux des praticiens et des ingénieurs distingués qui s'étaient, avant moi, occupé du même sujet. Je réclamerai cependant pour ma part, l'appareil des joints cylindriques ; et quoique ce principe ne soit pas encore passé dans l'application, je continuerai, jusqu'à preuve contraire, à considérer cette méthode, avec celle des arcs droits, comme les seules solutions qui détruisent complétement la poussée au vide et les mouvements de torsion qui ont lieu lorsqu'au moment du décintrement, les mortiers ne sont pas bien pris.

On peut d'ailleurs remarquer comment, en partant du principe élémentaire de l'appareil ordinaire d'un berceau droit, nous avons été, par la force même des choses, ramenés aux **arcs droits**, et par conséquent à notre point de départ en passant successivement par les appareils, hélicoïdal, orthogonal, et cylindrique.

454. Je n'ai pas cru devoir employer l'algèbre supérieure, pour deux raisons ; la première, c'est que je n'accorde pas au calcul intégral la puissance que quelques personnes paraissent lui attribuer. Je n'en conteste pas l'utilité pour la recherche de certaines questions de pure théorie ; mais je n'y ai plus la même confiance lorsqu'il s'agit de problèmes composés, pour la solution desquels on néglige souvent un grand nombre de considérations pratiques qui ne sont pas de nature à être exprimées par l'algèbre. Ensuite mon but principal, et mon plus grand désir, étant d'être compris par les praticiens, je devais autant que possible éviter un langage auquel ils sont presque tous étrangers. Je ne crois pas d'ailleurs qu'il soit utile de s'adresser aux théories supérieures lorsque la question peut être facilement résolue par des moyens élémentaires. Enfin, ce n'est pas avec de l'algèbre que l'on taille des pierres, c'est avec des règles, des équerres et des compas.

455. Au défaut de formules, qui n'aurait pas été comprises par les praticiens, j'ai dû donner plus d'extension aux épures, parce que ce langage leur est beaucoup mieux connu. Cependant, malgré la grandeur des planches de l'atlas, il y a encore beaucoup de détails que je n'ai pu indiquer que d'une manière incomplète. J'ai tâché d'y suppléer, en dessinant en perspective les pierres dont la forme n'aurait pas été suffisamment exprimée par les projections.

Il n'était pas question ici d'appliquer les principes rigoureux de la perspective ordinaire; la **perspective cavalière** suffit toujours pour les détails qui n'ont pas beaucoup d'étendue, et ces figures auxiliaires seraient sans doute inutiles, si tout le monde savait la géométrie descriptive, ou si les ingénieurs ne devaient jamais avoir de communications d'idées avec des personnes étrangères à l'étude de cette science. Mais il arrive à chaque instant, dans l'exécution des travaux, que l'on veut faire comprendre à un ouvrier, à un chef d'atelier, la forme d'une pierre qui n'existe encore que dans l'imagination, et qui ne pourra être projetée que lorsque l'auteur aura fixé ses idées sur les dimensions qui conviennent le mieux à l'objet dont il s'agit.

L'ingénieur lui-même ne peut commencer ses études qu'après avoir comparé et discuté toutes les parties de son projet, et cette discussion sera souvent rendue plus facile par la représentation en perspective des details dont la combinaison doit concourir à la perfection de l'ensemble.

Mais, pour tirer tout le parti possible de la *perspective cavalière*, il faut, par de nombreux exemples, s'exercer à construire promptement, sans modèle, et *sans le secours du compas*, la perspective des objets dont la forme n'existe souvent que dans l'imagination. Si l'on a besoin d'une table et d'une planche à dessiner, cela ne peut plus servir à rien.

Je recommande aussi de tailler en plâtre les pierres dont on ne comprendrait pas bien la forme à l'inspection de l'épure; mais l'exécution d'un modèle exigera souvent deux ou trois heures, et quelquefois des journées entières; tandis que la perspective du même objet pourra toujours être tracée en quelques minutes.

CHAPITRE VIII.

Ponts biais en bois.

456. Première étude. Lorsqu'un corps en mouvement en rencontre un autre, s'il glisse sur ce dernier par frottement ou par roulement, il lui communique une partie de la force dont il est animé, et produit alors dans l'ensemble, et dans toutes les parties du corps rencontré, un ébranlement dont l'intensité dépend du rapport qui existe entre les masses des deux corps. Ainsi, lorsqu'un convoi de chemin de fer s'engage sur un pont, le poids quelquefois énorme de la locomotive, des wagons et des objets transportés avec une grande vitesse, donne lieu à une composante horizontale qui agit avec d'autant plus d'énergie que la masse du pont est moins grande, et l'on comprendra facilement pourquoi les ponts en pierre, composés de matériaux qui ont un poids considérable, seront beaucoup moins ébranlés que les ponts en bois, par le passage des trains.

Il faut conclure de là que les ponts en bois ne doivent être adoptés que dans certains cas exceptionnels comme seraient, par exemple, la rareté ou le prix excessif de la pierre comparée à une très-grande abondance de bois, ou quelquefois aussi la nécessité d'établir rapidement un passage provisoire.

D'ailleurs si les ponts biais en pierres doivent être préférés pour les parties parcourues par les convois, il n'en est pas toujours de même des ponts destinés au passage des piétons ou des voitures ordinaires, et c'est par quelques exemples de cette espèce que nous allons commencer l'étude des ponts biais en bois.

457. Si le pont dont il s'agit ne doit être parcouru que par des piétons, ou des voitures légères, on peut se contenter de placer au-dessus de la voie que l'on veut traverser, un certain nombre de poutres parallèles disposées comme on le voit sur les **fig. 4** et **10, pl. 20**. Il est bien entendu que ces poutres devront être *armées*, ou fortifiées par des doublures, et soutenues, si cela est nécessaire, par des poteaux verticaux ou des colonnes de fonte, **fig. 4**.

458. Si l'espace ne permet pas de placer des colonnes, on soutiendra le tablier par des jambes de force, ou contre-fiches, comme on le voit sur les figures **1, 3, 14** et **16**.

459. Ces deux dernières figures sont des projections sur un plan vertical perpendiculaire à la droite CC, **fig. 8** et **9**.

Sur les figures **14** et **16**, les projections de toutes les fermes se confondent en une seule.

La poutre horizontale L, **fig. 14**, et la contre-fiche F, peuvent être considérées comme les deux arbalétriers d'une ferme inclinée, dont la jambe de force A serait le tirant.

La moise pendante M est le poinçon de cette ferme, et la petite moise *m* maintient l'assemblage de la jambe de force A, et de la pièce horizontale D placée comme doublure au-dessous de la poutre ou longeron L.

460. Ces deux dernières pièces peuvent être assemblées et reliées entre elles par des liens en fer, comme on le voit, **fig. 11**.

Enfin, les diverses parties des poutres L ou D pourront être réunies par un trait de Jupiter, **fig. 11**, ou **Fig. 17**, par un joint vertical *u*, combiné avec des endentures, des bandes de fer et des boulons.

461. La figure **15** est une coupe par un plan vertical, contenant la droite BB des figures **8** et **9**.

La figure **8** est le plan du pont vu par-dessous, et la figure **9** est vue en dessus.

462. Les cinq fermes qui composent le pont projeté sur les figures **1**, **8** et **9**, seront liées entre elles, d'abord par les solives et par le double plancher dont on voit une partie sur la figure **9**, ensuite par les moises horizontales M' qui embrassent les jambes de force des cinq fermes, **fig.** **8** et **1**.

463. Au lieu de réunir par des moises les jambes de force des cinq fermes on aurait pu, comme on le voit, **fig.** **16**, relier entre elles les moises pendantes M, par des moises horizontales M″. Enfin, on comprend que, dans un grand pont, il pourra être utile d'employer les deux méthodes.

464. L'étude de ces moises forme la partie la plus intéressante de la question qui nous occupe.

En effet soient, **fig.** **5**, les projections H et H' d'une partie de la pile d'un pont droit; supposons que le plan rectangulaire H de cette pile soit remplacé par le parallélogramme H″, déterminé par l'obliquité du pont que l'on veut construire. Si l'on veut faire subir à toutes les pièces de la charpente une transformation analogue, il faudra que les pieds rectangulaires A des jambes de force soient transformés en parallélogrammes tels que A″; mais alors chacun des parallélipipèdes rectangles qui formaient ces pièces deviendra un prisme oblique BB', dont la section par le plan P rabattu en P_1 et projetée sur le plan horizontal, sera un parallélogramme A‴.

Il en résultera, il est vrai, plus de régularité dans l'assemblage des moises avec les jambes de force; mais ces dernières pièces devant être déduites de bois équarris suivant le rectangle R, **fig.** **6**, ou R', **fig.** **7**, on perdra toute la force provenant des prismes triangulaires qu'il faudra enlever, et qui sont indiqués sur les figures **6** et **7** par une teinte plus foncée. Par conséquent on aura sacrifié une garantie évidente de solidité à une régularité d'assemblage plus apparente que réelle.

On ne doit donc pas hésiter à conserver aux jambes de force leur section rectangulaire A^{IV}, **fig. 5**; mais alors on remarquera que les fermes employées dans ce cas ne diffèrent en rien de celles qui conviendraient à un pont droit, de sorte que les faces des pièces de bois qui composent ces fermes, étant parallèles ou perpendiculaires aux plans de têtes du pont, tandis que les faces longitudinales des moises M', **fig. 1** et **8**, sont obliques par rapport aux mêmes plans, il s'ensuit que les jambes de force A, et les moises horizontales M', **fig. 18, 12** et **13**, se rencontreront obliquement, ce qui introduit dans les assemblages quelques difficultés que nous allons étudier.

465. La planche **21** contient les détails d'épures nécessaires pour tracer les moises horizontales M' du pont qui est projeté sur les figures **1** et **8** de la planche précédente. Les figures **13** et **2** de la planche **21** sont les projections horizontale et verticale d'une partie des deux premières fermes du pont.

Pour obtenir ces projections, on commencera, **fig. 14**, par le plan de la pile sur lequel on déterminera la distance des fermes et les pieds des poteaux ou moises verticales V, dans lesquels doivent être assemblées les jambes de force A et les contre-fiches F, **fig. 2**. On déterminera également, sur la figure **14**, les contours des sablières S, dans lesquelles sont assemblées les moises verticales dont nous venons de parler. Les projections de ces sablières ne sont indiquées sur la figure **14** que par une teinte ponctuée, parce que cette figure est une coupe par le plan horizontal P, **fig. 2**, et que cette projection étant vue par-dessous, la sablière est supposée enlevée.

La perspective, **fig. 12**, fera comprendre comment la sablière S est engagée en partie dans l'épaisseur de la première assise G, au-dessus de la corniche X, **fig. 2**. Les quadrilatères *m* teintés en points sur la figure **12** sont les pieds des moises verticales V.

On construira la projection, **fig. 2**, d'après l'étude d'ensemble que nous supposons avoir été faite sur la figure **1** de la planche **20**. Il suffira de projeter une seule ferme sur la figure **2** de la planche **21**, et l'on pourra même se dispenser d'y tracer la projection de la moise horizontale M', dont la place et la grandeur ne seront déterminées que par les opérations suivantes. Quand les moises verticales V, la jambe de force A, la contre-fiche F, et la moise pendante M seront projetées sur la figure **2**, on construira les projections horizontales de toutes ces pièces sur la figure **13**, puis on projettera les mêmes pièces, **fig. 4**, sur un plan vertical perpendiculaire à la plus grande face de la pile et par conséquent à la longueur des moises, dont il devient facile alors de déterminer les dimensions. On sera guidé dans cette opération par la quantité plus ou moins grande de bois que l'on veut consacrer à cet usage, et cette quantité dépendra elle-même du plus ou moins de fatigue que le pont doit éprouver.

466. Les faces *ac*, *vu* des moises M', **fig. 4**, sont perpendiculaires sur la projection de la jambe de force A, d'où il ne faut pas conclure que ces deux pièces se rencontrent à angle droit. Leur obliquité est suffisamment mise en évidence par la projection horizontale, **fig. 13**, et l'on conçoit que si l'on avait voulu que les moises fussent perpendiculaires aux jambes de force, il aurait fallu que leurs projections sur la figure **2** fussent parallèles à celles des moises pendantes M. Or, dans ce cas, les jambes de force A des cinq fermes n'auraient pas été moisées à la même hauteur; ce qui, au surplus, est quelquefois utile, comme nous le verrons par la suite.

467. Les moises M' projetées, **fig. 4**, se réduisant à leur section droite *acuv* indiquée par une teinte, on construira leur projection horizontale, **fig. 13**, et si l'on veut, comme exercices, on en déduira la projection verticale, **fig. 2**.

Cela étant fait, et l'épure étant disposée comme nous venons de le dire, on projettera sur la figure **13** les deux parallélogrammes 1-2-3-4, suivant lesquels les faces *ac*, *vu* des moises M', **fig. 4**, sont pénétrées par le prisme rectangulaire qui forme la jambe de force A.

Les sommets de ces deux parallélogrammes seront déterminés sur les arêtes correspondantes de la jambe de force A, **fig. 13**, par des perpendiculaires à la droite A'Z', menées par chacun des points suivant lesquels les faces *ac*, *vu* des deux moises M', **fig. 4**, sont percées par les quatre arêtes du prisme rectangulaire qui forme la jambe de force A. Il ne faut pas oublier que la figure 13 est une projection vue en dessous.

Les côtés 1-2, 3-4 des parallélogrammes 1-2-3-4, **fig. 13**, peuvent être vérifiés en abaissant des perpendiculaires par les points suivant lesquels les arêtes horizontales des moises M', **fig. 2**, sont coupées par les plans projetants qui contiennent les faces HH et NN de la jambe de force A. Cette opération n'a pas été conservée sur l'épure.

468. Quand les deux parallélogrammes 1-2-3-4 seront déterminés sur la figure 13, on les projettera, **fig. 16**, sur un plan P_1 parallèle aux faces *ac*, *vu* des moises M', **fig. 4**, et l'on fera tourner cette projection auxiliaire P_1 jusqu'à ce qu'elle soit arrivée dans la position P_2 parallèle au plan horizontal de projection. On obtiendra ainsi dans leur véritable grandeur, **fig. 15**, les deux quadrilatères 1-2-3-4 qui, étant tracés sur les faces correspondantes des deux moises, détermineront les entailles nécessaires pour le passage de la jambe de force A.

La figure 17 est la perspective de la pièce A et de la moise inférieure M', et la figure 18 représente cette moise toute seule.

469. Pour ne pas compliquer l'épure, nous n'avons pas indiqué d'embrèvements sur les projections de la jambe de force, parce que ces coupes se déduisent facilement, sur le chantier, de celles que nous venons de déterminer par l'opération précédente.

En effet, il suffira de réserver, en creusant les entailles des moises, une épaisseur de bois égale à la profondeur de l'embrèvement que l'on veut obtenir; embrèvement que l'on doit faire peu profond, afin de ne pas affaiblir la jambe de force A.

470. La section des moises par le plan vertical P_3 **fig. 13**, sera déterminée sur la figure **15**, par les perpendiculaires abaissées des points suivant lesquels ce plan P_3 est percé par les arêtes horizontales des moises M'. Le résultat de cette opération ne pouvant pas être obtenu sur l'épure, nous supposerons que le plan P_3 est transporté en P_4, et nous obtiendrons alors les deux droites 9-10, 11-12, **fig. 15**, ce qui suffira pour tracer les coupes obliques qui forment les extrémités des deux moises M'. Les projections des points correspondants du plan P_3 sur les arêtes horizontales des moises M', **fig. 2**, détermineront sur cette projection les extrémités des deux moises.

471. Les boulons indiqués sur toutes les figures, indiquent suffisamment comment les moises seront assemblées. Si l'on craint que la force de ces pièces soit diminuée par un trop grand nombre de boulons, on pourra remplacer quelques-uns d'entre eux par des liens (460).

472. On peut encore augmenter la force des moises en les écartant comme on le voit, **fig. 7**. Ce qui diminue la profondeur des entailles pratiquées par le passage de la jambe de force; mais alors, pour éviter le fouettement, on placera de distance en distance, et surtout dans le voisinage de la pièce moisée, des tasseaux ou coins T, **fig. 7 et 6**.

473. Nous avons dit, au numéro 463, qu'au lieu de moiser les jambes de force A, **fig. 14**, **pl. 20**, on préférait quelquefois relier entre elles les moises pendantes M par des moises horizontales M"M", **fig. 16**. Dans ce cas, on pourra placer les faces latérales des moises M" perpendiculaires aux projections des moises M. Mais cette disposition n'est pas obligatoire et l'on peut aussi, comme cela est indiqué sur la figure **4** de la planche **21**, appuyer les faces principales des moises M" sur les arêtes de la jambe de force A.

Cette méthode serait surtout convenable si l'on voulait, comme cela arrive quelquefois, que les moises pendantes fussent embrassées au-dessus et au-dessous de la jambe de force par les deux couples de moises M" et M"', **fig. 4**.

C'est la disposition précédente que nous allons adopter pour deuxième étude des moises ; et pour simplifier l'épure, nous ne projetterons sur la figure 13 que les moises qui sont indiquées sur la figure 4 par une teinte de point. Cela suffit, car il évident que les moises M''', indiquées sur la même figure par un simple trait ponctué, se construiraient de la même manière.

Pour déterminer les entailles des moises M'', on projettera dabord les moises pendantes M sur le plan horizontal, **fig. 13**. Cette projection se déduira de la figure 2 par les moyens ordinaires ; puis on projettera les mêmes moises sur la figure 4, et l'on déterminera sur cette projection les dimensions des moises M'' que l'on veut construire.

On abaissera ensuite une perpendiculaire à A'Z', par chacun des points suivant lesquels les faces des deux moises M'' sont percées par les quatre arêtes extérieures des deux moises pendantes M, **fig. 4**. Cette opération déterminera sur les faces verticales de ces deux moises, **fig. 13**, les huit sommets des deux parallélogrammes 5-6-7-8, suivant lesquels les deux faces 6-7 des moises horizontales M'', **fig. 4**, sont pénétrées par les deux moises pendantes M. Cela étant fait, on projettera, **fig. 8**, tous les sommets des deux parallélogrammes que l'on vient d'obtenir sur un plan P_5 parallèle aux faces 6-7 des deux moises M'', et l'on fera tourner le plan P_5 autour de l'horizontale projetante du point Q, jusqu'à ce qu'il soit arrivé dans la position horizontale P_6. On obtiendra ainsi la projection, **fig. 9**, et par suite les deux quadrilatères 5-6-7-8 suivant lesquels les moises pendantes M, **fig. 4**, pénètrent dans les faces 6-7 des moises horizontales M''.

La coupe oblique des moises M'' par le plan vertical P_3 pourra être obtenue comme nous l'avons dit au numéro 470, en supposant que ce plan P_8 est remplacé par le plan vertical P_7 parallèle au premier.

474. On remarquera sans doute, **fig. 9**, que, dans le cas actuel, les quadrilatères 5-6-7-8 sont des rectangles compris entre les deux droites parallèles LL, EE. Cela provient de ce que les deux faces LL, EE de la moise M, **fig. 2**, sont perpendiculaires sur l'arête HH de la pièce A, et par conséquent, **fig. 4**, sur les faces parallèles 6-7 de la moise M‴, puisque l'une de ces faces contient l'arête HH.

475. Si l'on veut augmenter l'épaisseur du bois compris entre les angles 7 et 6 des quadrilatères de pénétration, **fig. 9**, et les faces externes des moises, on emploiera le moyen qui est indiqué sur les figures **7** et **6**.

476. Enfin, si l'on voulait faire un embrèvement, il faudrait éloigner un peu les moises M″ et M‴ de la jambe de force A, comme on le voit, **fig. 5**. Car, si l'on faisait passer l'une des faces 6-7 de ces moises par le point *o* qui appartient à l'arête HH de la jambe de force A, **fig. 4**, il ne resterait plus assez d'épaisseur entre ce même point *o*, **fig. 5**, et la face U de la moise M″.

477. Les deux épures que nous venons d'étudier, **pl. 20 et 21**, contiennent tous les détails nécessaires à la construction du pont qui est projeté sur la figure **1** de la planche **20**. En effet, les dimensions des piles, la hauteur, la largeur du pont, la disposition du plancher, du tablier et des trottoirs, seront données par la planche **20**; et la planche **21** contient tous les détails d'assemblage des pièces de charpente qui doivent entrer dans la construction des fermes. Ainsi, les figures **1, 2** et **11** donneront les dimensions en équarrissage et en longueur de la jambe de force A. Les figures **2** et **3** expriment celles de la contre-fiche F.

Les figures **2** et **13** détermineront les épaisseurs, largeurs et longueurs des moises pendantes M. La figure **14** donne l'équarrissage des poteaux ou moises verticales V. Enfin, les entailles à creuser dans les moises horizontales M′ ou M″ seront déterminées par les figures **15** ou **9**.

478. Deuxième étude des ponts biais en charpente. Pour sujet de cette deuxième étude, nous ferons une application du système qui avait été adopté par M. Clapeyron, ingénieur du chemin de fer de Saint-Germain, pour le pont construit à

Asnières. Ce pont, brûlé en 1848, a depuis été remplacé par un pont en tôle.

479. Le but que je me propose dans l'ouvrage actuel étant surtout d'exposer les méthodes générales, je ne crois pas devoir m'assujettir à la reproduction rigoureusement exacte des ouvrages exécutés. Il peut arriver, d'ailleurs, que les dimensions de ces ouvrages ne soient pas favorables à la disposition d'épure qui conviendrait le mieux pour l'explication des principes.

Ainsi, la figure 5 de la planche **22** n'est pas une représentation fidèle du pont d'Asnières, mais une application du même principe à un autre exemple.

Cela étant admis on reconnaîtra, par la figure **17**, que le pont dont il s'agit contient six fermes également espacées. Mais, s'il est destiné au service d'un chemin de fer, il sera préférable de régler l'écartement des fermes comme nous l'avons dit au numéro 442; c'est-à-dire que les deux fermes extrêmes formeraient les têtes du pont, tandis que chacune des quatre fermes intermédiaires serait placée exactement au-dessous d'une ligne de rails; d'où il résulte que, pour un chemin à trois voies, le pont devra contenir huit fermes.

L'arc intérieur de chaque ferme se compose, **fig. 5**, de trois cours de poutres cintrées à la hache, ou courbées à la vapeur. Ces trois cours de courbes sont liés aux longerons qui supportent le plancher, par quatorze moises pendantes dont les places résultent de considérations que nous allons développer.

Les six fermes qui composent la charpente du pont étant disposées comme on peut le voir sur la projection horizontale, **fig. 17**, il ne reste plus qu'à trouver le meilleur moyen de les contreventer.

480. Tous les systèmes de ponts biais en charpente se rattachent au principe des arcs droits disposés en retraite, et la partie importante de la question à résoudre consiste principalement dans les moyens employés pour relier entre elles les fermes droites qui composent la charpente du pont.

Dans l'exemple que nous avons étudié sur les planches **20** et **21**, les fermes ont été réunies par des moises horizontales parallèles à la direction des piles ; mais alors, les arbalétriers ou jambes de force des fermes sont rencontrées par ces moises, suivant des angles qui dans certains cas pourraient être très-aigus. Or c'est précisément cette acuité que l'on a voulu éviter, ou au moins diminuer dans l'exemple que nous étudions actuellement ; et pour y parvenir, on a placé les moises comme on le voit, **fig. 5**, c'est-à-dire que les deux couples correspondants de moises transversales et toutes les moises pendantes qu'elles embrassent forment un pan de bois perpendiculaire au plan vertical de projection. L'un de ces pans de bois est projeté et rabattu en vraie grandeur sur le plan horizontal, **fig. 20**.

481. Si l'on regarde la figure **5**, on reconnaîtra que les moises pendantes ne rencontrent pas, suivant des angles droits, les diverses parties de la grande courbe qui forme le cintre de la ferme ; mais la condition dont nous venons de parler ne pouvait pas être obtenue dans le cas actuel ; car une moise qui serait perpendiculaire sur la courbe de la première ferme ne serait pas perpendiculaire sur les autres, et réciproquement. Pour diminuer autant que possible les angles aigus que l'on aurait rencontrés dans ce cas, le constructeur du pont d'Asnières a employé le principe connu en coupe de pierres sous le nom de *biais passé*, c'est-à-dire qu'il a placé les moises pendantes perpendiculaires à la courbe d'une ferme réelle ou imaginaire dont le plan P, **fig. 17** et **20**, partagerait la largeur du pont en deux parties égales. Par suite de cette disposition, les moises sont à peu près perpendiculaires sur toutes les courbes qui forment le cintre intradossal des fermes.

482. La place des moises est en outre déterminée par cette condition, qu'elles partagent en parties égales la courbe située dans le plan P ; car, si on les plaçait à égale distance sur l'un des arcs de tête, elles seraient trop inégalement espacées sur l'arc opposé ; tandis que si les moises partagent en parties égales la courbe située dans le plan P, **fig. 17** et **20**, les inégalités d'écartement sur les têtes seront beaucoup moins sensibles.

483. La disposition précédente donne lieu à une irrégularité d'assemblage qu'il est très-essentiel de signaler. En effet, si l'on fait abstraction de l'épaisseur des fermes, les arêtes inférieures des grandes courbes sont des arcs de cercles égaux et parallèles, dont les centres, situés sur l'axe de la voûte intérieure du pont, auraient leurs projections verticales à environ cinq centimètres au-dessous du cadre de l'épure. Le lieu qui contient tous ces arcs sera donc une surface cylindrique du second degré, ayant pour directrice l'un des arcs qui forment les arêtes inférieures des grandes courbes.

Or, la section de cette surface cylindrique par un plan P_1 perpendiculaire à la tête du pont, **fig. 5**, sera un arc d'ellipse *mon*, **fig. 20**, tandis que la section de la moise, correspondante par le même plan, sera une ligne droite qui ne pourra toucher qu'en deux points *m* et *n* l'arc elliptique dont nous venons de parler ; de sorte que la moise inférieure ne touchera que deux des grandes courbes dont l'ensemble forme l'intrados du pont.

Cette relation est rendue plus sensible par les figures **21** et **22**, sur lesquelles on a exagéré avec intention la courbure et le biais du pont. Les piles étant indiquées sur la figure **22** par des teintes ponctuées, et l'arc de tête, **fig. 21**, étant une demi-circonférence, la section par le plan P_2 sera une demi-ellipse *am'o'n'u's'c*, que l'on peut facilement construire en déterminant les points suivant lesquels le plan P_2 rencontre les cinq demi-circonférences qui remplacent ici les grands arcs de la figure **5**, ou bien en remarquant que cette demi-ellipse a pour ses deux rayons conjugués les droites *va*, *vu'*, **fig. 22**. Ou enfin, en déterminant les axes par le moyen que j'ai indiqué au numéro 106 du supplément au *Traité de Géométrie descriptive*, 3ᵉ édition.

La section par le plan P_2 **fig. 21**, étant rabattue sur le plan horizontal de projection, **fig. 22**, on obtiendra la demi-ellipse *amonusc* dont la partie *mon* seulement appartient à l'intrados de la voûte projetée sur la figure **21**. On voit par ce rabattement, sur lequel les moises pendantes sont désignées par un simple trait, que la moise transversale intérieure *mn* ne touchera que les deux arcs de tête du pont, tandis que la moise extérieure, parallèle à la première, ne touchera qu'en un point x l'arc d'ellipse suivant lequel le plan P_2 de la figure **21** rencontre le cylindre extérieur formé par les extrados des arcs ; de sorte que si le nombre des fermes est impair, la moise transversale extérieure s'appuiera sur l'extrados de l'arc qui appartient à la ferme moyenne *vx*, et si le nombre des fermes est pair, elle s'appuiera sur les deux arcs moyens, comme cela est indiqué sur la figure **20**.

484. L'irrégularité d'assemblage que nous venons de signaler est peu importante pour la solidité du pont ; car la stabilité des grandes courbes dépend surtout de la précision avec laquelle elles seront embrassées par les moises pendantes, tandis que les moises transversales, n'ayant d'autre but que de contreventer les fermes, on pourrait, sans qu'il en résultât aucun inconvénient, les éloigner des grands arcs.

485. Indépendamment des moises transversales, les six fermes sont encore liées entre elles et contreventées par des croix de Saint-André, assemblées dans les moises pendantes au-dessus des moises transversales supérieures, **fig. 20**.

486. Cette projection ou herse, très-utile pour piquer les bois sur le chantier, sera facilement obtenue en projetant toutes les pièces, **fig. 5**, sur le plan P_1 parallèle aux moises pendantes et transversales du pan de bois que l'on veut exécuter. Cette projection est rabattue sur l'épure, en tournant autour de l'horizontale projetante du point O. La figure **19** est la projection de la moise transversale inférieure sur le plan qui contient la face MN, **fig. 20**. Les différents points de cette figure sont déduits de leurs projections sur la figure **20**, et les largeurs sont déterminées en projetant les points correspondants de la figure **5** sur le plan P_4 que l'on ramènera dans la position P_5 en le faisant tourner autour de la charnière de rabattement e.

487. Il est évident que les lignes projetantes perpendiculaires à P_4 ne sont tracées ici que pour lier les opérations et compléter l'explication de l'épure ; car tous les ingénieurs savent que dans les applications on supprime souvent un grand nombre de lignes qui peuvent être déterminées directement sur le chantier, sans qu'il soit nécessaire de les tracer sur l'épure.

Ainsi, par exemple, on peut facilement piquer et tracer tous les assemblages du pan de bois qui est projeté sur la figure **20**, sans construire sur l'épure une projection complète des moises et des croix de Saint-André. Pour cela, on établira sur le chantier les six moises pendantes dont les longueurs sont données par leurs projections, **fig. 5**. On déterminera le point m sur la première moise, et le point n sur la dernière, en prenant sur la figure **5** les distances de ces deux points à un plan quelconque P_6 perpendiculaire au pan de bois que l'on veut construire. Cette opération suffira pour déterminer l'angle suivant lequel les moises transversales rencontrent les moises pendantes, et pour tracer les coupes d'assemblage, sans qu'il soit nécessaire de construire la figure **19**.

Les deux moises transversales MN et M'N' étant identiques se construiront de la même manière ; enfin, il suffira de placer les croix de Saint-André sur le chantier pour en tracer les assemblages.

488. Il résulte de ce que nous venons de dire, que le tracé d'un pan de bois formé par les six moises pendantes, et par les deux moises transversales correspondantes, se réduit à la recherche de l'angle suivant lequel ces moises se rencontrent ; d'où l'on peut conclure un moyen très-expéditif de tracer toutes les moises transversales.

On établira sur le chantier, **fig. 14**, six moises pendantes, ou simplement six madriers d'une longueur quelconque, ayant chacun la largeur et l'épaisseur de deux moises pendantes réunies. On déterminera bien exactement, entre ces pièces, les distances qui doivent exister entre les fermes dont elles font partie; puis, si nous supposons que l'on veut tracer les moises MN du pan de bois H, **fig.** 5, on placera le point *m* à volonté, **fig.** 14, sur la droite *ms* suivant laquelle la première moise pendante est coupée par le plan qui contient la face intérieure des pièces courbes de la première ferme. On déterminera ensuite le point *n* sur la face extérieure des grands arcs de la sixième ferme, en faisant la droite *un* de la figure 14 égale à la droite *u'n'* de la figure 5.

En opérant de la même manière, on déterminera les angles que toutes les moises transversales font avec les moises pendantes, sans qu'il soit nécessaire d'indiquer sur la figure 14 les longueurs de ces dernières moises, que l'on déterminera sur le chantier, lorsque l'on piquera les pièces de chaque pan de bois.

La figure 14 ne contient que neuf moises transversales; savoir : huit moises intérieures, et une seule moise extérieure appartenant au pan de bois vertical qui contient le centre de la voûte.

Les sections des grands arcs et des longerons n'ont été tracées que pour le pan de bois qui contient la moise RS; enfin, les huit moises transversales tracées sur cette figure suffisent pour construire toutes les autres :

1° Parce que les deux moises de chaque pan de bois sont identiques;

2° Parce que les deux moises transversales qui appartiennent à l'un des pans de bois situés à droite du plan vertical P_7, **fig.** 5, sont identiques, en les retournant, aux deux moises transversales du pan de bois qui occupe le même rang à gauche du plan P_7.

489. On remarquera sur les figures 14, 15 et 17, quelques moises transversales plus courtes que les autres; ce qui provient de ce que la pile ne permet pas de les prolonger. Ainsi, la moise inférieure du premier pan de bois transversal n'embrasse que deux moises pendantes, tandis que la moise supérieure en embrasse trois, et que la moise inférieure du second pan de bois embrasse quatre moises pendantes.

Quand toutes les moises transversales seront déterminées de longueur et d'inclinaison, comme on le voit sur la figure 14|, on pourra tracer tout le reste sur le chantier, sans qu'il soit nécessaire de faire une épure particulière pour chaque pan de bois.

490. Embrèvement. Les moises extérieures s'appuient sur les grandes courbes, tandis que les moises inférieures ne sont soutenues que par leur assemblage avec les moises pendantes. Or, si la sécheresse fait contracter le bois, les assemblages prendront du jeu et les moises inférieures tomberont. Il est donc nécessaire de les rattacher aux moises pendantes par des boulons B, **fig. 20**, ou par des embrèvements, comme on peut le voir sur la figure 8, qui est une coupe par le plan P_9 de la figure 10.

491. On sait que toutes les forces qui agissent d'une manière constante ou accidentelle sur les diverses parties d'une ferme, se composent en deux résultantes qui seraient appliquées aux pieds des arbalétriers. D'où il faut conclure que ces points doivent attirer toute l'attention des ingénieurs. Je ne sais pas exactement comment cette partie de la question avait été résolue dans la construction du pont d'Asnières. M. Émy, dans son *Traité de charpente*, donne une épure d'application du système que nous étudions. Il dit bien qu'il a eu entre les mains les dessins de M. Clapeyron ; mais il ajoute qu'il s'en est écarté d'une manière sensible : et j'ignore si, parmi les détails qu'il a conservés, il faut compter les assemblages des grands arcs avec les assises de la pile.

Dans tous les cas, cette partie importante de la question ne me paraît pas suffisamment développée dans l'ouvrage de M. Émy. La figure 7 représente la méthode qu'il indique. Il coupe les quatre cours de courbes qui forment le cintre de chacune des fermes, par un plan P_{10} perpendiculaire à la tangente au pied de l'une des courbes ; puis il taille dans les premières assises, au-dessus du bandeau de la pile, les faces inclinées sur lesquelles viennent s'appuyer, *sans aucun lien apparent*, les extrémités inférieures des grandes courbes.

Si l'on adopte cette disposition, la pile devra être profilée suivant la ligne brisée *bcadefh*. Dans un pont droit construit à Ivry, M. Émery, ingénieur en chef des ponts et chaussées, a coupé les abouts des arcs par une suite de plans normaux *ac*, **fig. 11**; puis il a encastré les pieds de ces arcs dans l'épaisseur de la maçonnerie, ce qui l'a dispensé de briser les arêtes verticales *au* de la pile.

492. On peut combiner les deux méthodes en opérant comme cela est indiqué sur la figure **16**. Ainsi, on coupera les angles aigus de la pile par les plans verticaux EF, perpendiculaires aux plans de tête, et l'on remplacera les angles obtus par les angles droits H. Par ce moyen les fermes des têtes seront assemblées comme celles d'un pont droit dans les faces verticales EF et KH perpendiculaires à leur direction.

Quant aux quatre fermes intermédiaires, on adopterait la disposition indiquée sur la figure **7**, c'est-à-dire que les deux rectangles ACAC, **fig. 16**, seraient deux plans inclinés que l'on entaillera pour former les faces destinées à recevoir les pieds des grands arcs, et la pile serait alors réduite à l'espace compris entre les deux plans verticaux qui ont pour trace les lignes CC. J'ai cherché à faire comprendre cette disposition par la figure 5, qui contient en perspective les pieds des deux premières fermes du côté de l'angle E de la pile.

493. Il est bien entendu que les angles rentrants indiqués sur la projection horizontale de la pile, **fig. 16,** ne doivent exister qu'au-dessus du bandeau ; et que la partie inférieure de la pile doit être appareillée, comme cela est indiqué sur le plan par un trait ponctué. On sait qu'une solution de continuité dans les faces latérales de la pile suffirait souvent pour donner lieu à des courants qui, par suite de leur obliquité, seraient de nature à dégrader les fondations.

494. Les faces verticales VU, prolongées dans toute la hauteur comprise entre le plan horizontal qui contient les points C, et le plancher du pont recevraient les abouts des moises et des croix de Saint-André qui sont interrompues par la face verticale CC de la pile. En construisant sur la figure 5 les traces des plans verticaux HK, RS, VU, on déterminera les pénétrations dans les faces verticales de la pile.

495. Si l'on faisait pénétrer directement les pièces de bois dans la maçonnerie, comme on le voit, **fig. 33**, il existerait au point A de la pierre un angle très-aigu, qui n'opposerait qu'une très-faible résistance; et dans ce cas, pour éviter les éclats, il vaut mieux abattre la partie triangulaire VAU, comme on le voit, **fig. 3**. Mais cette disposition sera dangereuse, si aucun assemblage ne garantit les pieds des cintres contre l'échappement qui pourrait résulter d'une secousse imprévue, ou d'un choc oblique, tel, par exemple, que celui qui proviendrait d'un ouragan, d'une débâcle, ou de la chute d'une locomotive.

La solution que j'ai indiquée sur la figure **16**, fait disparaître cet inconvénient pour les fermes des têtes qui sont engagées dans les faces verticales EF et HK de la pile; mais le danger subsiste toujours pour les fermes intermédiaires, qui ne sont appuyées sur la maçonnerie que d'un côté IS.

496. Pour ne rien négliger de cette partie importante du problème à résoudre, j'ai cru devoir étudier un assemblage qui me semble réunir toutes les conditions de sécurité.

La figure **35** est la projection horizontale d'une pierre de l'assise qui est placée immédiatement au-dessus du bandeau. Les pieds des trois cours de courbes formant le cintre de chaque ferme, viennent aboutir sur la face inclinée *m* d'un sabot en fonte dont la coupe est indiquée sur la figure **34** par une teinte de points, et dont la perspective, **fig. 27**, fera comprendre la forme.

Les cuvettes rectangulaires désignées sur les figures **29** et **30** par la lettre C sont destinées à recevoir les pieds des deux moises verticales. V. **fig. 29**.

Ces moises embrasseront non-seulement les parties *m* et *n* du sabot **fig. 27**, mais encore les trois cours de courbes qui forment le cintre de la ferme correspondante.

Ce sabot sera engagé dans la pierre comme on le voit

fig. 28. La pression exercée par les courbes sur le plan incliné *m* fixera d'une manière invariable la position du sabot, qui, de son côté, retiendra les pieds des moises verticales V, et ces moises, à leur tour, garantiront les pieds des grandes courbes contre toutes les chances d'échappement dont nous avons parlé plus haut.

On pourrait augmenter l'épaisseur des moises comme cela est indiqué sur la figure **29** par les lignes ponctuées *e*, mais il vaut mieux laisser libre cet espace entre la moise-V et la face verticale IS du mur, **fig. 32** et **33**; d'abord, pour faciliter la manœuvre de l'écrou, si l'on veut placer la tête du boulon en dehors, comme on le voit, **fig. 32**; ensuite, pour aérer les bois, et les garantir de l'humidité qui pourrait résulter de leur contact immédiat avec le mur. On devra également, pour ce motif, **fig. 33,** augmenter la largeur de l'encastrement destiné à recevoir la partie D des courbes, **fig. 34.** Enfin, on laissera dans le sabot un passage pour l'écoulement des eaux qui pourraient s'introduire sur la surface des arcs A et des moises verticales V.

La figure **18** indique l'assemblage des moises V avec les croix de Saint-André N et les moises pendantes M, qui ne pourront pas être prolongées jusqu'aux longerons qui soutiennent le plancher.

La branche N de la croix de Saint-André sera comprise entre les moises V; mais il ne pourra pas en être de même des moises pendantes M, dont les faces verticales sont dans les mêmes plans que celles des moises V. Dans ce cas, on pourra relier toutes ces pièces par un soliveau S, que l'on boulonnera avec les quatre moises, V et M comme cela est indiqué sur la figure.

Les figures **12, 13, 1** et **2** compléteront l'explication de ce qui précède.

La figure **12** est une projection sur un plan vertical parallèle à la plus grande dimension de la pile, et la figure **1** est une projection parallèle au plan de tête. Pour construire cette dernière projection, j'ai supposé, **fig. 2,** que toutes les fermes se mouvant parallèlement à elles-mêmes, étaient amenées dans le plan de la première, ce qui m'a dispensé de construire sur la fig. **2** la projection entière de la pile.

497. Pose des fermes. Si le pont n'a pas une grande portée, on pourra construire entièrement chaque ferme sur le chantier et la lever ensuite pour la mettre en place ; mais, s'il s'agit d'un grand pont, on devra successivement assembler toutes les parties sur un cintre disposé pour cet usage. Dans ce cas, on commencera par entailler les piles dans toute la hauteur comprise entre la naissance et le plancher, suivant le contour ISRO de l'encastrement destiné à recevoir les deux moises verticales V, **fig. 34, 35, 31 et 32**.

On creusera dans les premières assises, l'espace qui doit être occupé par la partie m du sabot, **fig. 28**, et par les extrémités D des grands arcs, **fig. 34**.

On placera le sabot comme on le voit sur les figures **28** et **34**, et l'on posera successivement, **fig. 31**, la moise verticale V, les premières pièces A des grands arcs, et la seconde moise V'. Puis on boulonnera les deux moises verticales comme on le voit **fig. 31**, et **29** en plaçant entre elles une cale destinée à détruire le fouettement.

Si l'on ne veut boulonner les moises qu'après leur pose, on placera la tête du boulon comme on le voit, **fig. 32** ; mais, avant de l'enfoncer, on tiendra l'écrou au moyen d'une pince, et lorsque le tout sera en place, on tournera l'écrou avec une clef anglaise.

Si l'on veut au contraire que la tête du boulon soit du côté de la face IS de l'encastrement, **fig. 35**, on commencera par boulonner les deux moises V et V' que l'on mettrait en place, en les faisant descendre comme on le voit, **fig. 29** ; après quoi, on serrera les boulons d'une manière définitive. Dans tous les cas il faut toujours se réserver la faculté de resserrer les boulons, si la contraction des bois rendait cette opération nécessaire.

498. Si l'on ne pense pas que les pieds des grands arcs soient assez solidement maintenus par le sabot et les moises verticales, on pourra placer un ou plusieurs boulons intermédiaires entre le boulon B et le sabot ; mais toutes les vibrations, se composant en résultantes tangentes aux pieds des grandes courbes, on pourrait craindre que les boulons, agissant comme des coins, ne fissent fendre les arcs dans le sens de leurs fibres, et peut-être vaudrait-il mieux augmenter l'équarrissage des moises et les dimensions du sabot.

On réunira les pièces courbes qui forment les cintres par des joints plans, perpendiculaires à leur direction; et pour éviter l'écrasement des fibres, ou leur pénétration mutuelle, on placera entre les deux pièces une plaque de métal, à laquelle on pourra donner la forme d'un T, **fig. 26** et **23**, ou celle d'un manchon, **fig. 25**. Dans le premier cas, on taillera l'extrémité de la pièce comme on le voit au point T de la figure **24**, et dans le second cas on adoptera la coupe M. Ces joints doivent être placés aux endroits où les courbes sont embrassées par les moises pendantes.

Il ne faut pas oublier de donner à ces courbes une force capable de résister aux efforts produits par les masses plus ou moins pesantes qui peuvent accidentellement rouler ou stationner sur le pont.

On pourra encore obtenir plus de force par un plus grand nombre de fermes, ou par une plus grande quantité de pièces dans chaque ferme.

Ainsi, on peut augmenter le nombre des moises pendantes, ou le nombre des cours de poutres qui composent les arcs. Les cintres du pont d'Asnières étaient formés par quatre cours de poutres.

499. Plancher. La figure 9 est une section par le plan vertical P_7, **fig. 5**, et la figure **10** est la section par le plan P_8 Ces deux figures feront comprendre la disposition du plancher.

Ainsi, un premier plancher a sera composé de planches placées perpendiculairement à la direction des fermes sur les longerons L de la figure **5**. Ce premier plancher a, **fig. 9**, supportera les quatre cours de poutres sur lesquels sont posés les rails. Ces poutres seront boulonnées avec le prolongement des moises pendantes qui traversent dans ce but le premier plancher a. Des solives longitudinales m, placées à côté des poutres qui supportent les rails, soutiendront un second plancher *c* dont les pièces formant entretoises, fixeront l'écartement des rails.

La figure **10** laisse voir l'équarrissage des pièces *m*, tandis que sur la figure **9** ces pièces sont cachées en partie par le prolongement des moises pendantes.

Ces deux planchers contribuent beaucoup au contreventement des fermes; mais cela ne suffit pas, et sans les croix de Saint-André projetées sur la figure **20**, il est évident que les espaces compris entre les moises pendantes ne seraient autre chose que des *quadrilatères articulés*. Or, dans le pan de bois vertical H, **fig. 5**, et dans ceux qui en sont voisins, l'espace compris entre les longerons qui soutiennent le plancher et les moises transversales supérieures M', étant peu considérable, on pourra remplacer les croix de Saint-André par de simples diagonales D, **fig. 9 et 10**.

500. Nous avons dit que les planches ou madriers qui composent le second plancher formeraient entretoises, et maintiendraient le parallélisme des rails. Cette disposition, adoptée dans un grand nombre de ponts en bois et en fer, n'est pas toujours suffisante. En effet, sur tous les chemins de fer à deux voies, le mouvement d'allée et de retour qui a lieu sur les voies peut être représenté par les forces F et —F, **fig. 17**. Or l'une de ces forces tend à pousser les deux fermes X suivant la direction de la flèche F, tandis que par le mouvement de retour, les deux fermes Y seront poussées dans le sens de la flèche —F, d'où il résulte que l'entrevoie G et les espaces U compris entre les voies et les fermes de tête, seront encore dans les conditions de parallélogrammes articulés, ce qui tend à produire dans l'ensemble un couple de rotation : c'est pourquoi, en conservant entre les rails d'une même voie des traverses perpendiculaires à la direction du mouvement, je crois qu'il faudrait placer des croix de Saint-André entre les deux planchers, dans l'entrevoie, et dans les espaces compris entre les voies et les fermes de tête, dont il serait peut-être utile d'augmenter la force.

501. Sur les fig. **4**, **5** et **6**, nous avons supposé un garde-fou en fer, dont une partie est enlevée sur la figure **6**, afin de laisser voir la projection verticale des rails et des deux planchers.

On peut remplacer la balustrade en fer par un garde-fou en bois, disposé comme on le voit sur les figures **1** et **10**. Dans ce cas, **fig. 10**, la main courante serait une solive horizontale S comprise entre le prolongement des moises pendantes qui, dans ce but, traverseraient les deux planchers.

502. En résumant, les figures comprises dans cette planche suffisent pour construire entièrement le pont qui fait le sujet de l'étude actuelle. En effet, les figures **5** et **17** donneront les longueurs et les épaisseurs de toutes les pièces qui sont parallèles aux plans des têtes, et les figures **14** et **20** détermineront toutes les dimensions des moises transversales et des croix de Saint-André nécessaires pour relier et contreventer les fermes.

503. Ponts américains. Lorsque nous avons étudié la construction des ponts biais en pierre, nous avons cherché surtout à détruire la poussée au vide, et nous avons fait voir qu'au moyen des joints cylindriques, **pl. 17** et **18**, ou des arcs droits disposés en retraite, **pl. 19**, on pouvait ramener toutes les forces dans une direction parallèle aux têtes. On obtient le même résultat dans les deux exemples de ponts en bois projetés sur les planches **20** et **22**; car il est évident que les fermes ne sont autre chose que des arcs droits disposés en retraite.

Mais il existe toujours une poussée sur les piles, et cette force qui tend à les renverser agirait évidemment, si elle n'était détruite par la résistance des fermes qui appartiennent à l'arche adjacente.

En effet supposons, **fig. 2, pl. 23**, que la poussée de la ferme H, sur la pile, soit appliquée au point A de la face BD; cette force que nous exprimerons par F peut être remplacée par ses deux composantes F_1 et F_2. La première F_1 perpendiculaire à la face BD agit pour renverser la pile, tandis que F_2 parallèle à cette même face, exprime la force qui tend à faire échapper le pied de la ferme en glissant de A en B.

La poussée F de la ferme K donnerait également lieu à deux

composantes F_1 et F_2 disposées d'une manière analogue. Or les deux forces F_1 étant égales et parallèles, forment un couple qui tend à faire tourner la pile autour de la verticale projetante de son centre de gravité C.

Il semblerait donc que la poussée au vide existera toujours, malgré l'emploi des arcs droits ou des fermes en retraite d'un pont en charpente.

Heureusement, les choses ne se passent pas comme nous venons de le supposer, parce que les arcs droits ou les fermes n'agissent pas sur un seul point de la face oblique; nous avons vu dans les exemples qui précèdent, que les fermes H et K, **fig. 5**, doivent être appuyées sur des plans inclinés ou verticaux, dont les traces ac, vu sont toujours perpendiculaires à l'axe du pont : de sorte que les forces F qui expriment la poussée des fermes contre la pile, n'agiront que sur la partie de maçonnerie qui est indiquée par une teinte plus foncée; c'est pourquoi il serait peut-être convenable de placer une chaîne de pierres entre les deux fermes. Dans tous les cas, si l'on remplit les intervalles par des briques ou des moellons appareillés, il faut disposer les assises de maçonnerie comme on le voit sur les planches **20** et **22**; car, si les joints qui séparent les rangs de moellons, **fig. 5**, étaient parallèles aux faces de la pile, et que les matériaux ne soient pas bien liés, la pression exercée par les deux forces F, sur des joints parallèles à la droite MN, pourrait faire glisser les pierres et fendre la pile dans le sens de sa longueur.

504. Lorsqu'un pont n'a qu'une seule arche, il est presque toujours possible de donner aux culées une force suffisante pour résister à la pression des fermes, quelque grande que soit cette force. Mais il n'en est pas de même dans les ponts à plusieurs arches, que l'on est souvent forcé de construire au-dessus des rivières, et pour que la navigation soit plus libre, il ne faut pas donner aux piles une épaisseur trop considérable. Or la force qui supporterait le poids vertical du pont, ne sera pas toujours suffisante pour résister à la poussée latérale d'une arche; dans le cas ou l'arche adjacente serait détruite. D'où nous conclurons que si l'on pouvait supprimer complétement la poussée qui agit sur les piles, on aurait obtenu un résultat précieux. Nous allons voir comme on est parvenu à résoudre ce problème.

505. Supposons, **fig. 1**, qu'une poutre droite et *inflexible*, A, soit posée sans aucun point intermédiaire sur des culées C, il est évident que l'on aura ainsi le plus simple de tous les ponts. Si l'on pense qu'il soit utile de poser cette poutre sur une ou plusieurs piles B, elle ne produira sur ces piles et sur les culées aucune poussée horizontale. Enfin, si l'on veut avoir un **pont oblique**, on placera la poutre A' comme on le voit, **fig. 6**, et dans ce cas il suffira qu'elle soit un peu plus longue qu'il ne serait nécessaire si le pont devait couper à angle droit la rivière qu'il s'agit de traverser.

C'est la faculté de poser ainsi cette poutre dans toutes les directions, qui nous autorise à classer parmi les ponts biais ceux qui sont construit d'après ce principe.

Par suite de la solution précédente, l'espace au-dessous du pont ne sera plus embarrassé par le grand nombre d'arbalétriers, jambes de force, contre-fiches et moises, qui entrent dans la construction des ponts que nous avons étudiés sur les planches **20**, **21** et **22**, ce qui, en facilitant la navigation, permettra de diminuer la hauteur du tablier, et rendra par conséquent les abords du pont plus faciles.

Il semble que tout ce qui vient d'être dit ne peut s'appliquer qu'à un pont de très-petite dimension; car on ne comprend pas comment il serait possible de trouver une poutre *inflexible* assez longue pour traverser un grand fleuve, et l'on se demande d'ailleurs comment *une seule poutre* suffirait pour former un pont. Mais il est évident qu'il ne s'agit pas ici d'une poutre d'un seul morceau de bois; mais d'une poutre d'assemblages, formée par un nombre plus ou moins considérable de pièces. Et l'on concevra sans doute, que si j'ai employé le mot *poutre*, c'est uniquement pour mieux faire comprendre le principe en le réduisant à sa plus simple expression.

Il nous reste donc actuellement à voir par quels moyens on pourra résoudre le problème proposé.

506. On sait (*Statique*) que si un poids P, **fig. 7**, est suspendu au point le plus bas d'une corde, la force F, qui exprime l'action produite par ce poids, divisera l'angle CAC en deux parties égales. Cette force F peut être remplacée par ses composantes F_1 qui sont égales entre elles, et si l'on exprime l'angle CAC par 2α, la formule $F_1 = \dfrac{F}{2.\cos\alpha}$ sera la force qui agit sur chacun des cordons AC, et qui par conséquent tend à les rompre.

Si l'on remplace la corde CAC par deux tringles AC, en bois ou en métal, les relations seront les mêmes; et si l'on fait faire à ces tringles une demi-révolution autour de l'horizontale qui contient les deux points C, on obtiendra la figure **12**, dans laquelle chacune des forces F_1 agit par la *pression* exercée au point A, suivant la direction AC de la tringle correspondante. On sait que ces tringles ont reçu le nom d'*arbalétrier*.

Si nous supposons actuellement que les deux forces F_1 soient détachées du point A et transportées au pied C des arbalétriers, il n'y aura rien de changé dans les conditions d'équilibre.

Mais chacune de ces forces F_1 transportées au point C, peut être remplacée par ses composantes F_2 et F_3. Les forces F_2 seront détruites par les masses M, sur lesquelles sont appuyés les pieds C des deux arbalétriers. De sorte que tout se réduit aux deux forces horizontales F_3 qui, agissant en sens contraire, auront pour effet d'écarter les points C, comme on le voit sur la figure **11**. Or on sait que, pour empêcher cet écartement, il suffit d'assembler les pieds des arbalétriers AC, **fig. 16**, dans une pièce de bois horizontale CC que l'on nomme *tirant*; et l'on obtient ainsi la plus simple de toutes les fermes.

Au lieu de nommer *tirant* la pièce horizontale CC, on devrait la nommer *tirée*; car il est évident qu'elle ne tire pas, mais qu'elle *retient* les pieds des deux arbalétriers par lesquels elle est par conséquent tirée.

Les deux forces horizontales F_3 qui agissent en sens contraire suivant la direction du tirant, tendent à lui faire perdre la courbure qui pourrait résulter de sa pesanteur, et si pour un moment nous faisons abstraction de cette pesanteur, la réunion des arbalétriers AC et du tirant CC formera un triangle rectiligne CAC.

507. Ce qui précède étant admis, concevons, **fig. 5**, une suite de fermes triangulaires A égales entre elles, et dont les tirants o - o seraient réunis aux points o par des articulations telles qu'en tournant autour de ces points les triangles A soient toujours situés dans un même plan. Chacun de ces triangles, pris séparément, aura une figure invariable; mais la ligne formée par les bases sera un polygone. Cela étant admis, supposons, **fig. 4**, que l'on réunisse les sommets des triangles par des tringles rigides 1 - 1, égales aux bases o - o. Les triangles B seront égaux aux triangles A; ce qui donnera l'angle $b' = b$. On aura également l'angle $c' = c$.

Ajoutant l'angle a de chaque côté, et réduisant, il viendra

$$a + b' + c' = a + b + c = 2 \text{ angles droits.}$$

Donc les points o, o, o seront *nécessairement* en ligne droite, ainsi que les points 1, 1, 1, et l'on aura composé un pan de bois invariable, auquel on pourra donner une grande force en augmentant l'équarrissage des bois, et remplaçant chacune des droites 1 - 1 - 1 et o - o - o par une seule pièce, ou, ce qui sera encore mieux, par des moises qui embrasseraient les extrémités des arbalétriers, et formeraient deux tirants communs à toutes les fermes triangulaires ainsi réunies.

508. Supposons actuellement qu'après avoir composé un second pan de bois exactement égal au premier, on les superpose comme on le voit figure 9, de manière que les sommets des triangles qui forment le premier pan de bois étant désignés par les numéros 1, les sommets des triangles du second pan de bois soient désignés par les numéros 2, on obtiendra un pan de bois qui aura deux fois la force du premier. Enfin, si à ces deux pans de bois on en superpose deux autres dont les som-

mets seraient désignés par les numéros 3 et 4, on aura, **fig. 14**, un pan de bois quatre fois aussi fort que le premier, et l'on conçoit qu'en continuant de cette manière, on obtiendra autant de force que l'on voudra.

509. La construction des pans de bois dont nous venons de parler sera extrêmement simple. En effet, on placera sur le chantier, **fig. 20,** deux fortes moises horizontales et parallèles M, espacées d'une quantité égale à la hauteur du pan de bois que l'on voudra construire. On rangera, comme on le voit sur la figure **20**, une suite de madriers égaux *a*, parallèles entre eux, et dont l'épaisseur est indiquée sur la coupe, **fig. 21**; on disposera ensuite sur ce premier pan de bois, **fig. 24**, une seconde rangée de madriers égaux aux premiers et inclinés de la même quantité, mais en sens contraire. Enfin on placera, **fig. 24** et **23**, deux moises M' égales aux moises M des figures **20** et **21**; puis on boulonnera toutes ces pièces, comme cela est indiqué sur les figures **23** et **24**.

510. Cela étant fait, supposons que deux pans de bois *ac*, construits comme nous venons de le dire, soient placés verticalement et à égale distance l'un de l'autre, comme on le voit figure **15**; si on relie ces pans de bois par deux planchers horizontaux *aa*, *cc*, le premier *aa*, d'une force suffisante pour supporter les efforts qui agissent ordinairement sur un pont, le second *cc* plus léger et dont la fonction sera de contreventer les deux pans de bois verticaux, on aura obtenu un pont américain. L'ensemble formera une espèce de poutre *aacc* creuse ou *tubulaire*, dans l'intérieur de laquelle pourront passer les piétons, les voitures ordinaires ou les trains d'un chemin de fer, suivant la force plus ou moins grande que l'on aura donnée au pont.

C'est dans le principe que nous venons d'exposer que consiste le système employé par M. Town, ingénieur américain.

On voit combien, dans un pays où il y aurait abondance de bois, il sera facile d'établir à peu de frais un pont de cette espèce. Tous les madriers égaux qui forment les parois latérales seront promptement débités par une scierie mécanique, et la simplicité, on pourrait dire l'absence des assemblages, permettra d'employer pour ce travail des ouvriers d'une habileté très-ordinaire.

511. Nous venons de dire au n° 510, que le plancher supérieur *cc* **fig.** 13, avait pour but de contreventer les deux pans de bois verticaux *ac*, et par conséquent d'augmenter leur roideur; mais quand nous admettrions que l'on soit parvenu à obtenir une rigidité absolue, il resterait encore à faire un reproche à la disposition précédente. En effet, les deux pans de bois verticaux de la figure 13 et les deux planchers horizontaux *aa, cc* par lesquels ces deux pans sont réunis, formeront évidemment un *quadrilatère articulé*, dont la stabilité ne dépend que des assemblages qui ont lieu aux quatre sommets *a, a, c, c;* on pourra bien, il est vrai, fortifier ces assemblages par des ferrures en équerre, ou par des contre-fiches disposées de manière à empêcher les angles de se déformer; mais ce dernier moyen, qui diminuerait l'espace compris entre les parois, ne serait pas toujours suffisant, et si le pont doit éprouver une grande fatigue, il vaudra mieux, **fig.** 15, établir des croix de Saint-André entre les deux planchers et les pans de bois verticaux; mais alors le passage entre ces pans de bois ne sera plus possible, et les voies devront être établies sur le plancher supérieur *cc*, auquel, pour cette raison, il faudra donner toute la force nécessaire. Il est vrai que, dans ce cas, le chemin étant plus élevé, les abords en seront moins faciles; c'est pourquoi le système précédent est quelquefois préféré.

512. Pour ne pas trop compliquer la question, nous avons d'abord supposé :

Que les pièces de bois étaient inflexibles, mais il n'en sera pas ainsi dans l'application, ainsi par exemple, si la ferme simple qui est représentée sur la fig. **16** avait de grandes dimensions, le tirant fléchirait, et prendrait une courbure COC plus ou moins prononcée, suivant l'équarrissage et l'élasticité du bois que l'on aurait employé. On sait que pour détruire cette courbure, il suffit d'attacher au point A, **fig. 17**, une pièce ou tige verticale AO' que l'on nomme *poinçon*, et dont le but est de soulager le tirant en le soutenant par suspension au moyen d'un étrier.

Enfin, la flexion des arbalétriers sera combattue, **fig. 19**, par l'addition des contre-fiches qui les soutiennent au milieu m de leur longueur. Ces pièces sont assemblées dans le poinçon, et tous les efforts, transmis au point A se réduisent, comme nous l'avons dit au numéro 506, en composantes horizontales F_3 qui, agissant suivant la longueur du tirant, contribuent par conséquent à en rectifier la courbure.

Ainsi, en plaçant une tige verticale ou poinçon au sommet de chacune des fermes triangulaires qui composent le pan de bois représenté sur la figure **18**, on détruira complétement la flexibilité des moises inférieures.

Les moises supérieures seront soutenues par les arbalétriers des fermes; enfin si l'on place un boulon, partout où ces arbalétriers se croisent, leur flexion sera détruite par les parties au, $a'u'$ qui remplissent ici les fonctions de contre-fiches par rapport aux arbalétriers a-1 ou a'-2, et l'on conçoit que si l'on ne mettait pas de poinçons ou tiges verticales, les vibrations qui auraient lieu aux points u ou u' se décomposeraient en résultantes dirigées dans le sens des arbalétriers, et les boulons agissant comme des coins, tendraient à faire fendre les bois dans le sens de leur longueur; d'où il faut conclure que les tiges verticales sont indispensables, lorsqu'il s'agit d'un pont qui doit résister à une grande fatigue.

La figure **23** est un pan de bois complet du système précédent; les tiges verticales sont terminées, à leurs extrémités inférieures, par des sabots en fonte, et les écrous placés au sommet des fermes, permettent de relever les tirants, si quelque flexion résultait du relâchement des assemblages. Les tiges verticales passent entre les pièces inclinées, sans les traverser, et les boulons ne sont placés qu'aux points de croisement où il n'y a pas de tiges verticales. Les dispositions que nous venons d'exposer ont été appliquées par M. Long, ingénieur américain, à la construction d'un pont dont nous donnerons les détails sur la planche suivante.

513. En résumant, on voit que les ponts américains ne sont autre chose que des espèces de poutres *tubulaires*, **fig. 13**, ou armées à l'intérieur de pièces destinées à combattre toute espèce de flexion. La poussée, au lieu d'agir sur les piles, comme dans un pont ordinaire, est remplacée par une suite de résultantes horizontales, agissant suivant la direction des moises inférieures, qui forment un *tirant* commun à toutes les fermes triangulaires dont se composent les deux pans de bois verticaux.

Les moises supérieures peuvent être considérées comme des *entraits;* car il ne faut pas confondre, comme le font presque tous les charpentiers, un tirant avec un entrait.

Les forces auxquelles ces deux pièces doivent résister sont dirigées, il est vrai, dans le sens de leur longueur, mais sur le tirant elles agissent par *extension*, tandis que sur un entrait les forces agissent par *pression*. Cela complète l'analogie qui existe entre un pont américain et une poutre horizontale, dans laquelle les fibres inférieures tendent à s'allonger, tandis que les fibres supérieures tendent à se raccourcir.

514. J'ai réuni sur la planche **24** quelques-unes des applications les plus intéressantes des principes précédents. Les figures **6, 7, 8** et **9** sont empruntées à un article inséré, en 1839, dans le tome XXVI des *Annales des ponts et chaussées*. Cet article, extrait d'un ouvrage anglais publié par M. l'ingénieur Stephenson, contient des considérations du plus grand intérêt sur les travaux publics de l'Amérique du Nord.

Nous y renverrons le lecteur, et nous ne parlerons ici que de ce qui se rattache d'une manière directe à la question spéciale qui fait le sujet de ces études.

515. La figure **8** est la projection verticale d'un pont construit suivant le système de M. Town. Le dessin donné dans les *Annales* se rapporte à un pont droit; mais on a dû comprendre, par ce que nous avons dit au numéro 505, que le principe est également applicable à un pont biais, puisque la pile n'est ici qu'un point d'appui sur lequel on peut placer le pont dans la direction qui convient le mieux, sans qu'il y ait jamais aucune poussée horizontale. Les deux pans de bois verticaux, construits comme nous l'avons dit au numéro 509, contiennent chacun quatre cours de moises, entre lesquelles on distingue les extrémités des traverses qui soutiennent les deux planchers, *aa*, *cc*, **fig. 6, 7** et **9**.

Ces traverses sont plus fortes et plus rapprochées pour le plancher supérieur qui porte les deux voies d'un chemin de fer, **fig. 7** et **9**.

Le déversement des deux pans de bois verticaux est combattu comme nous l'avons dit au numéro 511, par des croix de Saint-André espacées d'environ 3^m,60, **fig. 9**.

516. Dans tous les ponts observés en Amérique par M. Stephenson, il n'y a que deux pans de bois verticaux ; mais il serait sans doute plus prudent d'en placer un troisième au milieu de l'entrevoie, comme je l'ai indiqué sur la figure **9**, par une double ligne de points.

517. Le système de pont qui est projeté sur la figure **17**, vient d'être employé à Paris, pour la construction d'une passerelle destinée aux piétons pendant la construction du nouveau pont Saint-Michel. Le passage est établi entre les deux pans de bois verticaux, comme on le voit par les coupes, **fig. 16** et **19**.

Le pont ne devant pas éprouver une grande fatigue, l'ingénieur s'est contenté de deux cours de moises pour chaque pan de bois vertical. Lorsque toutes les pièces ont été taillées et boulonnées sur le chantier, on a démonté les moises que l'on a d'abord mises en place, en les appuyant sur des soutiens provisoires *u*, **fig. 17** ; puis on a décomposé chaque pan de bois en fragments de 4 à 5 mètres de longueur, que l'on a dressés et boulonnés successivement en avançant d'une rive à l'autre.

Pour diminuer la distance des points d'appui, et sans doute aussi pour empêcher le déversement des deux pans de bois verticaux, l'ingénieur a placé en *a* sur les chemins de halage deux chevalets dont l'un est projeté sur la figure **19**. Enfin, des tiges verticales *vv*, attachées aux extrémités d'une traverse horizontale *nn*, sont scellées dans une masse M de maçonnerie faisant équilibre à la résultante de toutes les forces qui agissent sur le pont.

518. Malgré ces précautions, les moises ont un peu fléchi ; ce qu'il faut attribuer sans doute à des circonstances exceptionnelles qu'il serait facile d'éviter, s'il s'agissait d'une construction définitive.

On pourrait peut-être attribuer en partie cette courbure, à l'emploi des boulons. En effet, si le trou est trop petit, le boulon qui est incompressible, fera fendre le bois ; et si le trou est trop grand, l'assemblage prendra du jeu, l'angle v s'ouvrira, le centre s'abaissera un peu ; et l'on comprend que, si petit que soit l'effet qui a lieu au point de croisement de deux madriers, la somme de tous ces affaissements successifs, en partant de l'un des points d'appui, doit devenir sensible vers le milieu du pont, tandis que dans les ponts américains, construits suivant le système que nous venons d'exposer, les madriers sont réunis aux points où ils se croisent, par des chevilles en bois de chêne, qui, chassées avec force, remplissent très-exactement, en se comprimant le trou destiné à les recevoir ; de sorte que si le trou vient à s'élargir un peu, par suite des variations de la température, la cheville moins comprimée se dilatera de manière à remplir toujours exactement l'espace qu'elle doit occuper.

519. Les parties A et B des moises horizontales, **fig. 17**, sont réunies par des endentures dont on voit le profil sur la fig. 14 ; cet assemblage doublé par une planchette vu en bois de chêne, de deux ou trois centimètres d'épaisseur, est serré par des liens mn et par une clef rectangulaire a ; on aurait pu remplacer la planchette vu par une doublure KH disposée comme cela est indiqué sur la figure 41. Enfin, quelques ingénieurs préfèrent employer le joint plan qui est projeté, **fig. 36**, et dont la force peut être augmentée indéfiniment en donnant plus d'épaisseur et de longueur aux deux plaques de métal aa, cc, entre lesquelles les longerons L et L' que l'on veut réunir seront compris et solidement serrés par des boulons et des liens.

520. La flexion d'un pont en treillis peut encore provenir d'une grande élévation de température. En effet, la chaleur, agissant constamment sur les fibres supérieures des moises, leur fera éprouver de la contraction; tandis qu'au contraire les fibres inférieures seront allongées sous l'influence de l'humidité produite par l'évaporation de la rivière.

Supposons, par exemple, que la poutre A, **fig. 63**, placée au-dessus d'un cours d'eau, soit exposée à un soleil très-ardent, la face inférieure plus humide et constamment dans l'ombre se contractera moins que la face supérieure, et la pièce prendra la forme que nous avons indiquée sur la figure, en exagérant la courbure afin de mieux faire comprendre le principe. Chacune des croix de Saint-André, **fig. 61**, se déformera comme on le voit, **fig. 62**, et le pan de bois vertical d'un pont en treillis, se courbera comme cela est indiqué sur la figure **64**.

521. C'est pour combattre les effets produits sur le bois par les intempéries de l'atmosphère que les constructeurs allemands et américains enveloppent tous leurs ponts d'un revêtement en planches peu épaisses; et c'est dans le même but que, dans nos pays, on a le soin de peindre les bois exposés aux variations de la température.

On pourra éviter la flexion dont nous venons de parler en resserrant les boulons quelques jours après la pose, et surtout, en disposant les bois de manière que le milieu de la travée soit un peu plus élevé que les points d'appuis. Mais cela aurait un inconvénient, si l'un des deux planchers devait recevoir les rails d'un chemin de fer; et dans ce cas, il faudrait ne donner de la courbure qu'à celui des deux planchers qui ne contient pas les voies.

Enfin, c'est pour augmenter la rigidité des moises et détruire toute espèce de flexions, que dans certains ponts, on a employé les tiges verticales ou poinçons dont nous avons parlé au numéro 512.

522. Les figures **54, 52, 49** et **50** extraites de l'article cité plus haut (Annales 1839) représentent le système adopté par M. Long, ingénieur américain. La figure 54 est la projection verticale, la figure 49 est le plancher supérieur, et la figure 50 est le plancher inférieur auquel on a donné plus de force parce qu'il supporte les voies, comme cela est indiqué par la coupe en travers, **fig. 52**.

Les tiges verticales sont réunies avec les grandes moises horizontales par des assemblages que l'on peut resserrer à volonté, ce qui permet de détruire la courbure provenant du relâchement des mortaises.

Les figures **25, 26, 27** et **28** feront comprendre les assemblages employés pour réunir les pièces pendantes et inclinées avec les moises horizontales ou longerons inférieurs, et les figures **55, 57, 58** et **59** indiquent les assemblages avec les moises horizontales supérieures. Les lettres semblables sur toutes ces figures désignent les mêmes pièces.

Ainsi, sur les figures **25, 26, 27** et **28**, les trois moises horizontales ou longerons sont désignés par les lettres L, L' et L'', et les deux poinçons verticaux par V et V'. La perspective, **fig. 28**, fera comprendre facilement la disposition de toutes ces pièces, dont quelques-unes ont été supprimées sur les figures **25, 26** et **27**. Ainsi, la figure **27** ne contient que les deux longerons L et L' dont la projection est commune, la moise verticale V, la moise inclinée D, et la pièce E comprise entre les deux moises D et D', comme on le voit, **fig. 28**. La figure **27** contient encore la projection d'une pièce F posée sur le longeron L', **fig. 26**, et qui soutient le pied de la pièce inclinée E.

Enfin, la lettre C, **fig. 27**, indique la projection commune à deux coins destinés à serrer l'assemblage des pièces V et D avec les deux moises horizontales ou longerons L et L'. L'un de ces coins est dessiné en perspective sur la figure **28** qui contient en outre la place réservée à un second coin semblable au précédent, et qui doit serrer l'assemblage des pièces V' et D' avec les deux longerons L' et L''.

523. M. Stevenson, dans l'ouvrage d'où nous avons extrait ce qui précède, dit que cet assemblage ne contient ni *clous*, ni

chevilles; mais cette remarque n'est sans doute applicable qu'aux pièces verticales ou inclinées; car, il est évident que si les trois moises ou longerons horizontaux L, L' et L", **fig. 25 et 26**, n'étaient pas solidement reliés et *serrés* par des boulons ou des liens placés très-près des assemblages que nous venons d'étudier, l'écartement qui pourrait provenir de l'élasticité des bois laisserait échapper toutes les pièces qu'elles sont destinées à réunir ; les coins C ne pouvant avoir aucune action dans le sens perpendiculaire à la direction du pont.

524. La figure 55 est la perspective de l'assemblage qui a lieu au point H de la figure 54, et qui est projeté sur les figures 57, 58 et 59. Les pièces déjà projetées sur les figures 25, 26 et 27 sont indiquées ici par les mêmes lettres, à l'exception des moises horizontales supérieures que nous désignerons par les lettres M, M' et M".

Sur la figure 57, nous supposerons que l'on ait enlevé la moise horizontale M", la moise verticale V', et la moise inclinée D'. Le reste sera facile à comprendre. Ainsi, la pièce D taillée en biseau dans sa partie supérieure fera l'office de coin, et contribuera à serrer la moise verticale V contre les faces verticales de la mortaise comprise entre les moises M et M', tandis qu'un coin C serrera l'assemblage des deux pièces M' et E.

Il est bien entendu, comme nous l'avons dit plus haut, que toutes ces pièces devront être fortement serrées par les trois moises horizontales M, M' et M", qui, pour cette raison, devront être réunies solidement par des boulons ou des liens.

525. Pour prévenir la flexion, M. Long place au milieu de la travée, **fig. 51**, une ferme dont le tirant est formé par la moise supérieure M.

526. La figure 42 fait voir de quelle manière le plancher inférieur est soutenu par les longerons horizontaux. Je ne sais pas si, malgré les nombreux exemples observés en Amérique par M. Stevenson, il est bien prudent d'appuyer le plancher sur des longerons suspendus aux tiges verticales V, V', auxquelles ils ne sont attachés, **fig. 25**, que par des embrèvements serrés avec des coins. Si l'on pense que ce plancher, à *deux voies*, et sans aucun soutien intermédiaire, doit, dans certains moments, porter deux convois, on se demandera sans doute si des combinaisons aussi hardies, sont suffisamment compensés par la facilité avec laquelle on peut resserrer les assemblages.

Dans tous les cas, nous allons voir que les ingénieurs allemands n'ont pas cru devoir employer les mêmes moyens de suspension.

527. Ainsi, on trouvera dans le cinquième cahier des *Annales des ponts et chaussées* (*septembre et octobre* 1854), un mémoire extrêmement intéressant sur la construction projetée, à cette époque, du pont de Wittemberg sur l'Elbe.

La figure **29** est la projection de la partie de pan de bois vertical qui est au-dessus de l'une des piles.

Le principe adopté est une combinaison des systèmes représentés par les figures **6** et **54**; c'est-à-dire qu'aux pans de bois en treillis qui constituent le système de M. Town, **fig. 6**, on a cru devoir ajouter les tiges verticales ou poinçons dont nous avons parlé au numéro 512. On remarquera cependant, que les tiges verticales en bois qui existent dans le pont de M. Long, **fig. 54**, sont remplacées, **fig. 29**, par des tiges en fer; et c'est probablement pour combattre la flexion, que l'on a donné $0^m,0525$ de flèche à la moise supérieure *kh*, **fig. 40**, ce qui me paraît bien faible pour une travée de 53 mètres de portée. La coupe, **fig. 39**, indique la disposition du plancher et des voies latérales destinées aux piétons.

Les assemblages indiqués en perspective par les figures **28** et **55**, sont remplacés dans l'exemple actuel, par des sabots en fonte, dont nous allons donner les détails.

528. Les figures **1, 2, 4, 44, 45** et **46** indiquent les assemblages des tiges verticales et des pièces inclinées avec les moises horizontales.

La figure **2** est l'assemblage, au point G, de la figure **29**; et la figure **44** représente l'assemblage au point H.

La figure **21** est la perspective du sabot en fonte destiné à recevoir les pieds de toutes les pièces de bois qui aboutissent au point G de la figure **29**, et le sabot, représenté par la figure **60**, est destiné à recevoir les extrémités supérieures des pièces qui aboutissent au point H.

La figure **4** est le plan, et la figure **1** est la coupe par le plan P des figures **2** et **4**.

Les deux tiges m et n, situées dans un plan perpendiculaire à la projection, **fig. 2**, sont cachées sur cette projection par la pièce verticale V.

Ces tiges, **fig. 4**, passent entre les moises L, L' et L''.

Ainsi le sabot, **fig. 21**, réunit les pieds de huit pièces de bois, savoir :

1° Les deux moises D, formant les arbalétriers de la ferme qui a son sommet au point H' de la figure **29**.

2° Les deux moises B, formant l'un des bras de la croix de Saint-André comprise entre les tiges verticales GH et KR.

3° Les deux pièces de bois verticales désignées par la lettre V sur les projections, **fig. 2** et **29**, enfin :

4° Les deux bras S de deux croix de Saint-André qui ont une projection commune sur la figure **29**.

Ainsi, les huit pièces dont les pieds sont réunis par le sabot, **fig. 21**, sont des moises; tandis que le sabot dessiné sur la figure **60**, ne réunit que six pièces de bois, savoir : les quatre moises désignées par les lettres V et F sur les figures **29**, **44** et **46**, et les deux pièces N et U comprises entre les moises D et B de la figure **29**.

Les deux croix de Saint-André situées entre les montants verticaux V et V', **fig. 29**, ont une projection commune, leur distance est maintenue par les deux soliveaux aa et cc. Les pièces F et S sont assemblées à mi-bois, et leur fouettement est détruit par un tasseau projeté en points, **fig. 29**, et dessiné en perspective, **fig. 43**.

Les figures **35**, **37** et **38** sont les perspectives des sabots en fonte placés aux extrémités des tiges verticales et destinés à réunir les pièces de bois inclinés. La forme de ces sabots dépend du nombre de pièces qu'ils doivent recevoir. Ainsi, le sabot dessiné sur la figure **35** serait placé au point K de la figure **29** et réunirait 3 pièces, savoir : les deux moises E, et la pièce moisée N; le sabot, **fig. 37**, serait placé au point m de la figure **40** où il réunirait les deux pièces moisées mn; enfin, le sabot, **fig. 38**, serait placé au point u de la même figure et réunirait quatre moises dont les projections uv se confondent deux à deux.

Les écrous placés aux extrémités supérieures des tiges verticales permettent de relever les fermes.

Les boulons ne seront placés, **fig. 29**, qu'aux points de croisement où il n'y a pas de tiges verticales.

Aux points x, les tiges passent entre les moises et les pièces moisées, que l'on n'a pas besoin d'entailler puisque ces pièces sont écartées comme on le voit, **fig. 1** et **4**, d'une quantité égale à l'épaisseur des parois en fonte qui séparent les compartiments des sabots. Les figures **32** et **33** sont les projections horizontales des deux planchers; la figure **33**, est le plancher supérieur et la figure **32** est le plancher inférieur, dont les solives sont plus rapprochées afin d'obtenir la force nécessaire pour supporter les convois.

529. Afin d'éprouver la force du pont dont nous venons de donner les détails on a monté dans le chantier, **fig. 40**, une travée de $53^m,669$ de longueur. On a établi cette travée à une hauteur suffisante seulement, pour que l'on pût observer les oscillations, sans qu'il y ait aucun danger en cas de rupture.

530. Pour bien comprendre ce que nous allons dire, il faut distinguer l'élasticité absolue de l'élasticité partielle. Ainsi, par exemple, supposons qu'après le temps nécessaire pour que les assemblages soient complétement serrés, le plancher inférieur ac du pont qui est projeté, **fig. 40**, soit parfaitement horizontal, la pression verticale produite par le passage d'un train, fera descendre le milieu m d'une quantité, qui sera la *flèche* de l'arc $am'c$ par lequel la droite amc sera momentanément remplacée.

Or, si après le passage du train le point m' se relève, et vient reprendre exactement sa position primitive, de manière que la moise horizontale *amc* soit de nouveau parfaitement droite, on pourra dire que *l'élasticité est complète*. Mais, cela n'arrivera presque jamais ainsi, parce que, malgré le serrement des assemblages, les bois sans perdre toute l'élasticité qui dépend de leur longueur, éprouveront par l'action des forces verticales une compression, et par suite un affaissement qui subsistera encore, lorsque la cause de cette déformation aura cessé. De sorte, que le point m', au lieu de revenir à la place qu'il occupait avant l'épreuve, restera un peu au-dessous; la courbure de la moise persistera encore après le passage du train, et la distance verticale comprise entre le milieu de la droite horizontale *ac* et la hauteur à laquelle le point m' sera parvenu en remontant après l'épreuve, se nomme la *flèche permanente*, de sorte que, pour évaluer l'effet produit par le passage d'un second train, il ne faut tenir compte que de la quantité dont cette seconde épreuve aura augmenté la flèche provenant de l'épreuve précédente.

Ce que nous venons de dire pour le passage des trains, s'appliquerait également aux pressions produites en un ou plusieurs points du tablier, par la présence ou la chute de corps plus ou moins pesant.

531. La question d'obliquité qui fait le sujet des études actuelles, n'exige pas que nous exposions ici tous les détails des expériences qui ont été faites pour constater la solidité du pont de Vittemberg. Je renverrai le lecteur à l'article des annales que j'ai cité plus haut, et je me contenterai de rappeler qu'après cinq épreuves consécutives, parmi lesquelles deux, trois et quatre locomotives pesant ensemble 130 tonnes, ont marché et se sont arrêtées au milieu du pont, où elles sont retombées après avoir passé sur deux coins de $0^m,029$ de hauteur, la flèche permanente n'était parvenue qu'à $0^m,00931$.

Deux cent quarante hommes sautant ensemble et en mesure, vingt à trente fois de suite, au centre de la travée, n'ont fait augmenter cette flèche que de $0^m,01962$, ce qui a porté la flèche totale à $0^m,02893$.

Cette expérience a été répétée trois fois.

Les mêmes hommes traversant le pont au pas, n'ont produit

qu'une augmentation de 0^m,00486 sur la flèche permanente ce qui a donné 0^m,01417 pour la flèche totale. Enfin, *trois* locomotives et 51 tonnes uniformément réparties sur le pont, n'ont fait parvenir la flèche totale qu'à 0^m,07319.

La plus grande flèche égale à 0^m,07916, a été obtenue par deux locomotives placées au centre, et un poids de 103 *tonnes* uniformément réparties, ce qui équivaut à un poids de 205 tonnes. C'est alors seulement qu'une plaque dont la fonte était poreuse s'est brisée.

En resserrant les écrous des tiges de fer entre les 7e et 8e épreuves les fermes se sont relevées.

532. L'auteur de l'article que nous citons, ajoute que « ces expériences avaient pour l'Allemagne un intérêt beaucoup plus grand que pour la France, parce que les ponts en bois y sont généralement adoptés pour les grandes portées, tandis qu'en France, on les a bannis complétement des chemins de fer. »

Je ferai remarquer cependant, que les ponts et passerelles en treillis pourraient être utilement employés pour les voies de communications secondaires destinées aux piétons et aux voitures ordinaires, et que, sous le rapport de l'économie et de la sécurité, ces constructions seraient préférables au système si dangereux des ponts suspendus.

533. Le pont dont nous venons de parler est un pont droit, mais il est évident que tout ce qui vient d'être dit peut s'appliquer également à un pont biais.

S'il est possible de traverser la rivière avec une seule travée, nous n'avons rien à ajouter à ce que nous avons dit au numéro 505, mais, s'il doit y avoir une ou plusieurs piles, on fera bien d'avoir égard aux considérations suivantes.

Les ponts construits d'après les principes précédents, ne donnant lieu à aucune poussée horizontale; nous en avons conclu, qu'il suffirait de les poser sur la pile sans les attacher par aucun lien à cette partie de la construction. On pourra donc demander quel est le but des jambes de force ou contre-fiches indiquées sur les figures **29** et **40**.

Il est certain que ces pièces seraient inutiles, si l'on pouvait parvenir à donner au plancher une roideur absolue. Mais il n'en est pas ainsi dans l'application, et les bois conservant toujours un peu d'élasticité, la brusque transition qui aurait lieu au moment où le convoi quittant le corps dur et non élastique de la pile, arriverait sur les parties plus flexibles du tablier, pourrait faire rompre quelques-unes des pièces qui le supportent; et c'est pour éviter ce danger que les jambes de force sont principalement utiles.

C'est probablement aussi pour diminuer un peu la différence d'élasticité entre la pile et la travée que l'ingénieur du pont que nous étudions, a placé sur la pile, trois poutres, dont on voit les abouts, **fig. 40**. Mais dans un pont biais, **fig. 55 et 56**, il sera convenable de remplacer ces poutres par une enrayure composée de solives *u* perpendiculaires à la direction du mouvement. Ces pièces seraient contreventées par des croix de Saint-André ou simplement par des diagonales *a*. La figure **10** est une coupe horizontale par le plan P de la figure **29**, et la figure **55** est une section par le plan P_1.

La figure **11** indique comment on pourrait établir le passage sur le plancher supérieur. Nous avons fait remarquer au numéro **511**, que cette méthode aurait l'avantage de contreventer les pans de bois verticaux; mais le chemin se trouverait plus élevé, et les abords en seraient moins faciles. D'un autre côté, si l'on adopte la disposition représentée sur la figure **59**, les pans de bois verticaux ne seront pas contreventés, et pour empêcher le déversement, il serait peut-être utile d'ajouter des ferrures en équerre *mon* ou des contre-fiches suivant les lignes *vu;* ce qui exigerait alors que les pans de bois verticaux eussent un peu plus de hauteur pour ne pas gêner la circulation des trains.

534. On a dû reconnaître par ce qui précède, que les différentes manières d'assembler les moises horizontales ou longerons, avec les pièces inclinées ou verticales, sont une des parties les plus importantes de la question qui nous occupe. On doit encore étudier avec le plus grand soin le meilleur mode d'assemblage au point où se croisent les pièces inclinées des pans de bois latéraux.

535. Si l'on se contente d'un seul boulon en fer, il peut exister deux inconvénients :
1° Les bois peuvent se fendre dans le sens de leur longueur;
2° L'angle formé par les deux pièces peut s'ouvrir.

Les bois pourront se fendre si le trou du boulon n'est pas assez grand, mais encore dans le cas contraire; en effet, l'air qui pénètre dans un trou de boulon trop large, s'introduit entre les fibres du bois, l'humidité pénètre dans ces fibres et ne tarde pas à y produire la pourriture. On ne peut remédier à cet inconvénient qu'en fermant hermétiquement toute espèce d'ouverture, c'est pourquoi des chevilles qui, par suite de leur compression, remplissent très-exactement le trou, sont quelquefois préférables à des boulons. D'ailleurs la pression verticale exercée sur le boulon tend à faire fendre le bois dans le sens de sa longueur.

536. En effet, si les voies sont établies sur le plancher supérieur, comme pour le pont de M. Thown, **fig. 6**. Le passage d'un convoi au point a de la figure **10**, produira une pression qui peut être remplacée par ses composantes F_2 et F_3. Mais il est évident, que la force F_2 appliquée en a, et perpendiculaire à ac, fera de cette pièce un levier du second ordre, dont le point d'appui est au point c, et pour lequel le boulon fixé dans la pièce $a'c'$ est la résistance. Or, la pression F_4 exercée sur le boulon, agira comme un coin, parallèlement aux fibres de la pièce $a'c'$ et pourra faire fendre cette pièce dans le sens de sa longueur. Lorsque le convoi passera au point a', il se produira un effet analogue, c'est-à-dire que la pression agira dans le sens de la pièce ac. Ainsi, au passage de chaque train, le trou du boulon reçoit deux chocs, agissant successivement dans la direction de l'une des pièces croisées.

Les effets seront les mêmes, si les voies sont établies sur le plancher inférieur. La seule différence, **fig. 12**, c'est que dans ce dernier cas, la puissance est appliquée au point c et l'appui du levier est en a.

537. Si les deux pièces croisées sont fortement comprimées entre l'écrou et la tête du boulon, les forces produites par le passage des convois seront promptement transformées en vibrations, qui se communiqueront sans aucun danger à toutes les parties de la charpente : mais, si le boulon n'est pas bien serré et que le trou soit un peu large, les effets que nous venons de signaler auront nécessairement lieu, et l'on comprend alors pourquoi il est utile de serrer fréquemment les assemblages.

538. Quant à la variation de l'angle formé par les pièces croisées, elle ne peut provenir que d'un changement produit dans la direction de ces pièces par l'altération on par le gauchissement de quelque autre partie de la charpente.

Si les points de croisement sont peu nombreux, cela sera insensible sur l'ensemble général de la construction, mais s'il y a un grand nombre de croisements, comme dans un pont en treillis, la somme de tous les effets très-petits qui ont lieu dans un grand nombre de points, finira par produire une déformation sensible.

539. Quelques ingénieurs américains ont cherché à combattre les variations de l'angle, en plaçant quatre chevilles, comme on le voit au point *a* de la figure **22**, mais il est évident que cette méthode affaiblira le bois, d'autant plus que, pour obtenir le plus grand effet, il faut écarter les chevilles et les placer par conséquent très-près des arêtes de chacune des pièces. On diminuera l'inconvénient dont nous de parler en ne plaçant comme on le voit au point *c* que deux chevilles, entre lesquelles on ferait passer une tige ou poinçon *vu* qui, en supprimant la pression verticale, ne laissera aux deux chevilles que la fonction de détruire ou au moins de diminuer l'élasticité du bois. On peut aussi dans ce but rapprocher les deux pièces, comme on le voit sur la figure **24**, au lieu de les écarter pour le passage des tiges.

Si l'on craint que les bois ne soient trop affaiblis par plusieurs chevilles, on peut n'en placer qu'une seule, et dans ce cas, on fera passer la tige à droite ou à gauche du point de croisement, **fig. 15.**

On peut aussi écarter les chevilles en employant la combinaison qui est projetée fig. 47 et 48. Les tasseaux H, boulonnés ou chevillés avec les moises D, seraient assemblés avec la pièce E, par de simples embrèvements, qui suffiraient pour détruire tout mouvement de sciage entre les deux pièces croisées.

Enfin, on peut fortifier la pièce moisée E par l'addition de deux soliveaux S, placés entre les moises D, comme on le voit en projection sur les figures 20 et 23, et en perspective sur la figure 3. Ces deux soliveaux seraient attachés à la pièce E par des chevilles ou par des boulons m parallèles aux moises D, et reliés à ces dernières pièces par des boulons ou chevilles u perpendiculaires à leur direction.

La figure 5 indique l'entaille ou embrèvement destiné au passage de la tige verticale, ce qui permettra de rapprocher les trois longerons M, M' et M", comme on le voit figure 23. Je crois que cette combinaison, en augmentant la roideur de l'assemblage, serait préférable à l'écartement indiqué sur les figures 1 et 4 pour le passage des tiges verticales. En effet, il ne suffit pas qu'un pont ait la force nécessaire pour supporter les convois, il faut encore que l'élasticité ne soit pas assez grande pour les faire dérailler; et l'on n'obtiendra ce résultat qu'en diminuant les distances comprises entre les points d'assemblages. C'est pourquoi il vaudrait peut-être mieux, dans certain cas, employer des bois plus minces et augmenter le nombre des pièces afin de rapprocher les points de croisement.

540. La manière d'assembler les moises horizontales doit encore attirer toute l'attention du constructeur. Ainsi, le trait de Jupiter, **fig. 34**, peut convenir pour réunir les deux parties d'une pièce qui ne doit pas être exposée à de grands efforts, mais dans le cas contraire, cet assemblage ne vaut rien, à moins qu'il ne soit fortifié par des doublures comme l'assemblage qui est projeté, **fig. 41**, car les liens ne suffiront pas toujours pour empêcher la rupture.

En effet, sur un entrait, **fig. 30**, les forces F agissent par *compression* (513) et tendent à rapprocher les deux parties A et B. Mais les angles vou, agissant comme des coins, feront fendre les parties A et B suivant les lignes *os*. Dans ce cas, les faces *vo*, *v'o'*, glissant sur des plans inclinés, la partie A montera, tandis que B descendra; ce qui augmenterait l'épaisseur *xy* de la pièce si les liens *mn* ne s'opposaient pas à cette augmentation. Mais, l'angle *hzv* formé par les faces *hu* et *vo* étant très-aigu, la force qui tend à faire éclater le lien sera considérable, et je ne crois pas qu'il soit prudent de se fier à cette armature.

Nous venons de voir que lorsqu'il s'agit d'un entrait, les liens peuvent quelquefois s'opposer à la rupture du trait de Jupiter, mais, dans un tirant, les liens ne serviront à rien. En effet, sur le tirant, **fig. 31**, les forces F_1 agissant par *extension*, tendent par conséquent à écarter les deux parties A et B que l'on s'est proposé de réunir.

Or, il est évident, que dans ce cas, **fig. 34**, la seule résistance à la rupture se réduit aux fibres très-courtes *ac*, suivant lesquelles les parties triangulaires *acu* se rattachent aux parties A et B de la pièce; et l'on comprend, que si un seul des deux crochets *acu* vient à être arraché comme on le voit figure **31**, les liens *mn* n'opposeront plus aucun obstacle au mouvement des deux pièces A et B dans la direction des forces F_1 par lesquelles elles sont sollicitées.

541. Nous conclurons de ce qui précède, que si le trait de Jupiter peut quelquefois être employé sans inconvénient pour réunir les deux parties d'un *entrait*, il ne vaut absolument rien pour assembler les parties d'un *tirant;* que par conséquent, si l'on croit pouvoir employer cet assemblage pour les moises supérieures d'un pont en treillis, on doit le rejeter d'une manière absolue lorsqu'il s'agit de réunir les moises inférieures ou longerons, à moins, que ces pièces ne soient doublées par d'autres, ou fortifiées par des plaques de fonte solidement boulonnées, comme on le voit sur la figure **36**; et, dans tous les cas, les joints rectangulaires projetés sur les figures **14, 41** et **36** seront encore préférables.

542. Quelquefois, il sera utile d'augmenter le nombre des moises horizontales, et l'inspection de la figure **6** suffira sans doute pour faire comprendre combien chaque pan de bois sera fortifié, d'abord, par les quatre couples de moises inférieures et supérieures ; ensuite, par le garde-fou que l'on peut considérer lui-même comme un second pan de bois qui, en augmentant la hauteur du premier, contribue par conséquent à en accroître la force.

543. Les pans de bois en treillis ne sont pas les seuls que l'on puisse appliquer à la construction des ponts biais ; et toutes les fois qu'une ferme *auc*, **fig. 1**, **pl. 25**, aura un *tirant*, on pourra la poser sur les culées ou sur les piles dans telle direction que l'on voudra (505). Les solives qui supportent le plancher *mm* seront posées sur les tirants, **fig. 2**, et les fermes seront contreventées comme dans un comble ordinaire, par les faitages horizontaux *uu*, *u'u'*.

Il ne peut donc entrer dans le plan de cet ouvrage de donner la description de tous les combinaisons qui peuvent remplir le but que l'on se propose d'atteindre, et quelques exemples remarquables suffiront pour indiquer dans quel sens les ingénieurs doivent diriger leurs études.

544. Au lieu de réunir tous les tirants en un seul, comme nous l'avons vu sur les deux planches précédentes, on peut rassembler les arbalétriers. Ainsi, par exemple, **fig. 4**, si l'on superpose les fermes a-1-c, a-2-c', a-3-c'', etc., on aura une ferme composée dont l'arbalétrier *as* sera la réunion des arbalétriers a-1, a-2, a-3, etc.

Les poinçons 1-o, 2-c, 3-c', etc., et les tiges verticales *mn* empêcheront la flexion du tirant *ao*, et soutiendront par suspension les pieds des arbalétriers 1-c, 2-c', 3-c'', etc., qui à leur tour empêcheront la flexion des arbalétriers principaux *as*.

On peut remplacer ces arbalétriers par des courbes, et l'on aura la ferme AMO dont on n'a conservé que la moitié sur la figure 3.

Cette ferme appartient à un pont droit construit sur la Delaware à Trenton.

Ce pont est à deux voies et se compose de cinq fermes. Les

trois fermes intérieures, plus fortes que les deux autres, contiennent entre elles, deux chemins pour les voitures; les espaces compris entre ces fermes et les fermes des têtes sont réservés au passage des piétons. La disposition de ces voies et des planchers, est exprimée par une coupe que l'on trouvera dans le numéro déjà plusieurs fois cité des *Annales* (année 1839).

545. Quelquefois on se contente de réunir les pieds des arbalétriers. Ainsi, la ferme composée qui est représentée sur la figure **6**, peut être considérée comme la réunion des fermes simples a-1-c, a-2-c', a-3-c'', a-4-c''', etc.

Cette ferme fait partie d'un pont biais construit en Amérique sur le Patapsco près d'Ellicots-Mills. On en trouvera une description complète dans le 4ᵉ cahier des *Annales*, juillet et août 1847.

Dans cet exemple, l'ingénieur a rassemblé les pieds des seize jambes de force ou contre-fiches qui remplissent ici les fonctions d'arbalétriers pour les deux fermes adjacentes, dans un seul sabot en fonte représenté en perspective sur la figure **7**.

La figure **5** est la perspective de l'un des sabots qui remplissent les mêmes fonctions sur les culées.

546. Je terminerai ces études des ponts biais en bois, par les projections, **fig. 9, 11** et **14**, du pont construit à Harpers-Ferry, entre la côte de Cumberland et le canal de la Chesapeak à l'Ohio. La figure **11**, extraite du numéro que nous venons de citer, contient un peu après la seconde pile, en allant de gauche à droite, le point de jonction du chemin de fer droit AC de Winchester au Potomac, avec le chemin COD en ligne courbe qui se dirige vers le Cumberland.

Chaque raie est indiqué sur ce plan par un simple trait, les lignes doubles *vu* sont les solives en charpente qui supportent le plancher KH, **fig. 9**, et les pièces ombrées *mn* sont les tirants ou longerons sur lesquels s'appuient les solives dont nous venons de parler. Ces fermes, au nombre de deux seulement pour chaque chemin, sont composées comme on le voit sur la figure 9, qui est la projection verticale d'une partie de la ferme *mn*, **fig. 11**.

Les pieds des arbalétriers sont assemblés dans deux sabots de fonte réunis et boulonnés comme on le voit par la perspective, **fig. 10**. Ces deux sabots ont une projection verticale commune, **fig. 8**. La figure **15** est la perspective d'une plaque en fonte *vu* placée, **fig. 10**, entre les longerons L et L', avec lesquels elle est solidement boulonnée.

547. Ainsi, les ponts en charpente ne sont autre chose que de grandes fermes formées par la réunion de fermes plus simples. Dans les unes, **pl. 23** et **24**, on a réuni les tirants, tandis que dans d'autres, **pl. 25, fig. 3**, on a réuni les arbalétriers ou simplement leurs pieds comme on le voit, **fig. 6**. Mais, dans tous les cas, le but principal était d'éviter la poussée sur les piles et l'on y est évidemment parvenu pour les ponts projetés sur les figures **6** et **9**, en ramenant tout au principe général énoncé au numéro 505. Mais il n'en est pas ainsi pour les fermes du pont qui est projeté, **fig. 3**, et malgré les éloges donnés à ce système par M. l'ingénieur Stevenson, je ne crois pas que cette combinaison soit irréprochable. En effet, on sait que dans une ferme, simple ou composée, toutes les forces se réduisent à deux résultantes dirigées suivant les tangentes aux pieds des grands arbalétriers. Or, dans l'exemple actuel, ces résultantes agissent évidemment sur la pile et pourraient la renverser, si la poussée produite par l'une des fermes n'était pas détruite par la poussée de la ferme adjacente; mais au moment où un convoi est engagé sur l'une des deux travées, l'équilibre n'existe plus et, dans ce cas, il se produit un double effet.

D'abord le poids du convoi agissant sur les tiges verticales, tend à redresser l'arbalétrier en augmentant sa corde; tandis que le même poids, en faisant prendre de la courbure au tablier, diminue la distance horizontale de ses deux extrémités, qui pourront alors s'éloigner des piles, en abandonnant le pied de l'arbalétrier, malgré les liens, dont la disposition, **fig. 3**, ne peut opposer qu'un faible obstacle au mouvement horizontal que nous venons d'indiquer.

548. Cet assemblage est donc évidemment contraire aux principes les plus élémentaires de la charpente; car on sait que, dans la composition d'une ferme, toutes les forces doivent être combinées de manière que la résultante agisse par *extension* suivant la direction du tirant, dont la fonction principale est de s'opposer à l'écartement des arbalétriers, afin de soulager la pile de la pression latérale qui résulterait de cet écartement.

Nous avons fait remarquer plus haut que ce but était rempli par les dispositions indiquées sur les figures 6 et 9; mais, si l'on veut employer le système de charpente projeté sur la figure 3, je crois qu'il serait possible de satisfaire à toutes les conditions de sécurité, en adoptant l'assemblage qui est indiqué en projection sur les figures 12 et 13, et en perspective sur la figure 17.

549. La figure 12 est le plan, et la figure 13 est l'élévation des longerons L, L', et des arbalétriers A des deux fermes qui sont projetés **fig.** 3.

Le tirant est formé par les longerons L et L'. Ces deux pièces, continues suivant la longueur du pont, comprennent entre elles les grands arbalétriers A, dont les pieds sont encastrés dans deux sabots en fonte, désignés sur la figure 13 par une teinte de points. Ces sabots sont en outre dessinés en perpective sur la figure 17.

Les pieds des arbalétriers sont attachés par des liens à un tasseau B projeté sur la figure 13, et dessiné en perspective sur la figure 17. Le sabot S et le tasseau B sont compris entre les longerons L et L', et toutes ces pièces sont réunies par six boulons, qui traversent des plaques de fonte désignées par les lettres *mn* sur les figures 12 et 13.

Pour fortifier les longerons L et L', et racheter la différence de hauteur qui existe entre ces pièces et les tasseaux B, on doublera chacun des deux longerons par une pièce D, indiquée en projection sur la figure 13, et en perspective sur la figure 17.

Ces pièces, **fig.** 13, sont réunies par des liens et par les six boulons qui traversent chacune des plaques de fonte *mn* ; trois de ces boulons pénètrent dans le tirant, et les trois derniers dans la pièce D. On voit sur la figure **17**, les entailles ou *embrèvements* destinés au logement des liens qui réunissent le tasseau B avec le pied de l'arbalétrier. La figure **16** est la perspective de la pièce D, à laquelle je suppose que l'on a donné quartier pour mieux faire comprendre la forme de ces embrèvements.

Si l'on exécute ces entailles avec précision, elles rempliront un double but. D'abord, elles empêcheront les écrous de se dévisser ; ensuite, l'encastrement des liens entre le tasseau B, le longeron L et la pièce D, détruira le frottement qui pourrait exister entre ces pièces au moment du passage des trains.

550. Dans cet assemblage, la résultante qui agit au pied de chaque arbalétrier, et suivant la direction de sa tangente, se décompose en deux forces, dont l'une verticale, est détruite par la pile, tandis que la composante horizontale tend à faire glisser le pied de l'arbalétrier : mais cette force sera évidemment transmise aux longerons L et L' par les boulons qui traversent les plaques de fonte *mn*, **fig. 12** et **13**, et sera en outre combattue par la pièce de bois M placée entre les deux sabots, comme on le voit en projection figure **13**, et en perspective, **fig. 17**. Ainsi toutes les forces viendront se composer suivant la direction du tirant, et aucune action oblique ne sera exercée sur la pile.

551. De plus, tout cet assemblage peut facilement être démonté sans interrompre le service. Dans ce cas, on commencerait par détacher les liens qui réunissent les longerons avec leurs doublures, on ôterait ensuite les plaques de fonte *mn*, et les deux longerons L et L' ; on pourrait alors faire tourner les écrous et enlever les liens qui réunissent le tasseau B avec le pied de l'arbalétrier. Puis, après les réparations nécessaires, on replacerait le tout en suivant un ordre inverse.

552. Cintres, décintrement. La construction des ponts en pierres exige des cintres dont la forme est déterminée par celle de la voûte qu'ils sont destinés à soutenir. Il sera donc convenable de placer l'étude des cintres biais après les ponts biais en charpente.

Ensuite, la forme adoptée pour le cintre étant déterminée par les moyens que l'on se propose d'employer pour le décintrement, nous devons d'abord entrer dans quelques détails sur cette partie importante du problème à résoudre.

Ce que que nous avons à dire ici, étant indépendant de l'obliquité, nous supposerons qu'il s'agit de décintrer l'une des arches d'un pont dont une partie est projetée sur les figures 9, 15, 11 et 17 de la planche 26.

La charpente du cintre est composée de deux parties. La première, **fig.** 9, 19 et 20, consiste en quatre files de pieux accouplés et solidement enfoncés dans le sol, parallèlement aux piles; chacune de ces files est couronnée par une pièce ou semelle horizontale DD, **fig.** 10, 19 et 20.

La seconde partie AHA du cintre, **fig.** 9 et 11, est indépendante de la première sur laquelle elle est posée sans attaches.

Pendant la construction de la voûte, cette seconde partie du cintre doit être maintenue par des cales B, **fig.** 5, à la hauteur qui est indiquée sur l'épure, **fig.** 11; mais lorsque la voûte est terminée, on retire les cales B et l'on fait descendre la partie supérieure du cintre jusqu'à ce que la face inférieure vu de la sablière ou semelle AA, **fig.** 5, vienne coïncider avec la face supérieure mn de la pièce horizontale DD, qui est solidement fixée au-dessus de la file de pieux P, **fig.** 9 et 10.

Par suite de cet abaissement, la voûte étant privée de soutiens, les voussoirs obéissent aux lois de la pesanteur; leur pression sur les joints fait refluer les mortiers dans les vides négligés au moment de la pose, et l'équilibre s'établit d'une manière définitive. C'est dans l'opération que nous venons de décrire, que consiste ce que l'on appelle *décintrement*.

Cette opération délicate exige beaucoup de soins et doit être faite lentement; il faut que toutes les parties du cintre descendent avec une vitesse uniforme; car il est évident que si quelques voussoirs étaient brusquement abandonnés aux lois de la pesanteur, tandis que d'autres seraient encore retenus par le cintre, il pourrait en résulter la ruine du monument, ou tout au moins, dans la douelle, des solutions de continuité difficilement réparables.

553. Cales. Dans l'origine, on se contentait de détruire à la hache, les cales B placées provisoirement et pendant la construction entre les pièces horizontales A et D, **fig. 6**. Pour éviter les mouvements brusques, on plaçait à côté des premières cales B, d'autres cales moins élevées B', puis on évidait les premières cales en forme de coins, comme on le voit, **fig. 7**. Lorsque les parties amincies u des cales B, n'avaient plus assez de force pour supporter le poids du cintre et de la voûte, elles s'écrasaient ou on les renversait d'un coup de hache et le cintre descendait sur les cales B', que l'on détruisait à leur tour. Ce qui faisait descendre le cintre sur d'autres cales plus basses B'', et ainsi de suite jusqu'à ce qu'il y ait entre la voûte et le cintre, **fig. 9**, un espace suffisant pour que l'on puisse retirer les couchis.

554. Coins. Dans cette opération, on ne pouvait pas toujours empêcher les mouvements brusques provenant de ce que quelques cales étaient ruinées ou écrasées plus rapidement que d'autres, et pour éviter cet inconvénient, on a remplacé les cales B, **fig. 6 et 7**, par des *coins* C et C', disposés comme on le voit, **fig. 8**.

Si l'on chasse avec une masse le coin C' jusqu'à ce qu'il vienne prendre la position C'', la pièce horizontale A et par suite la partie supérieure du cintre, descendra de toute la hauteur ac, que l'on pourra toujours déterminer à volonté suivant l'espace qui sera nécessaire pour retirer les couchis.

Pour plus de prudence, et dans la crainte que le coin C' ne soit chassé trop brusquement, on pourra, comme précédemment, placer des cales B', B" que l'on ruinera successivement à mesure que le cintre descendra.

C'est en cela que consiste la méthode qui était généralement employée pour décintrer les voûtes. Mais l'opération ne réussit pas toujours aussi facilement. Dans les grands cintres, la pression verticale étant considérable, les surfaces des coins se *grippent*, les parties dures de l'un pénètrent entre les fibres de l'autre, et l'on ne peut plus faire glisser l'un des coins sur l'autre. M. Baudemoulin, dans un article des *Annales* (*septembre et octobre* 1849), cite plusieurs exemples dans lesquels cette difficulté s'est produite. Pour la surmonter, on a successivement employé plusieurs méthodes.

555. Vérins. Quelques ingénieurs ont placé entre les deux pièces horizontales AA, DD, **fig. 3,** un certain nombre de *verins* qui, manœuvrés avec ensemble, permettent d'abaisser et même si cela devenait nécessaire, de relever le cintre avec la plus grande régularité.

La figure 4 représente un verin; les deux vis qui pénètrent dans l'écrou sont taraudées en sens contraire, d'où il résulte qu'en faisant tourner l'écrou avec des barres de cabestan, ces deux vis entreront ou sortiront ensemble de l'écrou et par conséquent les semelles A et D se rapprocheront ou s'éloigneront suivant le sens dans lequel on tournera. En taraudant les deux vis dans le même sens, mais avec des pas différents, on obtiendra un mouvement différentiel aussi lent que l'on voudra.

556. Plates-formes hélicoïdales. M. l'ingénieur Pluyette a décintré les arches du grand pont de Nogent-sur-Marne, au moyen de plates-formes figurées en projection sur les figures 1 et 2. Cet appareil se compose de deux parties. La première, **fig. 2,** est immobile et fixée solidement à la semelle D. La seconde partie, projetée **fig. 1,** tourne autour d'un axe vertical *ae* en s'appuyant sur trois galets G, placés dans les encastrements correspondants de la plate-forme inférieure, **fig. 2.**

La face supérieure de la plate-forme mobile, **fig. 1**, est une surface hélicoïdale dont le pas peut être aussi faible que l'on voudra, chacun des poinçons U de la partie supérieure du cintre est prolongé au-dessous des moises horizontales AA, et armé d'un sabot à roulette qui s'appuie sur la face hélicoïdale de la plate-forme tournante; et, selon le sens communiqué à cette plate-forme, on pourra faire descendre ou remonter la partie supérieure du cintre.

557. Sable. M. Baudemoulin, après avoir reconnu les inconvénients des coins pour le décintrement des grandes voûtes, les a remplacés par des sacs remplis de sable placés comme on le voit, **fig. 14**, entre les deux pièces horizontales AA, DD. Il ne s'est décidé à faire une application pratique de cette méthode qu'après l'avoir expérimentée avec le plus grand soin, par le moyen de la presse hydraulique. Le sable dont les sacs sont remplis doit être soumis à une forte chaleur, afin de lui faire perdre l'humidité qui s'opposerait à son écoulement. C'est par la même raison, que les sacs ne sont placés qu'au moment du décintrement, entre les deux semelles horizontales AA, DD, dont l'écartement, pendant la construction de la voûte, est maintenu par les cales B.

Lorsque l'on veut décintrer, on place d'abord les deux coins C et C', la planche horizontale *mn* et le sac S; puis, en frappant les coins sur leurs têtes, on fait monter la planche *mn* et le sac, jusqu'à ce que ce dernier soit fortement pressé par la pièce horizontale AA, ce que l'on reconnaît facilement à la dureté que cette opération lui fait acquérir. On peut alors faire disparaître les cales que l'on renverse d'un coup de hache après les avoir taillées en biseau comme on le voit, **fig. 7**; puis on procède au décintrement en dénouant les cordons qui ferment les ouvertures latérales des sacs.

La grande pression exercée sur le sable, produit quelquefois une agglomération qui s'oppose à l'écoulement; cela provient de ce que les grains s'arcboutent comme les voussoirs d'une voûte, ou comme dans une grande foule, lorsque tout le monde veut passer à la fois par une ouverture trop étroite. Il suffit, dans ce cas, d'agiter un peu le sable avec une espèce de tige ou de cuillère qui doit toujours être sous la main de l'ouvrier chargé de la manœuvre du sac.

558. Tubes en caoutchouc. Cet arrêt momentané qui peut se produire pendant l'écoulement du sable contenu dans certains sacs, tandis que d'autres se videront sans difficulté, est d'autant plus à craindre qu'il ne peut avoir lieu qu'au commencement du décintrement; et, par conséquent, au moment où la voûte est encore soutenue par le cintre, pendant le temps nécessaire à la compression des mortiers. Il est donc absolument nécessaire que le *commencement* du mouvement se fasse avec la plus grande régularité. C'est pour obtenir ce résultat que M. l'ingénieur Lagrenée a proposé de placer à l'intérieur de chaque sac, **fig. 13**, un tube en caoutchouc, rempli d'eau et muni d'un ajutage en buis avec robinet.

On commencera le décintrement, en faisant d'abord couler l'eau, qui n'éprouvera aucune difficulté; et, lorsque le cintre aura quitté la voûte, l'écoulement du sable produira l'abaissement nécessaire pour que l'on puisse facilement retirer les couchis.

559. Cylindres. La méthode précédente ne paraît pas avoir été reçue favorablement par les ingénieurs qui ont eu l'occasion de décintrer de grandes arches. Ils préfèrent remplacer les sacs par des cylindres en forte tôle, semblables à celui qui est dessiné en projections sur les figures **21** et **22**. Chacun de ces cylindres est fixé solidement sur une plate-forme quarrée *mn*, qui en augmente la stabilité et dont les parties angulaires ont d'ailleurs une destination dont nous parlerons bientôt. Quatre ajutages, désignés par la lettre *a* et dirigés suivant les diagonales du quarré, serviront pour l'écoulement du sable.

La pression produite par le poids du cintre, et par le tassement de la voûte sera communiquée au sable renfermé dans chaque cylindre par un piston bien ajusté, P.

Pour que le sable ne puisse pas contracter d'humidité, on pensait ne placer les cylindres entre les deux semelles qu'au moment du décintrement, en laissant aux cales le soin de soutenir le cintre et la voûte pendant tout le temps de la construction; puis en faisant couler le sable des cylindres jusqu'à ce que le cintre, après avoir quitté la voûte, soit arrivé sur les cales, on aurait successivement retiré les cylindres et ruiné les cales jusqu'à ce que le cintre soit suffisamment descendu. Mais on a reconnu depuis, par le succès constant de grands décintrements, que l'on pouvait placer les cylindres C immédiatement après la pose de la semelle horizontale DD, **fig. 10, 20** et **12**. On posera ensuite les semelles AA sur les têtes des pistons, sans aucun assemblage, puis l'on construira la partie supérieure du cintre comme à l'ordinaire, et sans qu'il soit nécessaire de placer des cales entre les deux semelles AA et BB. On pourra cependant, pour plus de stabilité, pendant la construction du cintre, relier les deux semelles horizontales, **fig. 20**, par des moises M, ou par des boulons B, que l'on enlèvera un peu avant le décintrement, pour faciliter l'abaissement de la partie mobile du cintre.

Pour garantir le sable contre l'humidité de l'atmosphère, contre les crues, ou enfin contre l'eau que les ouvriers laissent couler en posant les voussoirs; on se contente, pendant la construction, de garnir l'espace compris entre le piston et le bord supérieur du cylindre, par un bourrelet de plâtre ou de matière grasse, que l'on enlève au moment du décintrement.

560. Pour régler le mouvement, on donnait une mesure d'un demi-litre à chacun des ouvriers préposés à la manœuvre d'un sac, et lorsque cette mesure était remplie toutes les ouvertures devaient être fermées en même temps; puis ouvertes un instant après à un signal donné. Mais lorsque l'on emploie les cylindres, le mouvement se régularise de lui-même, et voici comment :

Le sable qui s'écoule par chacun des orifices *a*, **fig. 22**, s'amasse sur la partie angulaire de la plate-forme, **fig. 23** et **24**, sous la forme d'un petit cône *u*, dont la hauteur augmente jusqu'au moment où le sable amoncelé parvient à boucher l'orifice. Alors l'écoulement cesse aussitôt, et le mouvement s'arrête.

Il suffit, pour reprendre l'opération, qu'à un signal donné, on fasse tomber à la fois tous les petits cônes qui bouchaient les orifices.

Le temps plus ou moins long, pendant lequel devra durer l'écoulement, dépendra donc de la hauteur du cône, et, par conséquent, de la distance entre l'orifice et la face supérieure de la plate-forme.

561. M. Beaudemoulin reproche aux cylindres employés sans les cales, de limiter l'abaissement du cintre à la hauteur du sable écoulé. Ce qui peut n'être point suffisant pour que l'on puisse facilement retirer les couchis; et pour faire disparaître cette difficulté, il propose l'emploi combiné des cylindres et des sacs; c'est-à-dire que l'on placerait un sac à côté de chaque cylindre. En faisant couler d'abord le sable contenu dans les cylindres, le cintre se détachera de la voûte, et lorsqu'il reposera sur les sacs, le mouvement s'arrêtera. On laissera couler encore un peu de sable pour faire baisser les pistons, afin de pouvoir retirer les cylindres; puis, on ouvrira les sacs dont on laissera couler le sable jusqu'à ce que les deux semelles ne soient plus séparées l'une de l'autre que par l'épaisseur de la toile des sacs entièrement vides. Il est évident que par ce moyen on obtiendra, entre le cintre et la voûte, **fig. 9**, un espace assez grand pour faciliter le démontage des couchis.

562. Je ne prolongerai pas plus loin l'étude de la question incidente qui vient de nous occuper; ce qui précède ne suffirait peut-être pas si j'écrivais un traité des ponts en général. Mais il ne faut pas oublier qu'il ne s'agit ici que des ponts obliques, et que je n'ai rappelé au lecteur le point où est arrivé la théorie du décintrement, qu'afin de motiver la forme des cintres que nous avons choisie pour exemple sur les figures **9** et **11**.

D'ailleurs, je ne pourrais que répéter ce qui a été dit avant moi, et beaucoup mieux, par les habiles ingénieurs qui ont imaginé les méthodes que nous venons d'exposer. Je renverrai donc, pour la discussion de ces méthodes aux articles publiés par MM. Beaudemoulin, Desnoyers, Girard de Caudemberg, Trilleau, Magdelaine, Bouziat et Dupuit, dans les numéros de nov. 1853, 15 oct., 15 nov., 29 déc. 1855, 1ᵉʳ janv. et 15 juin 1856 du journal *l'Ingénieur* ou dans les 5ᵉ cahier 1849, 5ᵉ cah. 1852, 5ᵉ cah. 1854, 2ᵉ et 5ᵉ cah. 1856 et 5ᵉ cah. 1857, des *Annales des ponts et chaussées*. Je me contenterai de constater que pour l'instant, c'est la méthode des cylindres qui paraît reçue avec le plus de faveur par les praticiens.

563. Je ferai remarquer cependant que toutes les méthodes successivement employées se rattachent à deux principes élémentaires de la plus grande simplicité. Ainsi les verins de M. Dupuit et les plates-formes hélicoïdales de M. Pluyette ne sont autre chose que des coins circulaires, et par conséquent, des applications du *plan incliné*, tandis que les décintrements par le sable sont des applications du principe de la *presse hydraulique*. Les sacs, et surtout les cylindres, ne sont autre chose que des presses dans lesquelles l'eau aurait été remplacée par le sable. La facilité avec laquelle le mouvement est arrêté par le petit cône amoncelé devant l'orifice, provient évidemment de ce que la pression qui a pour mesure la section droite de cette ouverture, fait équilibre à la pression considérable exercée par la face inférieure du piston; d'où il résulte que l'on pourrait remplacer par de l'eau le sable qui est dans chaque cylindre.

Il resterait encore la difficulté de faire manœuvrer ensemble les ouvriers chargés d'ouvrir les robinets; mais on pourrait, au moment qui précède le décintrement, visser à chaque presse un tuyau flexible et faire aboutir tous ces tuyaux à un réservoir commun, qui n'aurait qu'un seul robinet; de sorte qu'un seul ouvrier, en ouvrant ou fermant ce robinet, pourrait à volonté produire ou arrêter le mouvement qui se ferait alors avec la plus grande régularité.

La figure **28** est l'un des cylindres dont le robinet r est fermé et la figure **29** est un cylindre auquel on a vissé l'un des tuyaux conducteurs. Un petit tube vertical *m* permettra de remplir chaque tuyau; puis, avant de procéder au décintrement, on fermera le robinet *a* et l'on ouvrira le robinet *c*.

On pourrait encore remplir les tuyaux de conduite en ajustant une pompe foulante au réservoir commun; dans ce cas, le tube *m* serait un *évent* que l'on fermerait lorsque l'eau refoulée commencerait à sortir par l'extrémité supérieure du tube. Enfin, la pompe foulante, agissant comme dans la presse hydraulique, pourrait servir à remonter le cintre dans le cas où cela deviendrait nécessaire; et, si l'opération était trop lente, on pourrait ajuster plusieurs pompes au réservoir commun.

Je sais bien que l'on objectera la dépense qui serait nécessaire pour établir ces appareils; mais cette dépense une fois faite, les cylindres ne seraient pas plus embarrassants que ceux qui sont actuellement en usage. On pourrait facilement les transporter partout où cela serait utile et la même *batterie* servirait par conséquent pour le décintrement de tous les ponts.

Au surplus, je n'indique cette méthode que comme une étude à faire et à discuter.

564. Si l'on a bien compris ce qui précède, on se rendra facilement compte des raisons qui déterminent la forme des cintres que nous prenons ici pour exemples.

Nous supposerons, dans le cas actuel, qu'il s'agit d'un pont oblique dont la section droite circulaire est rabattue, **fig. 9**.

Le cintre, **fig. 17**, se compose de fermes semblables à celle qui est projetée **fig. 11**.

Ces fermes, également espacées, seront liées entre elles et contreventées par les moises horizontales *mm*, **fig. 17**, et l'on pourra augmenter la rigidité de l'ensemble, par des moises diagonales, *vu*, qui relieraient entre eux tous les poinçons.

565. Cela étant admis, il reste à résoudre une difficulté qui dépend de l'obliquité de la voûte.

On sait que la partie courbe du cintre peut être formée par les pièces mêmes des fermes, ou par d'autres pièces additionnelles que l'on nomme *veaux*, et que l'on place sur les arbalétriers droits avec lesquels ils sont fortement reliés. Or, quel que soit le moyen employé, il est évident que si les fermes sont semblables à celles dont on fait usage dans un pont droit, la surface cylindrique *ac*, formant l'extrados des cintres, **fig. 18**, ne sera pas parallèle à la surface d'intrados AC de la voûte ; que, par conséquent, les couchis ne s'appuieront que sur les arêtes *ao*, *a'o'* du cintre, et que ces arêtes seront promptement écrasée par la pression provenant du poids considérable de la voûte.

La difficulté que nous venons de signaler peut être évitée de plusieurs manières.

566. 1re *méthode.* Supposons que l'un des cintres soit transporté, **fig. 30**, sur laquelle, pour plus de clarté, nous avons augmenté l'épaisseur. On déterminera d'abord la projection horizontale *acac* du cintre que l'on veut obtenir, de manière que l'espace compris entre les droites *ac* et AC soit égal à l'épaisseur des couchis et du revêtement en voliges qui doit les envelopper. On pourra tailler ensuite les surfaces extradossales du cintre suivant une surface cylindrique dont la génératrice *ac* serait parallèle à l'intrados AC de la voûte et qui aurait pour directrice une courbe que l'on obtiendrait en portant la distance *cu* sur chacune des normales à l'arc de tête.

567. 2e *méthode.* On peut éviter les angles aigus des points *a* en donnant au cintre la forme déterminée par la projection horizontale *uoauoa*, **fig. 31**. Dans ce cas, la surface extradossale du cintre sera formée par quatre cylindres qui auraient pour génératrices les deux droites *uo* perpendiculaires aux plans des têtes, et les droites *ac* parallèles à l'intrados de la voûte.

Les directrices *oo'* de ces cylindres s'obtiendraient comme ci-dessus, et les points *u',o',u',o'* seraient les sommets d'une petite facette plane située au-dessous de la clef.

568. 3ᵉ *méthode*. On pourra former les parties extérieures des cintres par des planches assemblées de champ, comme on le voit **fig. 32.**

Ces planches, taillées suivant la courbure du cintre, et disposées en retraite, formeraient une surface cylindrique sur laquelle on placerait les couchis.

569. Ces trois méthodes et celle plus fréquemment employée, qui consiste à laisser aux cintres la forme qui conviendrait à un pont droit, ont un grave défaut.

En effet, la résultante des pressions produites par les pierres que l'on posera en A, **fig. 32**, sera perpendiculaire à la trace du plan tangent au cylindre d'extrados du cintre, et dirigée, par conséquent, dans le sens indiqué par la flèche F, tandis que la résultante des pressions produites par les pierres posées en A', sera dirigée suivant la flèche F_1. Or les deux forces F et F_1 égales et parallèles, se composeront en un couple de rotation, dont l'axe sera la verticale du point O, et ce couple aura évidemment pour effet de faire gauchir le cintre. C'est ce qui arrive, en effet, dans la construction des ponts biais ; et l'on a remarqué que du côté de l'angle obtus *a*, les cintres sont repoussés au dehors, tandis que du côté de l'angle aigu *c*, ils tendent à rentrer dans l'intérieur de la voûte, c'est pourquoi pendant la construction on est souvent obligé, malgré les moises horizontales *vu*, **fig. 17**, d'étançonner les cintres du côté de l'angle obtus *a*, **fig. 32**, tandis que, du côté de l'angle aigu *c*, pour empêcher les pierres de glisser sur la partie inclinée A, on les relie souvent à la masse principale par des tirants disposés comme on le voit sur la figure **16**; précaution qui deviendrait inutile, si l'on adoptait les joints cylindriques que j'ai indiqués au chapitre V des ponts biais en pierres.

570. Je crois donc que dans un pont dont le biais serait très-prononcé, il sera préférable d'employer des cintres droits, placés parallèlement à la section droite du cylindre, comme on le voit **fig. 9.** Dans ce cas, il est évident que toute la partie hexagonale *aoa'aoa'*, **fig. 25**, sera parfaitement en équilibre sur le cintre et qu'il ne restera plus qu'à soutenir, pendant leur construction, les parties triangulaires *aoc*, ce qui pourra se faire de la manière suivante :

On placera un cintre elliptique *a'oc* pour former l'arc de tête, et, pendant la construction, on combattra la poussée produite sur le cintre par la partie triangulaire *aoc* de la voûte, **fig. 26 et 27**, par des étançons ou jambes de force *vu*, dont les pieds *u* seraient appuyés sur le sol. Puis, lorsque la voûte sera terminée, et que les mortiers auront acquis la consistance suffisante, on pourra supprimer d'abord les jambes de force *vu*, et procéder au décintrement par les moyens ordinaires. Enfin, on pourrait prolonger le cintre, comme cela est indiqué sur la figure **25**, par la ligne ponctuée *acc'a'*; puis, pendant la construction de la voûte, on chargerait la partie triangulaire *a'oc'* du cintre avec des matériaux dont le poids serait égal à celui de la partie de voûte *aoc*.

FIN DES PONTS BIAIS EN PIERRE ET EN BOIS.

TABLE DES MATIÈRES.

	Pages.
Chap. I⁸⁷. — Appareil hélicoïdal.	1
— II. — Taille par beuveau.	105
— III. — Conditions d'équilibre.	142
— IV. — Joints plans.	158
— V. — Appareil orthogonal.	186
— VI. — Joints cylindriques.	210
— VII. — Arcs droits en retraite	231
— VIII. — Ponts en bois	241

FIN DE LA TABLE DES MATIÈRES.

Paris. — Imprimé par E. Thunot et C⁸, rue Racine, 26.

www.ingramcontent.com/pod-product-compliance
Lightning Source LLC
Chambersburg PA
CBHW071258160426
43196CB00009B/1339